영상 드라마 콘텐츠, 스토리텔링과 놀이하라

게임 · 비주얼 · 공감 스토리텔링 읽기와 개발

안숙현

단국대학교와 동대학원에서 국문학을 전공하였고 러시아 모스크바 국립대학교에서 비교드라마 전공으로 문학박사학위를 받았다. 현재 단국대학교 교양기초교육원(천안)에서 강의전담 조교수로 재직 중이다. 저서는 『한국 연극과 안톤 체홉』 등이 있으며, 연극과 영상 드라마 콘텐츠에 관한 다수의 논문과 평론이 있다.

영상 드라마 콘텐츠, 스토리텔링과 놀이하라

게임 · 비주얼 · 공감 스토리텔링 읽기와 개발

2014년 3월 10일 초판 인쇄
2014년 3월 15일 초판 발행

지 은 이 | 안숙현
펴 낸 이 | 이찬규
펴 낸 곳 | 북코리아
등록번호 | 제03-01240호
주　　소 | 462-807 경기도 성남시 사기막골로 45번길 14 A동 1007호
전　　화 | 02)704-7840
팩　　스 | 02)704-7848
이 메 일 | sunhaksa@korea.com
홈페이지 | www.북코리아.kr
I S B N | 978-89-6324-333-7(93300)

값 15,000원

영상 드라마 콘텐츠, 스토리텔링과 놀이하라

게임 · 비주얼 · 공감 스토리텔링 읽기와 개발

안숙현

북코리아

머리말

제일 먼저, 이 책을 출판할 수 있도록 이끌어주신 하나님께 감사드립니다.

이 책은 그동안 필자가 영상 드라마 콘텐츠의 스토리텔링과 그와 관련된 주제를 연구하여 학술지에 발표했던 글들을 모아서 재정리한 결과물입니다.

연극을 주로 연구했던 본 필자가 영상 드라마의 스토리텔링에 관심을 갖게 된 계기는 2010년 12월에 대만 담강淡江대학교에서 열린 국제학술대회에 참가하여, 한류의 영향력을 실제로 목격하게 되면서부터였습니다. 당시는 11월에 북한의 연평도 포격사건으로 인해 한반도가 전 세계의 관심을 받던 상황이었습니다. 하지만 학술대회가 끝난 사석에서 외국 학자들은 이 사건보다 한국 드라마와 K팝에 관해 제게 질문하기에 바빴습니다. 특히 미술사를 전공하는 일본의 여교수는 한국 드라마 마니아로, 극문학 전공자인 필자보다 한류에 관한 정보를 더 많이 가지고 있었습니다. 대만의 TV에서는 여기가 한국인지 대만인지 구분이 가지 않을 정도로 한국 드라마가 계속해서 방송되었고, 대만의 거리에는 몇 달 전에 종영했던 TV드라마 〈추노〉와 〈동이〉의 방송 광고가 시내버스 전면에 가득 채워져 중심가를 활보하고 다녔습니다. 당시의 이런 광경은 제게 너무나 큰 충격이었습니다.

그래서 이 시대를 살아가는 극문학 전공자로서 일종의 사명감을 가지고 연구의 영역을 확장하기 시작했고, 그 결과 이렇게 작게나마 성과물을 만들어낼 수 있었습니다.

이 책은 앞으로 한류 드라마를 이끌어나갈 이 시대의 스토리텔러들에게 도움이 될 것이라고 봅니다. 특히 전문 연구자들뿐만 아니라 스토리텔링 분야를 공부할 학생들도 영상 드라마의 스토리텔링을 읽어내고 스토리를 만들어낼 수 있는 기본적인 방법을 배울 것입니다.

이 책은 3부로 이루어졌으며, 제1부에서는 영상 드라마에 나타난 게임 · 비주얼 · 공감 스토리텔링을 살펴보았습니다. 이 시대 스토리텔러들이 가장 관심을 가져야 할 부분이 바로 놀이성, 시각적 이미지, 공감이기 때문입니다.

인간을 '놀이하는 인간'(호모 루덴스)이라고 정의한 호이징가의 말처럼, 엔터테인먼트 산업은 물론이며, 이제 21세기 사회 전 영역에서 '놀이성'은 강력한 무기가 되었습니다. 대중이 선호하는 TV드라마와 영화를 살펴보더라도, 이들 콘텐츠는 웃음과 유희성을 기반으로 하고 있으며, 인터넷 게임처럼 적대자와 단계별로 경쟁하면서 캐릭터의 '게임놀이'를 펼치기도 하고, 시청자가 능동적으로 스크린에 참여할 수 있도록 쌍방향 게임을 유도하기도 합니다.

그리고 현대 영상기술력이 무한히 발전하고 있는 이 시대에 비주얼적인 면은 반복해서 강조해도 지나치지 않습니다. TV드라마와 영화는 비주얼 콘텐츠입니다. 하지만 아무리 유희적인 놀이성과 화려한 시각적 이미지로 볼거리가 가득하더라도, 대중의 공감을 얻을 수 없는 스토리라면 아무 소용이 없습니다. 사실, 무엇보다도 중요한 것은 '공감'을 얻을 수 있는 스토리입니다.

제2부는 영상 드라마 텍스트에 나타난 '놀이성'과 '회화적 이미지'를 어떻게 읽고 해석할 수 있는지 살펴보았습니다. 무엇보다도 매체 전환 및 OSMU가 활발해진 이 시대에 이들 글은 희곡의 TV드라마화 · 영화화에 대한 이해를 돕는 텍스트가 될 것이며, 특히 체호프 희곡의 영화화에 관한 연구는 상업성만을 추구하는 이 시대의 스토리텔러들에게 예술의 중요성을 전달하는 글이 될 것입니다.

제3부는 읽기 작업을 통해서 얻은 스토리텔링의 기본 이해를 가지고 본격적으로 스토리텔링을 어떻게 개발할 수 있는지 구체적으로 살펴보았습니다. 특히 제3부 2장에서는 스토리텔링 창작 교육방안도 연구했는데, 스타니슬랍스키의 '매직 이프Magic if'를 활용하여 어떻게 시나리오를 만들고, 학습자를 교육시킬 수 있는지 설명했습니다. 이 연구는 스토리텔링의 교육방안이 미흡한 현실에서 교육현장에 활용할 수 있는 자료가 될 것이라고 봅니다.

끝으로 출판업계의 어려운 현실에서도 출판을 할 수 있도록 도와주신 북코리아의 이찬규 사장님께 깊이 감사를 드립니다.

2014년 2월

안 숙 현

차 례

2 전통문화콘텐츠의 영화 스토리텔링 창작 교육방안
- 판소리 명창 콘텐츠의 시나리오 개발을 중심으로

제1부

영상 드라마의 게임 · 비주얼 · 공감 스토리텔링 읽기

1. TV드라마 〈선덕여왕〉 콘텐츠에서 캐릭터 중심의 게임놀이 스토리텔링
2. TV드라마 〈베토벤 바이러스〉의 시각적 이미지 스토리텔링
3. 영화 〈건축학개론〉의 스토리텔링 전략

1 TV드라마 〈선덕여왕〉 콘텐츠에서 캐릭터 중심의 게임놀이 스토리텔링

1. 들어가며

TV드라마 〈선덕여왕〉[1]은 40%가 넘는 경이로운 시청률과 '2009 방송영상그랑프리'에서 대상 수상, 14개국 해외 수출 등 여러 면에서 성과를 거둔 드라마였다. 연구자들은 이러한 드라마의 성공 요인에 대해서 '몰입이 쉬운 영웅서사와 선악의 구분이 모호한 입체적인 캐릭터들', '기존 사극의 형식을 파괴한 에피소드 진행방식', '시청자들의 사유를 요구하는 이야기와 현실 풍자' 등을 꼽기도 했다.[2]

사실 TV드라마는 현실의 사회 · 정치 · 경제 논리와 21세기 문화 코드를 담아내지 않고서는 시청자들의 마음을 움직일 수가 없다. TV드라마 〈선덕여왕〉은 역사와 정치라는 무게 있는 주제를 21세기 경제 논

1 극본 김영현 · 박상현, 연출 박홍균 · 김근홍, MBC, 2009. 5. 25~12. 22, http://www.imbc.com/broad/tv/drama/seonduk/

2 이영주 · 정윤영, 「〈선덕여왕〉의 성공 요인과 수용자」, 『2010 한국언론정보학회 토론회 논문집』, 한국언론정보학회, 2010.

TV드라마
〈선덕여왕〉

리와 놀이성이 강한 문화 코드로 스토리텔링하여 시청자들의 관심을 이끌어냈던 것이다. 즉, TV드라마 〈선덕여왕〉은 정치를 현실성 있는 담론으로 끌어내기 위해 신자유주의 시대의 경제 논리를 활용하였고, 관습적인 과거의 극 장치가 아니라, 온라인의 롤플레잉 게임과도 같은 다양한 게임놀이를 통해 드라마의 시청 연령대를 전 세대로 확장시켰다.

본 텍스트에서는 매번 기억에서 재생시켜, 다음 게임에서도 유저에게 고스란히 그 기억을 복원시켜주는 온라인 게임과도 같이, 게임 기법을 활용하여 매번 몰입이 가능하도록 게임놀이를 펼쳐나갔던 TV드라마 〈선덕여왕〉의 스토리텔링에 주목해보고자 한다. 하지만 무엇보다도 게임놀이 스토리텔링의 파워 오퍼power offer 역할을 하는 주체가 '덕만' 캐릭터라는 사실에 먼저 관심을 기울이고자 한다.

드라마의 주제가 드러나는 마지막 장면에서 덕만은 꿈을 통해 '사막보다 더 삭막한 삶을 견뎌내라'고 어린 덕만에게 말한다. '모든 걸 다가지는 것 같지만 실은 아무 것도 가지지 못하는'(62회) 그런 아이러니한 삶과 게임을 벌여야 하는 것이 덕만의 운명이며 인간의 삶이라는 사실을 드라마는 메시지로 전한다.

그래서 타클라마칸 사막의 교역장에서 각국 상인들을 통해 비즈니스와 협상의 기술을 배운 덕만은 운명과 당당히 게임을 벌이는 '신화적 존재Numinose'(신성한 힘)로서의 자아와 '놀이하는 존재Homo Ludens'로서의 자아를 지닌 새로운 캐릭터로 창조된다.

"죽은 드라마에서는 플롯이 등장인물을 통제하는 반면, 살아 있는 드라마에서는 등장인물들이 플롯을 지배한다"[3]고 말하는 윌리엄 아처William Archer의 주장처럼 덕만이라는 캐릭터는 스토리를 역동적으로 움직여가면서, 텍스트 전체를 게임놀이화시킨다. 덕만은 소위 '모멘텀momentum 리더'[4] 캐릭터로, 끊임없이 질문하여 주어진 미션을 해결해 나가고, 틀을 깨는 아이디어로 경쟁자의 허를 찌러 승리한다.

스토리텔링은 '스스로 움직이게 하는' 모멘텀 효과가 무엇보다도 필요하다. 독특한 캐릭터의 창조는 바로 흥미로운 스토리텔링을 탄생시키는 힘이 된다. 이것은 결국 TV 시청자들을 드라마 텍스트로 끌어들이게 할 뿐만 아니라 프로슈머prosumer로 적극적으로 활동하게 하는 결과도 가져온다.

따라서 본 텍스트에서는 TV드라마 스토리텔링의 중요성을 인식하

---

3 이상인, 「서사(Narrative)로서의 영화 시나리오와 등장인물에 관한 연구」, 『조형논총』, No. 9, 용인대학교 조형연구소, 2004, 83쪽.

4 장 클로드 라레슈는 모멘텀 리더를 '젊은 행동을 이끌어내는 젊은 생각을 지닌' 리더로, '끊임없이 질문을 던지는' 괴짜형 천재이며, 장애물을 방해 요소로만 바라보지 않고 모멘텀으로 인식하며, '주변인들의 재능을 발견(discovery)하여 키워주는' 리더라고 설명한다. 장 클로드 라레슈, 『모멘텀 이펙트』, 서혜민 역, 교보문고, 2009; 「제품이 알아서 팔린다고? 그게 모멘텀의 마력이다. 모멘텀 리더십」, 『매일경제』, 2010년 10월 30일자.

여, TV드라마 콘텐츠에서 찾아볼 수 있는 캐릭터 중심의 게임 스토리텔링을 설명해보고자 한다. 이는 독특한 캐릭터 창조의 중요성을 인식하는 계기가 될 것이라고 본다. 또한 시청자들의 몰입을 유도하는 TV드라마의 게임놀이 스토리텔링 연구를 통해 TV드라마 스토리텔링의 새로운 가능성을 모색해보고자 한다.

2. TV드라마 〈선덕여왕〉의 캐릭터와 스토리텔링의 관계

제10회 세계지식포럼에서 라레슈는 "기업 성장의 중요한 모멘텀은 고객에게 있다"며, "고객도 잘 모르는 고객 속에 내재된 숨어 있는 니즈와 가치를 찾아내는 게 바로 모멘텀 전략"이라고 강조한다.[5] 이를 TV드라마 콘텐츠와 시청자의 관계로 재정리하자면, 시청자 속에 내재된 니즈와 가치를 찾아내는 것이 TV드라마의 성공 요인이라는 것이다. 따라서 이 시대 시청자들이 욕망하는 캐릭터와 스토리가 TV드라마 〈선덕여왕〉을 주목하게 만들었다고 할 수 있다.

사실 오랫동안 기억되는 영화나 TV드라마는 캐릭터에 대한 내러티브인 경우가 많다. 이들 작품은 깊은 인상을 주는 캐릭터를 다루기 때문에 정서적 · 정신적 반향을 갖는다. 그래서 시청자들은 그것들을 마음의 영화관에서 반복 상영한다.[6]

TV드라마 〈선덕여왕〉에서 시청자들이 열광했던 것은 미실과 비

5 매일경제 세계지식포럼 사무국, 『Super Momentum 2010』, 매일경제신문사, 2010, 212쪽.
6 앤드루 호튼, 『캐릭터 중심의 시나리오 쓰기』, 주영상 역, 한나래, 2006, 38쪽.

담 · 덕만 · 춘추와 같은 캐릭터들이었다. 이들은 입체적인 캐릭터들로, 그간 사극에서 보지 못했던 다성多聲적이며 카니발적인 성격을 지닌 현대적인 인물이었다. 이러한 캐릭터들은 드라마의 스토리가 스스로 속도를 붙여 움직일 수 있도록 해주었다. 즉, '스스로 속도를 붙여 움직이게 하는 것'인 모멘텀 효과[7]를 캐릭터들은 스토리텔링에서 살려냈다.

물리학에서 모멘텀의 사전적 의미는 탄성 · 탄력이다. 모멘텀은 첫 힘만 가하면 외부에서 추가로 힘을 가하지 않아도 저절로 움직이는 것이기 때문에, 긍정적인 방향으로 계속해서 흘러갈 수 있도록 모멘텀을 찾을 필요가 있다. 바로 스토리텔링에서 방해적인 요소를 제거하여 긍정적인 방향으로 이끌 수 있는 탄력 역할을 캐릭터가 가능하게 해준다.

캐릭터는 살아 있는 존재이다. 단순한 플롯의 기능적인 요소를 담당하고 있는 것이 아니라 자율적인 존재로 스토리텔링을 만들어가는 존재이다. 그들은 완전한 것도, 고정된 것도, 완결된 것도 아니며 항상 유동적인 것이기 때문에,[8] 끊임없이 변화의 가능성을 가지고 있다. 이러한 캐릭터의 변화 가능성은 드라마 시청자들의 긴장과 흥미를 유지하는 중요한 요인이 되기도 한다. 고정되어 있지 않기 때문에, 이들 캐릭터가 벌이는 게임은 흥미로울 수밖에 없다. 규칙을 비틀고 과감하게 시청자들과 게임을 벌일 줄 알기 때문이다.

더욱이 TV드라마 〈선덕여왕〉이 만들어낸 입체적인 캐릭터들 중에서도, 특히 '덕만' 캐릭터에 주목할 필요가 있다. 물론 실제 방송에서는 연기적인 면에서 덕만(이요원 분)이 미실(고현정 분)에 비해 상대적으로 부각되지는 못했지만, 스토리텔링에서 가지는 덕만 캐릭터는 매우 중요

---

7 장 클로드 라레슈, 『모멘텀 이펙트』, 서혜민 역, 교보문고, 2009.

8 앤드루 호튼, 앞의 책, 56쪽.

하다.

조셉 캠벨은 신화란 인간이 자기 내면으로 돌아가는 길을 지도하고, 그가 삶의 영적 잠재력을 찾는 데 필요한 실마리[9]라고 말하는데, 삶의 잠재력을 찾고 있는 서사물에서 삶의 잠재력을 구현해내는 것은 캐릭터이다. 루카치는 잠재력을 구현하는 캐릭터에 대해, "극이 창조하는 캐릭터는 인간의 예지적 자아이고 서사문학의 캐릭터는 경험적 자아"[10]라고 하였다. 예지적 자아로서 캐릭터는 누미노제Numinose(신성한 힘)로서의 자아, 즉 신화적 존재로서의 자아를 의미하는데, 캐릭터는 예지된 상황에 대해 운명을 받아들이거나 또는 반反하는 결과를 이뤄내는 존재로 다시 태어난다. 즉, 고난이 닥친 상황을 극복하는 캐릭터이다. 하지만 서사문학의 경험적 자아인 캐릭터는, 경험에 비롯된 이야기의 캐릭터이기 때문에, 주어진 상황에 대해 현실적으로 판단하는 자아이다. 따라서 그가 인식하는 자아는 경험과 경험 사이에 머물게 된다. 이때 자아는 캐릭터 자신을 동일시하게 된다. 현대에 이르러 서사물의 캐릭터는 루카치가 말한 두 가지 타입의 캐릭터를 넘나들게 된다.[11]

〈영상 A-1〉(5회)

9 조셉 캠벨 · 빌 모이어스, 『신화의 힘』, 이윤기 역, 천일문화사, 2002, 26~30쪽.

10 게오르크 루카치, 『소설의 이론』, 김경식 역, 문예출판사, 2007, 51~52쪽.

11 유희나, 「서사에 근거한 캐릭터 디자인 연구」, 이화여자대학교 디자인대학원 석사학위논문, 2010, 51-52쪽.

하지만 21세기 대중문화콘텐츠인 TV드라마에서 캐릭터는 '현실적 자아의 모습'이 21세기 디지털 세계에서 놀이하는 자아의 모습으로 환치되면서, 신화적 존재(누미노제)로서의 자아와 놀이하는 존재(호모 루덴스)로서의 자아가 넘나들기를 하게 된다.

덕만은 '신화적 존재'와 '놀이하는 존재'로서 자아를 지닌 인물로, 아이러니한 운명과 거친 삶을 '놀이'로 견뎌내는 인물이다. 덕만은 타클라마칸 사막에서 사내아이처럼 강하게 자라면서 플루타크 영웅전의 영웅들처럼 모험을 꿈꾼다(영상 A-1).

지적 호기심이 강한 덕만은 끊임없이 '질문하는' 모멘텀 리더 캐릭터로서, 질문을 통해 답을 찾아가며 문제를 해결한다. 또한 자신에게 던져진 수많은 질문에 답을 하며 성장해가고자 한다.

> 덕만: 난 누군가의 말을 듣는 것을 두려워하지 않아. 나에게 쏟아지는 수많은 말들이, 질문들이, 날 결정할거야… 세상은 나에게 수많은 질문을 할거야. 난 언제나 두려워하지 않고, 그 질문들을 들을거고. 최선을 다해서, 답을 찾을 거야.
>
> (30회)

즉, 드라마는 다양한 질문을 던지고, 또 질문에 대해 답을 찾아가는 덕만 캐릭터를 통해서 발전하는 '과정형' 캐릭터를 소개한다.

39회에서 덕만은 '진심으로 궁금해 하며' 미실에게 다음과 같이 질문한다.

> 덕만: 새주께선 현명하십니다. (약 올리는 것이 아니라 진심으로 궁금해 하는) 모든 것에 대한 통찰도 뛰어나시고 행동력, 지도력 모든 것이 뛰어나십니다. 헌데… 왜 진흥제 이후에 신라는 발전을 안 한 겁니까? 뛰어난 통치자가 있

다면, 당연히 발전이 있어야 하는 것 아닙니까?… 어찌 그런 걸까요? 이유를 아십니까?

(39회)

드라마 대본에 '진심으로 궁금해 하는'이라고 제시되어 있는 이 지문은 실제 연기로도 그대로 전달되어, 시청자들의 흥미를 이끌어냈다.

덕만은 비록 적이지만 상대에게서 진심으로 알고 싶어하는 것을 배우고자 한다. 과거 사극 캐릭터와는 달리, 덕만은 곡물을 매점매석하는 귀족들의 횡포 뒤에 감춰진 진실을 알기 위해 황당하게도 그 문제와 직접 관련이 있는 미실을 찾아가 답을 알려달라고 부탁한다. 덕만의 행동은 어이없지만, 적대자인 미실은 덕만의 호기심과 열정에 반해 답을 찾아낼 수 있는 키워드를 또 다른 '질문'으로 던져준다. 사실 29회에서도 소위 '덕만과 미실의 6분 토론' 장면 후에 덕만은 미실에게서 수많은 질문을 받았다고 고백한다. 따라서 경쟁자가 문제를 제기하면, 그 문제를 풀어나가면서 성장한다는 방식이기 때문에, 적대자인 미실은 단순한 악역이 아닌, 진정한 멘토로서 드라마를 이끄는 추동력이 된다.

그 외 등장인물들도 대부분이 질문을 던지며 다양한 문제를 제기하는 '모멘텀 리더'의 특성을 가지고 있다. 월천은 "당신은 다릅니까? 당신도 미실 궁주를 꺾기 위해 일식 날짜가 필요한 것 아닙니까? 정치를 하는 자들은 모두 똑같습니다. 격물을 하는 자도 똑같지요. 항상 정치에 이용될 뿐입니다. 헌데 제가 왜 도와드려야 합니까?"(27회)라며, 덕만이 정치권력에 격물이 이용되지 않을 방법을 모색하도록 이끈다. 덕만의 편이라고 믿었던 문노도 역시 "왕이 무어라 생각하십니까? 신라왕의 대업은 무어라 생각하십니까?"(31회)라고 물으며, 미실보다 무엇이 나은지 증명해 보이라고 요구한다. 그들은 무작정 주인공인 덕만의 편이 되기보다는 다양한 질문을 통해서 그녀가 스스로 해답을 찾아 성장하도록 이끈다.

드라마는 '질문하기'의 중요성을 상당히 반복해서 강조한다. 예를 들어서, 유신이 복야회의 수장을 만나기 위해 복야회 근거지를 찾아왔을 때, 설지는 "네 놈은 질문할 수 없다."라고 전하지만, 유신은 "그럼 잘못 왔군. 난 당신들에게 수많은 질문을 하러 왔다."(26회)고 말한다. 드라마는 이 시대의 리더란 수많은 질문을 던지고, 또한 듣고 답을 찾아가는 인물이라고 말한다. 따라서 등장인물들은 이러한 질문들을 통해서 대화를 시작하고 서로 영향을 주고받으며 발전해간다.

TV드라마 〈선덕여왕〉에서는 등장인물들이 지위 고하를 막론하고 존칭어로 서로 존대하며 질의응답과 토론을 벌여나간다. 경쟁자의 장점을 칭찬하고 그들의 성장을 서로가 반긴다. 그들은 고정되어 있기보다는 '변화'의 가능성을 가진 캐릭터들이다. 특히 호기심을 가지고 끊임없이 질문하는 이들은 창의성이 유난히 돋보인다. 그리고 다양한 상황과 변화하는 과정 속에서 '다성악多聲樂'적인 소리를 내기 때문에, 이들은 시청자들에게 늘 긴장을 준다.

사실 끊임없이 '질문하는' 드라마 캐릭터들은 젊게 생각하고 행동하며 틀에 갇히지 않은 괴짜형 '모멘텀' 리더에 가깝다. 그 대표적인 인물이 바로 덕만과 춘추이다.

덕만은 태어나자마자 부모에게 버림받고, 멀리 타클라마칸 사막에서 유모의 손에 강하게 자란 인물이다. 그녀는 세계 각국의 상인들이 오고가는 타클라마칸 사막의 교역장에서 비즈니스와 협상의 기술을 배우고, 각국의 상인들을 통해서 미지 세계에 대한 큰 꿈을 꾼다.

그런 캐릭터이기 때문에, 덕만은 '어출쌍생御出雙生 성골남진聖骨男盡'이라는 황실의 예언에 당당히 대적하여, '개양귀천開陽歸天 일유식지

日有蝕之'라는 말을 만들어내어 공주의 지위를 다시 회복한다. 또한 여자인 몸으로 스스로 왕이 되겠다고 선포하여 모두를 놀라게 한다. 중국에서 자란 춘추 역시 진골 출신은 왕이 될 수 없다는 골품제도의 문제점을 지적하면서 '골품제도는 낡은 제도이다. 골품제 같은 천하고 야만적인 제도는 중국, 서역, 그 어디에서도 들어본 적이 없다'(40회)라고 말하며 기존의 틀을 과감히 깨버린다.

특히, 창의성의 극대화는 '삼국통일'을 실현하겠다는 덕만의 꿈과 비전을 통해서 나타난다. 덕만은 문노에게 "미실은 왕이 될 능력은 있으나, 왕을 꿈꾸지 않았기에 그 자리에 오를 수 없는 겁니다. 오로지 꿈을 꾸는 자만이 계획을 세우고, 방법을 찾아냅니다. … 신라의 불가능한 꿈… 그런 희망!! 삼한 일통, 그 희망을 나도 귀족도 백성도 모두 같이 가지도록 할 겁니다. 넓은 영토와 하나 된 땅에서, 지금보다는 더 풍요롭게 살 수 있다는 희망을 말입니다."(33회)라고 말한다.

이러한 덕만의 창의적인 사고와 행동은 모든 것을 아이처럼 '가볍게' 생각하려는 태도에서 비롯된다. 출전을 하러 가는 상황에서도 가벼운 태도로 일관하는 덕만을 보자 천명은 "놀러 가냐? 출전하는 거면 좀 비장해야지?"라고 핀잔을 주지만 덕만은 "비장하다고, 뭐, 달라지냐? 비장하다고 화살이 피해가겠냐, '이 놈 비장하네!' 이러면서, 백제 군사가 살려주겠냐?"(9회)라고 가볍게 대꾸한다. 현실에 대한 '가벼운' 태도는 새로운 아이디어와 담대한 행동을 유발하는 견인차 역할을 한다.

그 외에도 이 드라마는 훌륭한 인재를 알아보고 인재를 키워내는 과정을 보여주는데, 덕만은 주변 인물들의 재능을 발견discovery하고, 그들을 인재로 키워주는 '모멘텀 리더' 역할을 한다.

1회 첫 부분에서 진평왕은 미실에게 "사람이다! 사람을 얻는 자가 천하를 얻고, 시대의 주인이 되는 것이다."라고 말한다. 따라서 미실은 화랑을 키우고, 설원공 등 주변 인물들을 얻는 데 힘쓰고, 인재를 활용한다. 덕만은 이런 미실의 능력을 더욱 발전시킨 캐릭터이다. 유신 · 비담 · 춘추 · 죽방 · 고도 등 주변인들의 재능을 발견하고 키울 뿐만 아니라, 특히 그들이 위기에 처했을 때 상대를 이끌어준다. 즉, 덕만은 전쟁터에서 부상자들을 죽이려 하는 알천에게 리더로서 모두가 살 수 있는 방법을 찾으라고 말하고, 천명공주의 죽음으로 인해 알천이 자결하려고 하자 "죽고자 한다면 그 마음으로 살아라. 살아서, 네 오욕과 자괴감, 절망, 모두 견뎌라. 죽고자 하는 그 마음으로 버텨내거라!"(25회)라며 그가 새로운 목적을 갖도록 이끌어준다. "아무리 천재적인 누군가라 해도, 혼자선 아무것도 못해요. 도울 사람이 여럿 필요하지요."(49회)라고 말하는 덕만을 통해서 드라마는 관계지향적 리더십과 변화지향적 리더십을 지닌 '모멘텀 리더'의 면모를 보여준다.

이런 캐릭터는 살아 있는 동적인 인물로 다가오며, 다양한 변화를 일으키는 매력적인 캐릭터로 인식된다. 덕만 캐릭터의 사고와 행동은 기발하고 창의적이며, 상대의 허를 찌르는 방식이기 때문에 스토리의 변화를 유도하기가 쉽다. 끊임없이 질문을 던져 새롭게 문제를 인식하고, 창의적으로 문제를 해결하고자 하는 이 캐릭터는 상대와의 경쟁을 즐기며, 모든 문제를 놀이화하는 경향이 있다.

아리스토텔레스는 "사람들은 도덕적 성향에 따라 더 선하기도 하고 더 악하기도 하다. 그러나 그들은 실제 행위 가운데 행복해지거나 비참해진다"라고 말하듯이 캐릭터와 행위는 분리할 수 없을 정도로 밀접하게 연결되어 있다.[12] 더욱이 TV드라마 〈선덕여왕〉은 온라인 게임 놀이를 스토리텔링에 활용하여 시청자의 몰입을 적극적으로 유도한 경

12 앤드루 호튼, 앞의 책, 42쪽.

우이다. 사실 온라인 게임 스토리는 캐릭터 중심으로 진행되기 때문에, 어떤 캐릭터가 선택되었는가에 따라 세부적인 스토리가 다르게 진행될 수 있어서 다양한 결과를 얻을 수 있다. 그러므로 상세하고 다양한 캐릭터의 제공으로 선택의 폭을 크게 하고 캐릭터를 중심으로 사건들이 연결되어 전개 속도에 맞추어 캐릭터가 변화하고 성장할 때 풍부한 스토리를 구성할 수 있게 되고 몰입의 효과가 뛰어나게 된다.[13]

따라서 무거운 정치세계에 창의적인 비즈니스 마인드로 뛰어들어 다양한 게임 전략으로 경쟁자와 대결을 즐기며, 미션을 수행하는 덕만 캐릭터에 의해 드라마 텍스트는 흥미로운 게임놀이가 된다.

3. TV드라마 〈선덕여왕〉의 게임놀이 스토리텔링

1) 미션 게임놀이 스토리텔링

TV드라마 〈선덕여왕〉은 영웅서사의 '분리-하강-시련-복귀'라는 과정을 그대로 따르고 있다. 즉, 드라마는 태어나자마자 왕궁에서 쫓겨난 덕만이 온갖 시련과 시험을 거쳐 우리나라 최초의 여왕이자 신라 제27대 왕인 선덕여왕의 자리에 오른다는 스토리로 진행된다.

인간은 누구나 모험을 꿈꾼다. 미지 세계를 향한 항해와 성공을 향한 모험을 꿈꾸곤 한다. 따라서 영웅의 모험 스토리는 흥미로울 수밖에

13 김미진 · 윤서정, 「캐릭터 중심 관점에서 본 게임스토리텔링 시스템」, 『한국콘텐츠학회 2005 추계종합학술대회 논문집』 No. 2, 한국콘텐츠학회, 2005, 418쪽.

없다. 사실 이 시대는 거대한 사회적 · 경제적 힘이 모험을 부추기며, 제도의 무질서화 경향, 유연한 생산체제 등 물질적 현실이 사람들을 스스로 현실의 바다로 나아가 항해하게 만든다. 승자만을 위한 자본주의 시장에서 아무것도 하지 않는 것은 신중함이 아니라 수동적인 것일 뿐이라고 인식된다.[14] 따라서 모험과 출발 자체를 강요하는 이 시대에 TV드라마 〈선덕여왕〉은 시청자들의 욕구와 좌절된 욕망을 제대로 파악하여 대응한다.

이 드라마는 미약한 존재였던 덕만이 중국의 타클라마칸 사막에서 떠돌다가 신라로 돌아와 용화향도에서 고된 화랑 훈련을 쌓으며 힘을 획득하고, 자기 사람들을 만들어 '레벨 업'을 하면서 미실과 단계별로 대결을 벌이는 전개 방식을 취한다. 특히 '과제-도전-해결'이라는 방식으로 전개되기 때문에, TV드라마 〈선덕여왕〉은 속도감과 긴장을 만들기 위해 다양한 미션들을 '에피소드' 형식에 담아 시청자들의 몰입을 유도한다. 이때 흥미로운 사실은 미션들이 다양한 '질문'에 의해 제기되고, '질문'에 의해 문제가 풀리는 독특한 스토리텔링 방식을 가지고 있다는 점이다.

예를 들어서, 크게는 '어출쌍생御出雙生 성골남진聖骨男盡', '미실을 대적할 자! 북두의 일곱 별이 여덟이 되는 날 오리라!', '사람을 얻는 자가 천하를 얻고 시대의 주인이 된다', '신라라는 말이 지닌 세 가지 의미와 '덕업일신 망라사방'의 진의' 등의 화제(질문)들에 대해 답을 찾아가는 방식이다. 그리고 이 문제들 사이에 '문노 찾기', '비 내리기', '사다함의 매화', '소엽도의 비밀', '귀족들의 곡물 매점매석의 비밀', '백제군의 비밀' 알아내기 등의 관련 미션들이 다양하게 주어진다.

---

14 리처드 세넷, 『신자유주의와 인간성의 파괴』, 조용 역, 문예출판사, 2002, 128쪽.

우선, 쌍둥이로 태어난 덕만에게는 '어출쌍생 성골남진'이라는 황실 예언을 극복해야 할 사명과, '미실을 대적할 자! 북두의 일곱 별이 여덟이 되는 날 오리라'라는, 즉 미실을 대적하라는 사명이 주어진다. 그리고 최초의 여왕으로 삼국통일의 초석을 다져야 하는 미션도 허락된다.

드라마는 '어출쌍생 성골남진(왕이 쌍둥이를 낳으면, 성골 남자의 씨가 마른다)'라는 예언을 통해 성골 남자만이 왕이 될 수 있다는 조건을 설정하여 덕만에게 불리한 환경을 만들어놓는다. 따라서 다음의 김서현의 말처럼, 황실의 예언은 극복될 수 없는 문제이고, 그것은 덕만의 불행한 운명이며, 그것과 싸우는 것은 순리에 어긋나는 것이라고 모두들 인식한다.

김서현: 공주로 인정을 받으려면, 쌍생을 인정해야 한다. 쌍생은 곧! 황후님과 덕만의, 폐위와 추방을 의미한다! 헌데 공주로 인정받을 방법이 어디 있단 말이냐! … 다른 방법이 없어! 그것이 순리다. 물이 높은 곳으로 흐르는 법도 없고, 나무가 바위를 깰 수도 없고, 해가 서쪽에서 뜰 수도 없다. 순리에 따라야 한다.

(26회)

하지만 위기를 변화와 발전의 기회로 삼는 캐릭터인 덕만은 예언과 저주받은 운명을 바꾸는 미션을 수행한다. 공주로 인정받고 미실에게서 신라를 구하기로 마음먹은 덕만은 유신과 알천 · 비담 · 월야 등의 도움을 받아 본격적으로 세력을 확장하기 시작한다.

그동안 미실은 '어출쌍생 성골남진'으로 황실에 부담을 주고, 천문 현상에 대한 독점적 해석으로 백성에게 불안을 조장해 사익을 채워왔다. 따라서 덕만은 미실의 이런 행위를 중단시키고 자신이 왕이 되는 정당성을 확보하기 위해 '개양귀천開陽歸天 일유식지日有飾之 개양자립開陽者立 계림천명鷄林天明 신천도래新天到來'라는 비석의 문구를 유포해 미실을 자극한다. 이는 '개양 하나가 하늘로 돌아가면 일식이 있다. 개양자가 서야 계림의 하늘은 다시 밝아지고 새로운 하늘이 도래한다'는 뜻으로 천명이 죽은 후 일식이 있을 것이고 또 다른 상속녀가 다시 서야 새로운 하늘이 열릴 것이라는 말이다. 덕만은 사라진 예언의 뒷부분을 조작해 자신이 왕이 되는 발판을 마련하고 동시에 미실의 권위를 떨어뜨리고자 한다.

즉, TV드라마 〈선덕여왕〉은 창의적인 캐릭터를 통해 하늘의 운명을 '인간'의 선택으로 바꾼다. 덕만은 운명이라는 틀에 갇힌 모습이 아니라, 전적으로 운명을 이끌고 변화시켜가는 현대인의 삶을 대변하는 캐릭터이다. 자연현상을 이기고 운명을 극복해가는 장면은 62회에서도 반복된다. 비담의 난 중에, 백성들과 병사들은 하늘의 별 하나가 크게 흔들리다가 떨어지는 유성을 보게 된다. 선덕여왕의 운이 다한 불길한 징조로 여기는 백성들의 미신적인 태도를 향해, 유신은 "모든 것은 사람의 일일 뿐이다!"라고 말하며, '연에 불붙인 허수아비를 매달아' 하늘로 다시 올려버리는 환영으로 운명을 바꾼다.

영웅은 예언으로부터 태어난다. 하지만 드라마는 예언 대신 사람의 뜻이 만들어내는 과정을 통해서 영웅이 만들어진다는 사실을 강조한다. 어린 시절 덕만은 목숨을 걸고 기우제를 지냈지만, 하늘은 아무런 대답이 없었다. 하지만 포기하지 않고 물을 얻기 위해 땅을 파는 어린 덕만의 노력과 의지에 감동하여 설지는 그녀를 살려준다. 그 후, 기우제에는 응답하지 않던 하늘도 인간의 노력과 의지에 결국 비를 내린다. 이는 '사람의 의지'가 하늘의 뜻이 된다는 것을 말한다.

TV드라마 〈선덕여왕〉은 무엇보다도 '사람'의 중요성을 강조한다.

따라서 드라마는 '사람을 얻는 자가 천하를 얻고 시대의 주인이 된다'라는 두 번째 미션을 덕만에게 제시한다. 덕만은 전쟁 중에 부상당한 알천이 유신에게 자신을 죽이라고 명령하자 "우리 모두 살고 싶고, 살기 위해 싸우고 싶습니다. 방법을 찾으십시오! 그게 지휘권자의 임무입니다!"(11회)라고 말하며 알천의 죽음을 막는다. 특히 덕만은 막힌 현실 속에서 끊임없이 문제를 제기하면서, 상대가 문제를 해결해나갈 수 있도록 이끌어준다.

> 유신랑께서는 전투가 끝난 지역까지 우리의 생사를 확인하러 오셨습니다. 하여 부상당한 낭도를 찾아내셨고 저를 업어 옮기셨습니다. 또한 죽지 않고 싸우기 위해 훈련해야 한다 했고! 부상당한 동료를 제 몸처럼 업고 가기 위해 곡식 한 가마니를 지고 산을 오르는 훈련을 해야 한다 했고! (…) 그것이 훈련만을 위한 것이었다면 사기입니다! 사람은 자기에게 사기를 친 사람에게 충성을 바치지 않습니다!
>
> (11회)

이와 같이 덕만의 문제제기는 인간애를 바탕으로 한다. 그녀는 다양한 문제제기를 통해서 주변인들의 잠재력과 능력을 발견해주고 자신의 인재들을 키워간다.

다음으로, 두 번째 미션으로 얻은 인재를 기반으로 세 번째 미션이 주어진다. 그것은 '신라라는 말이 지닌 세 가지 의미와 '덕업일신 망라사방'의 진의'에 대한 답을 찾기 위한 미션이며, 그 답을 이루기 위한 최종 미션이다.

31회에서 국선 문노는 새로운 화랑의 리더 풍월주를 뽑는 비재에서 '신라'라는 말이 가진 세 가지 의미를 알아오라고 명한다.

김유신이 속한 덕만파는 신라의 의미가 곧 화랑의 의미라는 진흥대제의 유훈에서 세가지 의미를 찾아내기 시작한다. 그들은 신라의 첫 번째 의미가 '쇠의 나라'라 불렸던 신라가 농기구와 무기로 농업과 무력을 증진시킨다는 뜻으로 '무력증진'이 화랑의 첫 의미가 된다는 사실을 알아낸다. 두 번째 의미는 '새로운 것이 되고 여러 것들을 엮는다'라고 풀이되는 신라新羅라는 한자에서 찾아낸다. 새로운 문물을 가져온 이방인 혁거세 거서간을 받아들였듯이 신라는 이방인에게 배타적이지 않았고, 신세력의 장점을 흡수하여 신라를 더 강하게 만들었다. 따라서 화랑의 두 번째 의미는 신흥세력을 길러내는 것을 뜻한다.

이에 덕만은 '무력을 키우고 신흥세력을 길러 그것으로 이루려는 궁극의 목표가 세 번째 의미일 것'이라고 추측해내지만 세 번째 의미를 쉽게 찾아내지 못한다. 사실 미실이 국사를 편찬했던 거칠부를 살해하고 국사를 조작했기 때문이다. 하지만 끈질기게 답을 찾던 덕만과 유신은 국사가 조작됐다는 사실을 발견하게 되고 거칠부가 죽기 전 진평왕에게 남긴 서찰을 통해 비밀을 알아낸다. 진흥왕의 유품인 소엽도에 깨알 같이 새겨진 세필에 '덕업일신 망라사방德業日新 罔羅四方'이라는 의미를 찾아낼 수 있는 글자가 새겨져 있었기 때문이다. 세 번째 의미는 다름 아닌 '삼국통일'이다.

흥미로운 것은 세 번째 의미를 풀어나가는 미션 방식이 '메타텍스트 게임놀이'와 같다는 것이다. 살해된 거칠부는 장난기가 많은 사람으로 주사위놀이인 주령구의 벌칙을 만들기도 하고 그 주령구에 글씨를

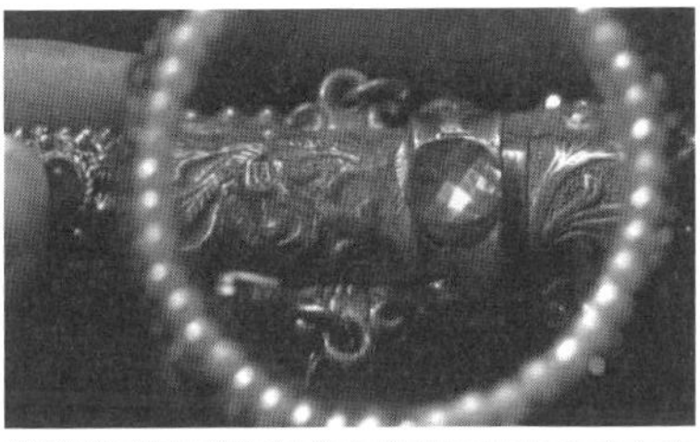

〈영상 A-2〉(33회)

〈영상 A-3〉(33회)

직접 써넣는 등 세필에 뛰어난 인물이다. 덕만파는 탐정놀이를 하듯 그런 인물이 놀이식으로 숨겨 써놓은 것들을 다음과 같이 하나하나 찾아내기 시작한다(영상 A-2 · 3). 특히 죽은 자가 유언으로 숨겨놓은 것을 발견해내는 과정은 텍스트 속의 죽은 거칠부와 또 다른 게임을 벌이는 방식으로 진행된다.

덕만, 유신, 알천, 방 구석구석 둘러보는데, 한쪽 벽에,

明日光

日天明

光明人이라 쓰여 있다.

덕만: (보며) 이게 무엇입니까?

알천: (보고) 가로로 읽어도, 세로로 읽어도 말이 됩니다.

유신: (손가락 대고 읽으며) 그렇군… 명일광, 밝은 해가 빛나면, 일천명, 해는 하늘을 밝히고, 광명인, 빛은 인간을 밝힌다… 가로로 읽어도 마찬가지군.

노승: 문자마방진(숫자나 문자를 특수한 배열로 채운 정방행렬)입니다. …(중략)…

덕만: 거칠부 공이 죽기 전 마지막으로 남긴 서찰… 분명… 단순한 서찰이 아닐 겁니다.

하며, 덕만, 서찰을 가로로 읽기 시작한다. 한 줄 한 줄 눈으로 읽는 덕만. 유신도 읽는데, 순간 놀라는 덕만. 서찰 맨 마지막 줄에 '消(소)' '殜(엽)' '忉(도)' '省(성)' …(중략)…

덕만: 소엽도성…! 뜻은 다르지만 발음은 소엽도입니다. 소엽도를… 살펴라!!

…(중략)…

덕만, 놀라 목에 걸고 있던 화주를 급히 꺼내 소엽도에 댄다. 화주 안에 보이는 소엽도의 글씨가 확대되어 보일 듯한데, 그걸 살피는 덕만의 얼굴에서(32부 엔딩지점)

화주 안에서 크게 보이는 첫 글자 '德'
유신, 읽는 "덕"
덕만이 화주를 다음 글자로 옮기면 두 번째 글자 '業'
유신, 읽는 "업"
화주를 통해 보이는 다음 글자, '日新'
유신, 읽는 "일신"
화주의 다음 글자, '網羅'
유신, 읽는 "망라"
화주의 다음 글자, '四方'
유신, 읽는 "사방"

덕만: (유신을 보며) 덕업일신 망라사방?
유신: 나라의 대업을 날로 새롭게 하여…
덕만: 사방을 망라하라?
유신: 그것입니다… 덕업일신의 신!
덕만: 망라사방의 라!!
유신: 이것이… 신라 국호의 세 번째 의미입니다!
덕만: 그게 무엇을 의미하?

하는데… 유신, 덕만이 가진 화주를 뺏어서는 다른 쪽에 쓰인 뭔가를 본다. 첫 번째 글자 '三' 다음, '韓' 다음 '一' 그리고는 화주를 옮기는데… 다음 글자가 지워져 있다. 알아볼 수가 없다.

덕만: (의아해하며) 삼…? 한…? 일…?

하며 의아한 표정으로 유신을 본다. 유신, 그런 덕만을 뚫어지게 보다가는 순간,

헉! 놀란다. 덕만 또한 뭔가 심상치 않음을 느낀 듯 유신을 본다. 유신, 충격과 경악으로 덕만을 보다가는 떨리는 손으로 '統' 자를 쓴다.

(33회)

언어를 가지고 놀이를 하는 방식은 이 드라마에서 효과적으로 사용하는 게임 방식이다. 16회에서 미실이 일식을 이용해서 권력을 행사할 때, '人力口'라는 글자를 통해서 가야를 의미하는 '伽'를 전달하여, 언어 게임놀이를 소개한 적이 있다.

'언어유희'를 보여주는 미션들은 끊임없이 질문을 하며 해답을 찾아가는 덕만에 의해서 수행되지만, 정작 마지막 미션인 '삼국통일'은 덕만의 사후에 유신과 춘추가 온전히 이룰 수 있도록 열어놓아 게임의 기대를 증대시킨다.

이렇듯, TV드라마 〈선덕여왕〉은 다양한 미션 게임을 통해서 모험과 불확실한 승리에의 기대가 놀이 정신의 핵심[15]이라는 사실을 효과적으로 보여준다.

2) 경쟁 게임놀이 스토리텔링

26회에서 유신이 가야 세력을 규합하기 위해 복야회 산채에 갔을 때, 월야는 "목숨을 걸기엔 판돈이 너무 적지 않은가?", "너의 판돈을 올려보거라"라고 유신에게 말하며 놀음판에서 게임을 벌이는 듯한 표현을 사용한다. TV드라마 〈선덕여왕〉은 이러한 투기판과 같은 분위기를

15 J. 호이징가, 『놀이하는 인간』, 권영빈 역, 홍성사, 1985, 74쪽.

드라마 곳곳에 반영해놓고 있다. 화백회의에서 대등들은 카드 놀이나 룰렛 게임을 하듯 둥그런 테이블에 모여앉아 찬반 죽표를 선택하여 던진다(영상 A-4 · 5). 상대가 무엇을 던질지 눈치를 보면서 결정하는 그들의 모습은 상대와 경쟁하는 투전꾼들을 쉽게 연상시킨다.

〈영상 A-4〉(43회)

〈영상 A-5〉(30회)

또한 타클라마칸 사막의 교역장에서 비즈니스 협상을 배운 덕만도 비즈니스 논리를 활용하여 상대와 경쟁한다. 그 외에도 스포츠 게임과 같이 상대와 대결하여 승리자를 뽑는 '비재 경연대회'도 경쟁의 재미를 배가하여 보여준다. 즉, 이 드라마는 게임의 구조를 차용하여 일정한 조건과 규칙이 있는 환경을 조성하여 상대와의 '경쟁'이라는 놀이적 기법으로 드라마의 스토리를 전개시킨다.

인간은 어떤 것을 위해 표현하고 경쟁할 때 재미를 느낀다. 놀이에서 인간이 느끼는 '재미'는 어떤 것을 위해서 경쟁하는 재미거나 또는 어떠한 것을 표현하는 재미이다. 사실 표현하고자 하는 욕망 안에도 '경쟁'이 내재되어 있기 때문에, 놀이의 기본 형식은 '경쟁'이 된다.

호이징가는 '경쟁'이 승리를 하고자 하는 목적에서 비롯된다고 말한다. 승리는 타인보다 뛰어나려는 욕망과 타인에게 존경을 받으려는 바람을 그 기반으로 한다. 한마디로 우월성을 증명하는 역할이 '경쟁'이라고 할 수 있다.[16] 경쟁은 게임을 지배하고 있는 긴장과 해소의 요소를 더욱 치열하게 만들고 절정에 달하게 한다.

원칙상 경쟁은 두 개의 단체 또는 팀 간의 놀이다. 따라서 경쟁은 '대립'되는 성격을 지닌다. '대립'은 드라마 갈등의 중요한 극적 장치가 될 뿐만 아니라 경기의 정신인 놀이의 기본 구조가 된다.

TV드라마 〈선덕여왕〉은 미션을 수행하면서 매 순간 선택의 기로에서 고뇌하고 갈등하는 등장인물들의 내면세계에 초점을 맞추기보다는 인터넷 게임처럼 적대자와 단계별로 대결을 통해 영역을 넓히는 등장인물들의 경쟁놀이에 집중한다. 등장인물들이 벌이는 게임의 목적은 '인재 확보'이며, 그 경쟁자들은 덕만파와 미실파이다.

미실은 강력한 카리스마와 권력의 판세를 읽는 명석함, 빠른 정보력으로 권력을 얻지만, '현상유지형 리더십'으로 공포정치를 펼치기 때문에 백성의 마음을 잡는 데는 실패한다. 이에 비해 덕만은 평민으로 생활하면서 백성들의 어려움을 함께 겪고, 화랑으로 전쟁을 치르면서 동료와 진정으로 소통하는 방식을 배운다. 덕만은 이러한 소통 속에서 관계지향적 리더로 성장하고, 사막의 극한 자연 속에서 살아남는 생존력과 각국 상인들과 교제하면서 협상력과 타협의 논리를 체득한다. 현실의 변화에 민감한 덕만이 보여주는 것은 다름 아니라 '변화추구형 리더십'이다.[17]

---

16 위의 책, 88쪽.

17 '현상유지형 리더십'은 조직의 영속성과 균형상태를 중시하여 계획화, 규칙, 규정, 표준 등을 통해서 조직의 구조를 유지하려는 리더십으로 조직의 안정과 영속성을 중시하고, 과거의 경험과 사실들을 중심으로 규칙, 절차, 표준을 강조하는 리더십 유형이다. '변화추구형 리더십'은 항상 새로운 사회 기회와 성장 및 혁신을 추구하는 리더십으로 혁신적이며 창의성의 강조, 새로운 개념과 업무처리절차 시도, 불확실성에 영리하게 대처, 혁신 및 개선, 전략적 의사결정을 위해 양질의 정보 추구를 강조한다. 김지은, 「여성리더십 유형이 조직성과에 미치는 영향에 관한 연구」, 경희대학교 테크노경영대학원 석사학위논문, 2008,

드라마는 이러한 다른 성향의 두 인물이 경쟁을 통해 '놀이'하고 있다는 사실을 공공연하게 시청자들에게 드러낸다. 29회에서 덕만은 천신황녀의 자리를 내놓고 천문관측대인 첨성대를 건립하겠다는 뜻을 밝히는데, 미실은 "우린 정쟁을 하고 있습니다. 정쟁에도 규칙이 있는 것입니다. 이건… 규칙 위반입니다."(29회)라며, 그들의 경쟁이 규칙과 룰이 있는 '게임놀이'라는 사실을 강조한다.

덕만과 미실의 대결은 단순히 선과 악의 싸움이 아니라, 황실파의 입장 그리고 귀족파의 입장을 대변하는 정치권력의 싸움, 즉 황실 대 귀족 간의 경쟁인 것이다.

드라마는 미실의 세력을 거대하게 만들어놓고, 미미한 덕만이 강한 미실을 어떻게 상대해야 하는지 고민하면서 풀어내는 게임이다. 덕만은 미실의 사후에도 여전히 미실파와 싸우게 된다. 그래서 드라마는 이들이 다양한 전략을 세워 두뇌싸움을 벌이며 서로 치열하게 경쟁하도록 유도한다.

『손자병법』에서는 싸우는 방법을 '속임수'라고 말한다.

> 능력이 있으면서도 없는 것처럼 보이고 전술, 전략 등 작전을 사용하되 사용하지 않는 것처럼 해야 한다. 가까운 곳을 노리면서 먼 곳을 노리는 것처럼 하고, 먼 곳을 노릴 때는 가까운 곳을 노리는 것처럼 보여야 한다.[18]

TV드라마 〈선덕여왕〉은 다양한 '속임수' 전략을 게임놀이화하여 보여준 드라마의 좋은 예이다. 등장인물들은 투전을 벌이는 투전꾼들처럼 상대의 패를 알기 위해 끊임없이 고민한다. 그것이 허패인지 진패

16-17쪽.

18 손무, 『손자병법』, 유재주 역해, 돋을새김, 2007, 21쪽.

인지 가려내기 위해 서로 눈치를 보고, 상대의 의중을 파악하려 한다. 특히 덕만은 "내가 미실이라면 어찌했을까"를 끊임없이 생각하며 문제를 풀어나간다.

이 드라마는 『손자병법』과 『삼십육계』[19]에 소개된 다양한 병법을 활용하여 덕만파와 미실파의 게임놀이를 그려내는데, 드라마 속 게임 전략들은 스토리를 더욱 긴장감 있고 역동적인 분위기로 변화시킨다.

우선, 공주 지위를 되찾기 위해서 덕만은 미실이 했던 예언 방법을 그대로 사용하여, 즉 백성들이 지켜보는 가운데(나정 앞) 돌부처가 땅을 뚫고 나오게 하여 백성들에게 하늘의 뜻을 거짓으로 전하는 속임수로 미실의 허를 찌른다. 미실은 존재하지 않는 허상을 사용하여 상대를 속이는 전략(無中生有: 무에서 유를 창조하다)으로 백성의 눈을 가렸고 황실을 위험에 빠뜨렸지만, 덕만도 '똑같은' 방법으로 이런 미실을 역습한다. 특히 일식이 진짜 일어날지 일어나지 않을지를 미실이 구별해야 하는 상황 속에서 덕만은 '공성계空城計'(성문을 열어 적을 미혹에 빠뜨리다) 전략으로 허패와 진패 게임을 펼친다.

그 외에도 이 드라마에서는 특히 '무중생유無中生有' 게임 전략을 자주 사용하는데, 예를 들어서 귀족들의 곡물 매점매석으로 인해 곡물 값이 치솟자 덕만은 '군량미까지 풀 것'이라는 공표만으로 곡물 값을 잡고(38회), 미실이 난을 일으켜 대야성에 있을 때 '수로를 막고 독을 풀 것'이라는 소문만으로 적군의 힘을 무력화시킨다(50회).

백제군과의 전쟁에서 설원은 백제군 대부분을 아막성으로 유인하여 김서현으로 아막성을 치게 하고 비어 있는 적의 속함성을 공격하는 '위위구조圍魏救趙'(위나라를 포위하여 조나라를 구하다) 전략으로 승리를 한다

19 천자이쥔, 『삼십육계』, 박영환 역, 시그마북스, 2010.

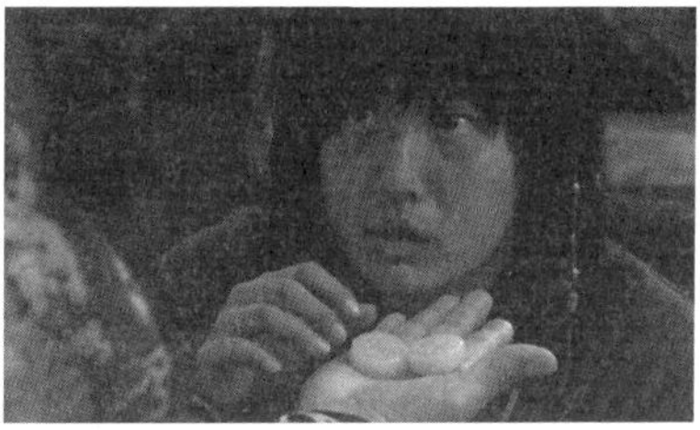

〈영상 A-6〉(4회)

(10회). 또한 미실은 '조호이산調虎離山'(호랑이를 산에서 유인해내다) 전략으로 김서현과 김용춘이 술에 취해 화백회의에 참석하지 못하도록 하고, 다급해진 김유신이 칼을 든 채 화백회의에 나타나게 하여 덕만파를 함정에 빠뜨린다. 그리고 '고육계苦肉計'(아군을 희생해 적을 안심시키다) 전략으로 미실파는 석품이 미생을 칼로 찌르게 한다(44회).[20]

특히 이 드라마에서는 '복불복福不福' 게임으로 긴장감을 이끌어내는데, 예를 들어 중국 타클라마칸 사막 지대에서 자란 덕만은 교역장에서 차를 매점하는 양제후로 인해 상인들이 어려움을 겪자 그들을 돕다가 양제후에게 잡혀간다. 장기알의 '死'를 고르면 죽고 '生'을 고르면 산다는 법칙을 정해놓고, 양제후가 선택을 강요하자(영상 A-6), 그가 모두 '死'를 가지고 장난하는 사실을 간파한 덕만은 재치 있게 자신의 장기

20 TV드라마 〈선덕여왕〉은 크게는 덕만과 미실이 벌이는 싸움이지만, 주변 인물들도 다양한 게임을 벌이며 드라마의 게임놀이성을 부각시킨다. 춘추는 만천과해(瞞天科海: 황제를 속여, 그 황제로 하여금 무사히 바다를 건너게 한다)와 가치부전(假痴不癲: 어리석은 척하되 미친 척하지 않는다) 게임 전략으로 미실파와 덕만파 모두를 속이기도 하고, 백제의 계백은 쌍둥이 유군으로 『손자병법』의 '적의 형세는 드러나게 하되 나의 형세는 드러내지 않는다.'는 전략으로 유신군을 혼란에 빠뜨린다. 또한 김유신은 타초경사(打草驚蛇: 풀을 헤쳐 뱀을 놀라게 하다) 전략으로 쌍둥이 유군을 분석하여 모든 것을 파악한 후에 싸움에 성공한다. 또한 이 드라마에서는 등장인물들의 대사를 통해서 '성동격서(聲東擊西)', '반간계', '금강계', '이간책' 등의 다양한 전략들을 소개하여 경쟁놀이를 강조한다.

알을 먹어버린 후, "제가 '死'를 먹었다면, 제후님 것은 '生'일테고, '生'을 먹었다면 제후님 것은 '死'일 겁니다."(4회)라고 말하며 양제후의 것을 보여 달라고 말한다.

덕만은 이러한 복불복 게임을 경쟁자와의 싸움에서 적절히 사용하는데, 허패와 진패 게임으로 미실을 혼란에 빠뜨리게 하고(28회), 주진공에게는 모든 병력을 미실에게 빼앗긴 채 목숨을 부지할 것인지, 덕만을 도와야 할 것인지 선택하게 한다(48회).

다음으로 등장인물들이 벌이는 '언어유희'를 활용한 경쟁놀이 스토리텔링도 흥미롭다.

이 드라마에서는 동일한 언어, 동일한 문제에 대해서 등장인물들이 서로 관심을 표명하면서 경쟁을 벌인다. 다음 신(scene)을 연결할 때에도 동일한 말을 사용하여, 경쟁자뿐만 아니라 시청자들도 주목할 수 있도록 만든다. 16회에서 미실은 "하늘엔 아무런 뜻이 없느니라."라며 덕만에게 말하다가, 바로 그 다음 신인 신당 전경에서는 "하늘의 뜻이 옵니다."라고 말하며 경쟁자를 비웃는다. 하지만 28회에서 덕만의 명을 받은 비담은 "하늘의 뜻입니다."라고 나정에서 외치다가 미실 앞에서는 "하늘의 뜻 그런 게 어딨습니까?"라며 미실의 말을 패러디한다. 이러한 언어유희는 텍스트 전체에 리듬감을 주고 놀이화시키는 역할을 한다.

특히 A측이 문제를 제시하면, 상대인 B측이 해답으로 '동일한 말'을 사용하여 경쟁을 벌이는 놀이도 주목할 만하다. 마치 함께 대화하며 문제를 풀어가듯이, A가 문제를 제시하면 B가 풀고, 다음에는 B가 문제를 제시하면 A가 푸는 방식이다.

유신: 허면… 어젯밤 사량부에 압송된 자들이 모두…?

덕만: 예… 점조직으로 암약하고 있는 복야회의 간자였다 합니다. 그 수장은 물론

월야고요….

유신: (놀라)폐하….

알천: (놀라 보며)

덕만: 유신공… (슬프고 간곡하게) 가야를… 버리세요….

하종: (E) 정말 버리면요?

S#56. 하종의 방(낮)

하종과 설원, 미생이 있다.

설원: 유신은 결코 가야를 버리지 못합니다.

미생: 유신을 예까지 키운 것도 가야였으니, 이제와 가야를 버리는 것도… 월야가 잡혀간 것을 방치하는 것도… 유신의 성정으로 보아, 힘든 일입니다.

(52회)

이러한 대화식 신 연결 구성은 텍스트 전체를 역동적으로 만들어주고, 텍스트 전체를 놀이식 게임으로 만들어준다.

따라서 드라마의 구성도 역시 승패가 반복해서 이루어지는 방식이다. 처음에는 미실이 승리하지만 다음에는 덕만이 승리하고, 그 다음에는 미실이 승리를 하는 식으로 '승패'가 왔다 갔다를 반복하면서 드라마가 진행된다.

미실: 이젠 입장이 바뀌었습니다. 이제부터는 덕만이 시간에 쫓기게 될 겁니다.

(49회)

영상도 경쟁 게임을 효과적으로 전달하기 위해 대립놀이식의 스토리텔링 방식을 취한다. 예를 들어서, 14회에서 덕만은 '사다함의 매화'를 밝혀내기 위해 장대인의 방에 잠입하는데, 그곳에서 '상자'를 하

〈영상 A-7〉(14회)

〈영상 A-8〉(14회)

〈영상 A-9〉(14회)

〈영상 A-10〉(14회)

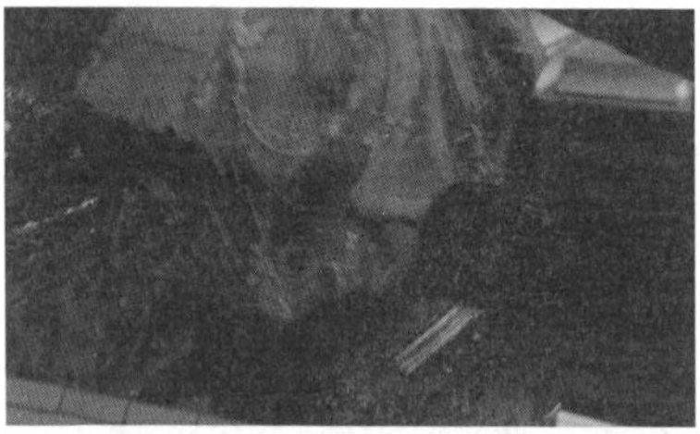
〈영상 A-11〉(14회)

〈영상 A-12〉(14회)

나 발견한다(영상 A-7). 다음 신은 신당 내 밀실에서 미실과 월천대사가 장대인에게 '사다함의 매화'의 비밀을 알 수 있는 '상자'를 전달받는 영상이다(영상 A-9 · 10). 그리고 다음 신은 다시 장대인 방 안에서 덕만이 '상자'의 뚜껑을 열려는 영상이고(영상 A-11). 그 다음 신은 신당 내 밀실에서 미실파들이 '상자'를 여는 영상이다(영상 A-12). 마치 서로 다른 장소에서 같은 '상자'를 여는 것처럼, '경쟁적'으로 영상이 번갈아 비춰지면서 긴장감을 만들어낸다.

특히 드라마는 이러한 경쟁의 재미를 높이기 위해 영상도 경쟁자들을 투샷처럼 한 화면에 2분할시켜 보여주는 대조의 놀이를 펼치기도 한다. 또한 등장인물들이 다양한 미션을 수행해나갈 때에도 영상은 경쟁자들의 활동을 분할시켜 동시에 보여주면서 긴장감을 높인다. 즉, 문제 제기가 양측에서 동시에 진행되고 해결도 경쟁적으로 이루어지기 때문에, 긴장감이 더 높아진다.

3) 쌍방향의 게임놀이 스토리텔링

아날로그 시대의 TV드라마가 시청자가 보고 듣고 대리만족을 하는 수준에서 머물러 수동적인 역할만 했던 매체라면, 디지털 시대의 TV드라마는 시청자가 능동적으로 참여하여 함께 즐길 수 있는 '놀이'이다. TV드라마 〈선덕여왕〉은 이러한 특성을 더욱 극대화시켜, 함께 게임을 펼치는 방식으로 드라마를 전개시킨다. 마치 온라인 게임을 벌이는 것처럼, TV드라마 〈선덕여왕〉은 시청자들의 욕망을 읽고, 게임을 즐기는 놀이자로서 시청자들을 텍스트 속으로 끌어들인다.

단순한 도박의 경우, 놀이자가 느끼는 긴장감은 관찰자에게 극히 미세하게 전달된다. 하지만 놀이가 지식과 힘을 요구하게 될 때, 즉 게임이 '어려워'지면 질수록 관찰자의 긴장은 고조된다. 이런 특성을 바탕으로 TV드라마 〈선덕여왕〉은 난해한 미션과 경쟁놀이로 시청자들과의 두뇌 게임을 유도한다. 드라마는 시청자를 속이기도 하고, 그들이 함께 참여하여 문제를 해결하기도 한다. 또한 시청자들의 열띤 토론을 이끌어내기도 한다.

우선, 경쟁자와의 게임에서 자주 사용하고 있는 전략은 이미 앞에서도 살펴보았듯이, '속이기'이다. TV드라마 〈선덕여왕〉은 경쟁자뿐만 아니라, 시청자까지도 감쪽같이 속인다. 예를 들어, 27회에서 일식 날짜를 알아냈는지 여부와 관련하여 덕만은 미실을 교란시킬 목적으로 비담과 유신을 비롯해서 시청자에게도 진실을 완벽하게 감춘다. 덕만은 비담에게 "너만 알아야 돼. 일식은 일어나지 않아."라고 말하면서, 자신이 가진 패는 '허패'라고 강조한다. 또한 유신에게는 전광력의 세차 산법을 베껴 적은 서찰을 미실에게 전달하여, 일식이 일어난다고 미실이 믿도록 만들라는 명령을 한다. 하지만 유신의 미숙한 대처에 미실은 상대의 패가 허패임을 간파하게 되고, 시청자들은 자연스럽게 덕만의 실패를 예견하게 된다.

그렇기 때문에, 비담의 화형식이 시작되는 순간에 일식이 발생하는 광경을 보면서, 미실파와 덕만파뿐만 아니라 시청자들도 덕만의 지략에 경악하게 되는 것이다. "천하의 미실을 속이는 일이었습니다. 비담도 유신랑까지도 속였어야 했습니다."라고 미소를 띠며 말하는 덕만에게 시청자들 역시 완벽하게 속았다는 사실이다.

덕만에게 시청자들은 또 다른 게임의 '경쟁자'라고 할 수 있다. 그래서 시청자를 속이는 게임놀이는 드라마 곳곳에서 엿보인다. 15회에서 유신과 용화향도들은 덕만이 미실의 사람이 된 것이 아닌가라는 의심을 갖게 된다. 시청자는 덕만이 미실의 사람이 된 것인지, 아니면 어떤 유혹에 일시적으로 빠져들게 된 것인지 궁금해하지만, 드라마는 등장인물들과 시청자들이 잠시 혼란에 빠지도록 허용한다. 또한 미실이 난을 일으켜, 덕만이 궁에서 쫓겨나 적산가옥에서 숨었을 때, 칠숙은 무사의 차림으로 변장한 사람을 덕만으로 오해하여 그를 죽인다(47회). 이

때 드라마는 칠숙과 시청자들의 시각이 동일하도록 만들어서, 칠숙이 죽인 이가 덕만이 아니라 소화였음이 밝혀질 때 칠숙뿐만 아니라 시청자도 함께 놀라게 하는 방식을 취한다.

이처럼 '시청자 속이기'는 드라마 텍스트를 불확실한 승리에 대한 긴장과 기대가 숨어 있는 흥미진진한 게임놀이로 만든다. 특히 게임은 상호 간의 전략적 행위로, '상호작용'이 동시에 발생하는 놀이이다. 따라서 마치 몸이 개입해 들어가는 '체험적 서사'라는 온라인 게임[21]의 놀이와도 같이 이 드라마는 새로운 체험을 경험하게 해주는 놀이가 된다.

또한 TV드라마 〈선덕여왕〉은 시청자들도 함께 게임에 참여하면서 미션을 해결해나가도록 이끈다. 예를 들어, 등장인물들이 '사다함의 매화' 등의 미션을 해결해나갈 때, 드라마는 영상으로 문제를 제시하고 그다음에 설명하는 식으로 전개되면서, 시청자가 함께 답을 유추하고 해석해나갈 수 있는 여유를 허락한다. 62회 마지막 장면인 덕만의 꿈 이야기에서도 '어린 덕만을 껴안은 여인은 누구인가?'에 대해 궁금하게 만드는데, 사실 유신이 "소화 유모님이셨습니까? 아니면, 돌아가신 황후님이셨습니까?"라고 묻는 것은 시청자들의 물음이기도 하다.

하지만 이 드라마의 가장 흥미로운 부분은 시청자와의 '토론'을 유도하는 스토리텔링이다. TV드라마 〈선덕여왕〉은 현실의 문제를 역사를 빌어서 설명하고 있다. 백성에게 '환상'을 만들어 통치할 수 있다는 미실과 백성에게 '희망'을 갖게 해 통치해야 한다는 덕만의 정치관은 6분이라는 긴 토론에도 불구하고 시청자들의 호응을 이끌어냈으며, 오늘날의 정치에 관해 논의할 수 있는 계기를 마련하기도 했다.

---

21 이용욱, 「디지털 서사체의 미학적 구조(3): 온라인게임에서의 '시간축'을 중심으로」, 『한국언어문학』 Vol. 56, 한국언어문학학회, 2006, 330쪽.

그 외에도 TV드라마 〈선덕여왕〉은 덕만이라는 독특한 캐릭터가 보여주는 다양한 행동을 통해서 흥미로운 토론거리를 제공하기도 했다.

11회에서 백제군과의 전쟁 중에 '부상병은 본진의 안전을 해칠 뿐이며, 본인을 위해서도 백제군에 잡혀 고문을 당하느니, 죽는 편이 낫다'며 알천이 부상병의 목을 베려하자, 덕만은 '죄 없는 낭도들의 목숨을 거둘 권리가 없다'고 반기를 든다. 또한 부상병이 된 알천이 스스로 죽기를 원했을 때에도, 덕만은 '함께 살 수 있는 희망과 방법을 찾으라'고 상관에게 요구한다. 이러한 덕만의 행동은 이상주의자적인 행동이다. 사실 전시 중에는 알천의 말이 오히려 더 현실적인 방법일 수 있다. TV드라마는 덕만의 포용과 상생의 리더십을 강조하지만, 현실적인 상황에서 과연 이런 행동이 적합한 것인지에 대해서 시청자들은 의문을 제기하기도 했다.

또한 39회에서는 희망의 정치를 주장하는 덕만이 그 목표를 실현시키는 과정에서 '미실스러운' 모습을 보여주어 논란을 일으키기도 했다. 약속을 어기고 도망쳤던 백성들 앞에서, "처벌은 폭풍처럼 가혹하고 단호하게, 포상은 천천히 조금씩…"이라고 충고한 미실의 말을 되새기며, 덕만은 본보기로 촌장의 목을 직접 벤다. 희망을 외치던 덕만이 잔인하게 칼을 내리치는 장면은 시청자들에게 혼란을 주었던 것이다.

이러한 논의거리뿐만 아니라, TV드라마 〈선덕여왕〉은 다양한 추

〈영상 A-13〉(48회)

〈영상 A-14〉(48회)

측거리를 제공하여 시청자들을 영상텍스트로 끌어들였다. 48회 마지막 장면에 미실은 덕만을 향해 활시위를 당기지만(영상 A-13), '엉뚱하게도' 덕만은 피하지 않고 두 팔을 벌려 활을 받아들인다(영상 A-14).

이 영상은 무수히 많은 추측들을 만들어냈는데, 당시 온라인상에는 온통 미실이 쏜 활의 행방에 대한 예견들로 가득했다. 미실의 자살설, 비담의 구원설, 천명공주의 빗 또는 소엽도의 구원설 등 다양한 추측거리와 논의거리를 제공하여 시청자들을 끌어들이는 효과를 가져왔다.

사실 개성적이고 엉뚱한 캐릭터들이 펼치는 이러한 행동들에 관해서 온라인상에서 토론을 벌이는 시청자들의 참여는 스토리텔링에도 영향을 준다. 시청자들은 TV드라마 텍스트에 적극적으로 관여하여 스토리를 바꿔나가기도 하고, 프로슈머로서 드라마와 관련된 다양한 정보와 패러디물, UCC 등을 만들어 드라마에 영향력을 미친다. 이는 드라마의 홍보 역할까지 하여 광고로서의 경제적인 효과도 이끌어낸다.

앨빈 토플러는 "프로슈머가 앞으로 서서히 새로운 경제 형태를 만들 것이며, 세계적인 거대 기업과 일부 산업의 존재 자체에도 위협을 가할 것이다."[22]라고 말하고 있다.

시청자들은 스스로 모멘텀 효과를 이끌어내는 '파워 오퍼'가 되어 고객이 생산자를 위해 일할 수 있도록 하는,[23] 즉 시청자가 스스로 드라마를 홍보하고, 드라마의 스토리텔링을 강화시키는 역할을 한다는 것이다.

입체적인 캐릭터들이 만들어내는 스토리텔링, 특히 모멘텀 리더이며 다성적인 캐릭터가 이끌어낸 게임 스토리텔링은 시청자들을 프로슈

22 앨빈 토플러, 『부의 미래』, 김중웅 역, 청림출판, 2010, 254쪽.

23 장 클로드 라레슈, 앞의 책, 151쪽.

머로서 다양한 놀이를 펼칠 수 있도록 참여의 장을 만들어주었다고 할 수 있다.

4. 나오며

TV드라마 〈선덕여왕〉은 정치라는 주제를 21세기 경제 논리와 놀이성이 강한 문화 코드로 풀어낸 드라마로, 특히 온라인의 롤플레잉 게임과도 같은 게임놀이 스토리텔링으로 시청자들의 몰입을 성공적으로 이끌어낸 콘텐츠이다. 게임놀이 스토리텔링을 지배하며 이끌어가는 주체는 드라마의 입체적인 캐릭터들로, 그중에서도 특히 신화적 존재(누미노제)로서의 자아와 놀이하는 존재(호모 루덴스)로서의 자아를 지닌 덕만 캐릭터이다. 덕만은 중국 타클라마칸 사막 교역장에서 비즈니스와 협상의 기술을 배우며 운명 · 현실과 당당히 게임을 벌이는 인물이다. 또한 왕성한 호기심으로 '끊임없이 질문을 던지고' '젊게 생각하고 행동하는' 창의적인 인물로 주변인들의 능력을 발견하여 인재로 키우는 '모멘텀momentum' 리더이다. 덕만은 질문으로 문제를 이끌어내는 발상가로, 끊임없이 질문하여 주어진 미션을 해결해나간다. 또한 거래에 능한 CEO형 정치인으로, 경쟁에서 기발한 아이디어로 상대의 허를 찔러 승리한다. 다성적인 캐릭터이며 끊임없이 변화를 추구하는 덕만은 스토리를 역동적으로 움직여가면서, 텍스트 전체를 게임놀이화시킨다.

이 드라마는 태어나자마자 왕궁에서 쫓겨났던 덕만이 중국 타클라마칸 사막에서 신라로 돌아와 고된 화랑 훈련을 쌓으며 자기 사람들과 힘을 획득하고 미실과의 대결에서 승리하여 우리나라 최초의 여왕이 된다는 스토리를 가지고 있다. 미션을 담은 에피소드들은 '과제-도전-해결'이라는 구성 방식을 보여주는데, 이 드라마에서 미션들은 다양한 질문들에 의해 제기되고, 질문들에 의해 문제가 해결되어가는 스토리텔링 방식을 취한다.

이때 드라마는 미션 수행을 위해 매 순간 선택의 기로에서 고뇌하는 덕만의 내면에 초점을 맞추기보다는, 인터넷 게임처럼 적대자와 단계별로 경쟁을 벌이는 캐릭터의 '게임놀이'에 집중한다. 덕만은 인재를 확보하고 권력의 주도권을 잡기 위해 미실과 대결하는데, 늘 엉뚱하고 창의적인 아이디어와 틀을 깨는 행동으로 '경쟁'을 벌여 드라마를 역동적인 게임으로 변화시킨다. 또한 미실과 경쟁하는 데에서 한 단계 더 나아가 시청자들과도 과감하게 게임을 벌인다. 즉, 이 캐릭터는 시청자가 능동적으로 드라마 텍스트 속에 참여하여 게임을 함께 즐길 수 있도록 유도한다. 따라서 TV드라마 〈선덕여왕〉은 때때로 시청자들을 속이고, 시청자들이 함께 참여하여 문제를 풀어나갈 수 있도록 하고, 시청자들의 열띤 토론을 이끌어내는 등, 쌍방향 게임을 유도하는 스토리텔링을 보여주게 된다.

사실 이 드라마는 인간의 욕구가 자연스럽게 살아 있고 모든 신비적 주술적인 것과 영웅적인 것, 음악적인 것이 살아 있는 '영웅적 시대'의 특성을 사극 속에 녹여서 '놀이성'을 더욱 강화시킨 드라마이다. 특히 고대에서 가장 아름다운 형태로 뚜렷하게 부각되어 있는 '투기적' 기능을 신화적인 분위기로 살려서 게임놀이 스토리텔링을 효과적으로 전달한 콘텐츠라고 할 수 있다.

2 TV드라마 〈베토벤 바이러스〉의 시각적 이미지 스토리텔링

1. 들어가며

TV드라마 〈베토벤 바이러스〉[1]는 현실 속에서 클래식 연주라는 '꿈'을 이루기 위해 도전과 실패를 거듭하는 사람들과 그들의 정신적인 '성장'에 관한 이야기이다. 이 드라마는 꿈의 현실화라는 과정을 그리면서도, 그 '결과'는 시청자들의 상상과 등장인물들의 몫으로 남겨놓는다. 즉, 드라마는 승리와 완성이라는 완결된 구조로 결론을 맺지 않고, 꿈을 향한 거친 현실과 불확실한 미래를 열어놓는다. 이 드라마의 초점은 과정 속에 드러나는 삶의 변화와 등장인물들의 정신적인 '성장'에 있다.

TV드라마 〈베토벤 바이러스〉는 모순과 대립이 난무하는 현실 속에서 등장인물들이 서로 충돌하여 자신의 틀을 깨고 성장하도록 이끈다. 따라서 '클래식(꿈)과 일상', 예술가의 중요한 성향인 '창의성과 전통

---

1 극본 홍진아 · 홍자람, 연출 이재규, MBC, 2008. 9. 10~11. 12, http://www.imbc.com/broad/tv/drama/thoven

TV드라마
〈베토벤 바이러스〉

성', '형식과 감정' 등 이원론적인 대립 속에서 등장인물들은 충돌하고 변화 · 성장한다.

이때 TV드라마 〈베토벤 바이러스〉는 그들의 성장 모델로 베토벤을 제시하며 베토벤의 성장과 인간 한계 및 현실의 극복을 스토리벨류로 선택한다.

베토벤은 고난과 극복의 상징이다. 청각장애에도 불구하고 〈장엄미사곡〉(1823)과 〈제9교향곡〉(1824) 등 세계적인 명곡을 만들었던 베토벤 이야기는 2008년 세계 경제위기가 몰고 온 경제난으로 고통받던 우리 시청자들을 정서적으로 위로할 수 있을 만한 스토리였다. 사실 베토벤이란 이름은 초인간, 예술적 경건, 예술적 순교, 인간성의 위대함, 사회 현실과의 투쟁 등을 포함하는 추상명사적인 작용력을 갖고 있다.[2]

TV드라마 〈베토벤 바이러스〉는 베토벤의 정신을 21세기 한국 현

2 홍정수, 『미학적 음악론』, 정음문화사, 1986, 68쪽.

실 속에서 스토리텔링[3]한 작품이라고 할 수 있다. 사람과의 대화능력을 상실한 강마에와 음악가라는 꿈조차 꿔보지 못한 천재음악가 강건우, 그리고 청력을 잃어가는 바이올리니스트 루미를 비롯해서 등장인물들은 모두 청각장애를 앓고 있는 베토벤의 모습을 나름대로 지니고 있다. 베토벤의 괴팍성, 천재성, 비극적 운명 등은 21세기 드라마 속 캐릭터로 환생하여, '베토벤 정신'을 이야기한다.

TV드라마 〈베토벤 바이러스〉 1회에서 여주인공 루미가 현실로 인해 꿈을 접으려는 선배 혁권에게 충고하는 대사 — "진짜 철드는 게 뭔 줄 알아? … 죽어도 포기하지 않는 거야." — 는 이 드라마의 주제를 함축적으로 암시해주는 말이다. 이 작품은 꿈을 포기하지 않는 정신, 즉 베토벤의 정신이야말로 진정한 삶의 태도라고 말한다. 또한 이러한 정신이 바로 삶의 성숙한 태도라고 말한다.

이 드라마는 결핍 · 불완전 · 미숙이 충족 · 완전 · 성숙으로 결말지어지는 플롯을 지닌 성장 스토리를 기반으로 하면서도, 특히 그 성장하는 '과정'에 주목하여 '시각적 이미지'로 그려낸 작품이다. 사람과 제대로 소통하지 못하는 미숙한 강마에를 중심으로 각자 자신들의 한계

---

3 TV드라마는 TV드라마 시나리오(내러티브)를 기반으로 다감각적으로 재현(스토리텔링)되는 콘텐츠라는 관점에서 내러티브이자 스토리텔링인 이중적 속성의 담화 양식이다. 내러티브는 시간성과 인과성 그리고 형식성을 주된 특성으로 하는 '서술적 담화'인 반면 스토리텔링은 구성적 시간성 대신 실시간적인 시공간성, 논리적 인과성 대신 재연적인 다감각성, 그리고 심미적 형식성 대신 소통적인 상호작용성을 주된 특성으로 하는 '재현적 담화'라고 할 수 있다. 그러므로 내러티브는 심미적 형식을 추구하는 선형적인 완결 구조의 문학을 비롯한 만화, 영화, 애니메이션 등의 담화 양식이며, 한편으로 스토리텔링은 대화나 협상, 연설, 브랜딩, 리더십 같은 구술적 층위의 담화에서부터 만화, 영화, 애니메이션, 극 등의 다감각 콘텐츠, 그리고 게임 형식의 인터랙티브 콘텐츠까지 감각적 소통을 추구하는 구술 및 다감각, 인터랙티브 콘텐츠를 포괄하는 담화 양식이라고 할 수 있다. 류은영, 「내러티브와 스토리텔링: 문학에서 문화콘텐츠로」, 『인문콘텐츠』 제14호, 인문콘텐츠학회, 2009, 247-248쪽.

(틀)에 구속되어 어둠 속에 놓인 등장인물들의 모습과 그러한 현실 속에서 만난 꿈, 그리고 현실과 꿈의 경계에서 자신의 길을 찾는 과정을 '시각적 이미지'로 전달한다. 즉, 미숙 · 결핍 · 불완전은 틀을 깨지 못하고 스스로 결핍과 불완전이라는 한계 속에 자신을 구속시키는 '어둠'의 이미지로, 충족 · 완전 · 성숙은 꿈을 향한 밝은 '빛'의 이미지로, 그리고 그러한 꿈을 향해 도전하는 과정은 '경계'와 '통로' 이미지로 나타낸다. 이러한 시각적 이미지는 어둠과 밝음의 역동적인 대비를 통해 드라마의 주제와 스토리를 시청자들에게 명확하게 전달한다. '어둠'과 '틀'의 이미지, '빛'과 '밖'의 이미지, 그리고 '경계'와 '통로'의 이미지는 성장의 과정을 시각화한 이미지이지만, 사실 이는 '인생의 과정'을 보여주는 시각적 이미지 스토리텔링이기도 하다.

영상예술은 관념을 시각화하는 작업이다. 이러한 영상예술인 TV 드라마의 비주얼 스토리텔링의 목표는 관객의 정서적 경험을 창조하는 것이다. 비주얼 스토리텔러가 관객의 정서적 반응을 이끌어낸다는 것은 관객에게 생각할 기회를 제공한다는 것이다.[4] 즉, 스토리텔링은 시청자들의 머리가 아니라 감정을 움직이는 데 핵심적인 역할을 하기 때문에, 시각적 이미지 스토리텔링은 시청자가 이미지를 통해서 어떻게 느껴야 하는지를 전달한다.

본 텍스트에서는 등장인물들의 정신적인 성장 과정을 인상적으로 시각화한 이 드라마의 시각적 이미지 스토리텔링을 살펴보고자 한다. 21세기 TV드라마는 무엇보다도 비주얼 스토리텔링이 중요하다. 따라서 비주얼 스토리텔링의 중요한 요소라고 할 수 있는 시각적 이미지에

4 브라이언 아놀드 · 브렌던 에디, 『비주얼 스토리텔링』, 이윤진 역, 커뮤니케이션북스, 2009, 54쪽.

주목하여, TV드라마 〈베토벤 바이러스〉가 이 시대 시청자들에게 어떠한 미적 감동을 주었는지 비주얼 영상미학이라는 측면에서 살펴보고자 한다.

2. TV드라마 〈베토벤 바이러스〉의 시각적 이미지 스토리텔링

TV드라마 〈베토벤 바이러스〉는 '클래식'이라는 음악으로 시청자들의 내면과 영혼을 '청각적 이미지'로 자극하면서 영상 비주얼이 만들어내는 시각적 이미지를 한층 효과적으로 살린 드라마이다.

드라마의 스토리를 간략히 살펴보면, 다음과 같다. 여주인공 두루미는 음대를 나왔지만, 시청 문화예술과에서 적성에도 안 맞는 9급 공무원 생활을 하고 있다. 바이올린을 시작한지 17년이나 되었지만 그녀는 공연 한 번 제대로 못해봤다. 그러던 어느 날 시청 문화특구 아이디어 안에 자신의 기획안이 채택되어 '프로젝트 오케스트라'를 운영하게 된다. 하지만 공연 프로듀서가 돈을 횡령한 사건에 휘말려, 공연이 무산될 위기에 처한다. 공연을 억지로 성사시켜야 했던 루미는 단원들을 모집하고, 일상에 찌들어 클래식이라는 꿈을 접고 살았던 평범한 사람들이 우여곡절 끝에 모이게 된다. 권위적인 남편 밑에서 자신의 이름도 잊고 살았던 아줌마 '정희연'과 서울시향의 오보에 수석 연주자 출신의 치매노인 김갑용, 한 가정의 가장이라는 현실 앞에 클래식 연주를 포기한 회사원 박혁권, 정식 교육을 받지 못한 캬바레의 간판 색소폰 연주가 배용기, 음대를 졸업했지만 생활을 위해 수의사가 된 홍준기, 가정형편으로 예고마저 중퇴한 날라리 청소년 하이든, 자신이 음악천재라는 사실도 모르는 경찰 강건우 등이다. 이런 그들 앞에 정통 엘리트 코스를 밟은 세계적인 지휘자 강마에가 지휘를 맡게 되면서 드라마가 시작된다.

1) 어둠과 '틀'의 이미지

TV드라마의 오프닝 신은 드라마의 정서적 분위기와 줄거리의 성격을 암시하기 때문에, 특히 주목할 필요가 있다.

〈영상 B-1〉(1회)

〈영상 B-2〉(1회)

〈영상 B-3〉(2회)

첫 장면은 연미복 차림의 마에스트로 강건우(강마에)가 콘서트홀 지휘자 대기실에서 공연 지휘를 못하겠다고 버티는 모습이다(영상 B-1).

지휘를 해달라고 무릎까지 꿇고 있는 단장에게 연습이 덜된 오케스트라를 지휘할 수 없다며 무표정한 얼굴로 말하는 강마에는 전혀 융통성이 없고 원칙만 고수하는 인물로 비춰진다(영상 B-2). 짙은 어둠 속에 놓여 있는 강마에의 모습은 그가 앞으로 어떻게 이 세계와 충돌하고 깨질 것인지에 대한 인상을 강렬하게 심어놓는다.

이 드라마는 어둠 속에 갇힌 강마에의 모습을 작품 곳곳에 배치해 놓는다. 강마에의 방은 촛불 또는 작은 불빛만 있는 어두운 공간이며, 간혹 그 불빛마저도 완전히 사라진 짙은 어둠의 공간이다. 강마에를 비추는 곳은 늘 어둡다. 창문 쪽 환한 곳에 강마에가 서 있을지라도 그의 얼굴과 모습은 어둠 속에 갇힌 영상으로 처리된다. 조명을 '감정의 표현'[5]이라고 볼 때, 로우키Law-key 조명으로 처리된 강마에의 모습은 철저히 고독한 형상이다(영상 B-3). 사실 TV드라마 영상은 작은 화면으로 인해 콘트라스트contrast가 매우 낮은 영상을 잘 반영하지 못하기 때문에 조명을 강화하려는 경향을 갖게 된다. 따라서 너무 어둡다고 여겨지는 영상을 표준화하여 없애려 한다.[6] 하지만 이 드라마는 오히려 시청자의 몰입을 방해할 수 있을 정도로 어두운 영상을 만들어낸다.

또한 어둠의 이미지와 더불어 강마에는 새장과 같은 틀 속에 갇힌 이미지로 드라마 속에 등장한다. 귀국하여 공항의 의자에 앉아 있는 강마에의 모습은 벽 안에 갇힌 모습이며(영상 B-4), 사무실에서도 강마에는 어둠과 틀 속에 묶인 폐쇄된 이미지를 보여준다(영상 B-7). 강마에의 방 안에는 커다란 격자 틀이 놓여 있고, 강마에는 그 속에 갇힌 모습으로 자주 나타난다. 이렇듯 어둠이라는 색채 이미지는 '틀'이라는 형상과 만

5 F. R. 달론느, 『영화와 빛』, 민음사, 1998, 15쪽.

6 위의 책, 126-127쪽.

〈영상 B-4〉(1회)

〈영상 B-5〉(2회)

〈영상 B-6〉(7회)

〈영상 B-7〉(2회)

〈영상 B-8〉(11회)

〈영상 B-9〉(11회)

나 그 한계와 갑갑함이 더욱 강조된다.

굴속과 같은 어둠과 틀의 이미지는 강마에의 '독백적'인 성향을 설명하는 데에 효과적인 이미지로 작용한다. 새장 속에 갇힌 새처럼 강마에의 집은 늘 블라인드가 내려진 상태이며, 그의 모습은 그 속에 구속된 형상이다(영상 B-10~12).

이러한 그의 모습에서 시청자들은 21세기 사회에서 고전 클래식

〈영상 B-10〉(14회)

〈영상 B-11〉(7회)

〈영상 B-12〉(15회)

이 가지고 있는 '독백성'을 발견한다. 대중과 격리된 고답적인 클래식과 같이, 강마에는 클래식의 전통과 형식을 고수하고자 하는 인물이다. 어린 건우와 강마에의 첫 만남은 이러한 클래식의 독백성을 여실히 보여준다.

어린 건우는 음악 숙제 때문에 강마에의 연주회에 갔다가 "'클래식은 네모다'라고 할 때 네모를 뭐라고 생각하는가?"라는 숙제의 질문을 그에게 던진다. 하지만 강마에는 오히려 어린 건우에게 10분 동안 고민해보라고 한 후, 정확한 답을 그에게 요구한다. 어린 건우가 클래식을 제대로 정의하지 못하자 강마에는 클래식에 무지한 관객의 수준에 대해 불평한다.

사실 '클래식은 네모다'라는 음악 숙제는 그 문제 자체가 클래식과 만나는 중요한 문제제기가 된다. '클래식은 네모다'라는 말에는 이미

〈영상 B-13〉(9회)

'형식'이 들어 있기 때문이다. 이 드라마는 '괄호'( )라는 단어 대신 일부러 '네모'라는 단어를 선택하여 클래식을 정의하도록 한다. 즉, 네모라는 틀이 있는 클래식, 이는 '형식'이 있는 클래식을 의미한다. 〈영상 B-13〉은 클래식이 지닌 형식을 시각적인 영상으로 전달한 예이다.

한슬릭은 음악을 '울리면서 움직이는 형식'으로 본다. 음악의 미가 음 자체의 결합인 그 '형식성'에 있다고 말하면서, 그는 음악이 어떤 재료로 어떻게 형식을 이루고 있는지를 알아야 음악을 제대로 이해하는 것이라고 주장한다. 이는 일정한 교육과 훈련이 선행되었을 때만이 음악을 이해할 수 있다는 말이다. 따라서 단순히 '좋아하다'가 아닌 '이해하다'라는 차원에서 접근해야 하는 클래식은 대중들이 쉽게 다가갈 수 없는 세계다.[7] 그래서 '이해하다'라는 차원에서 클래식을 만나야 한다고 믿는 강마에에게 아줌마 정희연은 그저 '똥덩어리'일 수밖에 없다.

이 외에도 강마에는 '살리에르 증후군'이라는 틀에 갇혀 있기도 하다. 드라마는 노력형과 천재형을 강마에와 정명환, 작은 건우라는 인물로 대립시켜 놓는다.

강마에는 음악을 향한 강한 집념과 노력만으로 세계적인 마에스

7 홍정수, 앞의 책, 50-51쪽.

〈영상 B-14〉(2회)

〈영상 B-15〉(2회)

트로가 되었지만, 친구인 천재 음악가 정명환의 그늘에 늘 가려져야 했다. '천재성'은 강마에의 콤플렉스를 자극하면서, 그가 음악에 더욱 얽매이도록 만들었다. 이때 영상은 어둡게 처리된 강마에의 얼굴과 대조적으로 환한 조명을 받고 있는 정명환의 모습을 동시에 보여주면서, 강마에의 갇힌 이미지를 강조한다.

그런 강마에 앞에 이제 더욱 강력한 잠재력을 지닌 천재 건우가 등장한 것이다. 천재적인 감성의 소유자인 건우는 느낌이 있는 음악을 선택하길 원하며, 작곡가의 의도를 파악하기보다는 '창조적'[8]인, 새로운 해석을 원한다. 그래서 새로운 해석을 위해, 그는 작품을 다른 스타일로 변형하고, 과감하게 해체하기도 한다. 하지만 강마에는 철저하게 연구자적인 태도로 그 당시의 음악을 시대 상황과 작가와 관련하여 분석하고, 전통 '그대로' 똑같이 재현해내길 바란다. 따라서 분석적 해석[9]을 고

---

8 '창조적'인 해석이란, 음악의 해석이 궁극적으로 음악을 만드는 일, 즉 작품화 체험으로서 하나의 창조 행위라는 관점에서 창조 행위를 중심으로 삼는 태도를 말한다. 박이문, 『예술철학』, 문학과 지성사, 1999, 88쪽.

9 '분석적 해석'은 음악 작품의 인식, 개념적 파악, 이론적 해명 등에 치중하는 지성적 활동으로서의 해석을 의미한다. 분석적 해석은 악보에 대한 분석을 통해 음악세계를 재구성하려는 입장과 그 음악의 이면에 나타난 다른 요인들, 즉 사회 · 정치 · 문화적 배경이나 사상 등을 중심으로 연구하는 두 가지 입장이 있다. 다시 말하면, 음악의 이면들을 연구한다는 것은 그 시대의 사회 · 문화적 배경이나 사상 등이 음악에 어떻게 반영되었는지를 연구

집하는 강마에는 철저한 연구 없이 느낌에 따라 원곡을 변형하고 해체해버리는 건우의 태도에 분개한다.

사실 강마에와 건우라는 두 인물의 대립에는 양분된 음악미학이 근본적인 원인으로 자리하고 있다. 이는 한마디로, 강마에로 대변되는 '형식미학'과 건우로 대변되는 '감정미학'의 충돌을 의미한다.[10]

강마에와 건우의 대립을 통해 드러나는 형식과 감정의 문제는 음악미학뿐만 아니라 두 인물이 지닌 삶의 태도와, 더 나아가 인간 삶의 미학도 반영한다. 강마에는 새로운 감정과 새로운 해석을 두려워하며 악보의 '형식'에만 매달린다. 감정이 배제된 채 죽은 형식에만 매달리는 강마에의 삶은 어두운 방안에 갇힌 모습, 틀 속에 갇힌 모습 또는 어두운 거울 속에 갇힌 모습으로 등장한다.

강마에뿐만 아니라, 이 드라마의 등장인물들도 각자 자신들의 틀 안에 갇힌 형상들로 등장한다. 그들도 역시 소통하지 못하는 인물들이다. 강마에가 자신의 틀에 몰두해 주변과 소통하지 못하고 있는 상황이라면 오케스트라 단원들은 오히려 주변 현실을 너무 의식한 나머지 자신의 꿈과 제대로 대화하지 못하는 모습을 보여준다.

그들은 오랫동안 현실이라는 '틀' 안에 갇혀 있었다. 하지만 꿈을 갖게 된 이후부터 그들은 이제 도처에 널려 있는 현실 속 다양한 틀과도 싸워야 하는 더 어려운 상황에 놓인다. 즉, '공부도, 군대도, 취직도

하는 것을 말한다. 정은경, 「전통음악 해석의 유형론: 전통음악 해석의 새로운 틀의 모색을 위한 시론」, 『낭만음악』 제7권 제4호, 통권68호, 낭만음악사, 2005, 23-24쪽.

10 19세기 이후 음악미학자들은 형식미학과 감정미학(또는 내용미학)이라는 두 개념하에 오랫동안 논쟁을 벌여왔다. 형식미학은 다른 예술에 대한 음악의 독립성을 강조하지만, 감정미학은 음악을 낳게 하는 다른 비음악적 면이 음악에 우선하는 것으로 본다. 감정미학의 음악 이해는 음악이 감정에 미친 영향을 느끼는 것이다. 그러나 형식미학은 일차적으로 음악이 어떠한 재료로 어떻게 형식을 이루고 있는지를 알아야 음악을 이해한 것이라고 본다. 홍정수, 앞의 책, 45-46쪽.

대충하며 살아왔고, 트럼펫 전공은 꿈도 안 꿨으며, 앞으로도 그냥 그렇게 살아가려 했던' 건우는 강마에와 오케스트라를 만난 후 '클래식과 현실' 사이에서 갈등한다. 경찰이라는 안정된 직업을 버리고 재능을 찾아 불안한 미래를 향해 달려갈 것인가, 아니면 현실에 안주할 것인가를 고민하기 시작한 것이다. 〈영상 B-16 · 17〉은 꽉 막혀버린 교차로에 갇힌 건우의 모습을 통해 현실에 묶인 인물의 상황을 틀 이미지로 보여준

〈영상 B-16〉(5회)

〈영상 B-17〉(5회)

〈영상 B-18〉(7회)

〈영상 B-19〉(11회)

〈영상 B-20〉(2회)

예이다.

이와 더불어 〈영상 B-18 · 19 · 20〉은 꿈을 향해 달려가는 등장인물들 주위에 철망과 같은 여러 장애물이 놓여 있음을 예시한다. 즉, 이 그림은 그들이 결국 벗어나야 하는 '새장' 이미지뿐만 아니라, 현실 곳곳에 그들을 막고 있는 여러 가지 문제를 틀 이미지로 상징화하여 도전과 고난이라는 이중적인 의미를 만들어낸다.

따라서 드라마 마지막 장면에서 가시밭길을 가겠다고 끝까지 저항하는 단원들을 향해 강마에는 클래식(꿈)을 위해 그들이 현실에서 마주칠 것들에 대해 다음과 같이 말한다.

> "클래식은 귀족만 하는 거라고 내 말했지? 옛날 귀족은 핏줄로 정해졌지만 요새는 노력, 실력이야. 근데 그것만으로도 부족해. 돈, 연줄, 인맥, 운때, 더럽지만 필요해…!"
>
> (18회)

강마에의 이 말은 그들이 꿈을 향해 도전할 때 현실에서 부딪히게 될 문제들을 냉혹하게 보여준다. 이 드라마는 이러한 여러 가지 구속 및 장애를 어둠과 틀이라는 현실 속 이미지로 상징화시킨다. 가부장적 사회에서 자신의 이름을 상실한 주부 정희연, 꿈보다 현실을 택할 수밖에 없는 가장 박혁권, 당뇨로 누워 있는 엄마와 다리를 절며 막노동 하는 아빠와 함께 양로원에서 곁방살이하는 예고 중퇴생 하이든 등 그들은 모두 삶의 굴레 속에 묶여버린 인물들이다.

다음의 영상은 이러한 안타까운 현실을 그대로 반영하는 그림이다(영상 B-21 · 22). 카메라는 팬 레프트Pan Left 촬영 기법으로 박혁권과 그의 임신한 아내, 그리고 어린 딸의 모습을 틀 속에 갇힌 이미지로 담아

〈영상 B-21〉(13회)

〈영상 B-22〉(13회)

〈영상 B-23〉(10회)

〈영상 B-24〉(10회)

〈영상 B-25〉(15회)

낸다.

사실 어둠과 틀의 이미지는 부정적이다. 삶의 냉혹한 현실을 어둠과 틀의 이미지로 보여주고 있는 이 드라마는 성장의 시간을 시각적 이미지로 이야기한다. 즉, 어둠이 지닌 부정적인 의미는 모든 사람이 공감하는 관습적이고 보편적인 뜻이지만, 어둠은 필수불가결한 자연계의 현상 중 하나이다.[11] 따라서 어둠이 지니는 가치를 새롭게 인식할 필요가 있다. 사실 어둠은 고뇌의 시간이며, 성장을 준비하는 시간일 수 있다. 그렇기 때문에 이 드라마에서 어둠은 다음 장에서 설명할 빛과 더불어 정신적이고 인간적인 내면을 나타내는 상징적 의미로 확장된다. 특히 어둠은 빛과의 만남을 통해 서로의 특성들을 더욱 명확히 드러내듯이, 어둠과 그 속의 불빛은 고뇌를 위한 고독과 내적 갈등을 강조하여,[12] 드라마 속 인물들의 내적 성장을 효과적으로 보여준다.

또한 틀이라는 형식도 '틀 깨기'와 '벗어나기'라는 과제가 등장인물들에게 주어짐으로써 변화의 가능성을 암시하기도 한다.

2) 빛과 '밖'의 이미지

TV드라마 〈베토벤 바이러스〉에서 강조된 시각적 이미지는 빛과 어둠이다. 이 드라마는 고전주의 조명예술이 말하는 밝음과 어둠, 흑과 백의 문법을 그대로 따르고 있다. 낮과 밤이라는 기본적 관계에서 밝음과 흰 빛은 좋음 · 선함 · 기쁨 · 삶의 편에, 어둠과 검은 빛은 악 · 불행 · 고통 · 죽음의 편에 속한다는 내포적 의미가 있다.[13] 르네 위그도 빛이 가지고 있는 특성을 다음과 같이 설명한다.

> 중세 신학자들에게 있어서 빛은 성스러운 의미였다. 그들에게 빛은 신(神)이었다.

11 배은경, 「빛과 어둠: 드러냄과 감추어짐의 표현」, 이화여자대학교 대학원 석사학위논문, 2004, 10쪽.

12 위의 논문, 16쪽.

13 F. R. 달론느, 앞의 책, 129쪽.

〈영상 B-26〉(10회)

〈영상 B-27〉(10회)

〈영상 B-28〉(5회)

> 빛의 성질, 즉 그 자체로 머물러 있으면서도 수없이 많은 조각으로 불어난다는 것과 빛이 모든 움직임에 영향을 미친다는 것이 그들에게는 빛을 신의 일부분으로 보게 하는 상징적 요소였다.[14]

사실 빛은 어둠과 대비하여 그 의미를 더욱 뚜렷하게 상징화시킨다. 빛은 구원이고, 어두운 세상을 밝혀주는 메시지의 역할을 한다. 따라서 이 드라마는 어두운 밤의 이미지와 햇빛 · 달빛 · 등불 · 촛불 등의 다양한 빛의 이미지를 대비시켜, 삶의 희망이라는 메시지를 부각시키기도 한다.

우선, 이 드라마에서 '빛'은 자기 길을 발견하게 해주는 긍정적인 메시지로, 희망을 예시하는 강렬한 시각적 효과가 있다. 드라마 10회

14 르네 위그, 『예술과 영혼』, 김화영 역, 열화당, 1979, 137쪽.

에서 좁고 어두운 컨테이너 구석에 엄마가 전신마비로 누워 있고, 어린 강마에는 그 옆에 쪼그리고 앉아 있다. 잠시 후, 어디선가 음악소리가 들려오고, 어린 강마에는 낯설지만 아름다운 음악 소리에 이끌려 어둠 속 컨테이너 하우스 문을 열고 나간다. 이때 어린 강마에에게 문 밖에서 들려온 음악은 환한 빛으로 시각화된다(영상 B-26). 그 음악은 "구원이고 위로고 힘이었다"(10회)는 강마에의 말로 음악은 구원과 위로인 환한 빛의 이미지로 대체된다.

드라마는 어린 강마에와 성장한 지휘자 강마에가 마주하는 그림(영상 B-27)을 통해서도 '빛'을 강조하여 어둠 속 희망을 보여준다.

공연 도중 귀가 들리지 않게 된 루미 역시 강마에의 지휘로 안정을 찾아 연주하게 되는데, 이때 영상은 강마에의 손과 빛의 이미지를 결합하여 구원의 의미를 부각시킨다(영상 B-28). 또한 청신경종양으로 귀머

〈영상 B-29〉(8회)

〈영상 B-30〉(8회)

〈영상 B-31〉(8회)

거리가 될 루미가 강물 속에서 현악사중주를 연주하고 있는 음악가들의 모습을 보고, 운명의 비극 속에 감춰진 희망을 발견하는데, 영상은 짙고 푸른 물속으로 들어가는 루미의 모습에 강렬한 빛을 선사하여 그녀가 새로운 길을 발견하는 모습을 인상적으로 그려낸다.

이와 같이 '빛'은 희망이며, 그 희망을 갈구하는 자신과의 대화이기도 하다. 또한 빛은 사랑의 대화이기도 하다. 치매로 인해 의식을 상실한 감갑용에게 그의 집은 창문마저도 빛을 잃은 어둠이었다(영상 B-32). 하지만 하이든과 김갑용이 어렵게 대화를 나누기 시작하는 모습에서 영상은 빛이 든 창문을 반쯤 가려진 상태로 보여주고(영상 B-33), 그들의 관계가 사랑 안에서 회복된 후에는 환한 빛이 강조된 창문을 뚜렷하게 보여준다. 즉, 치매로 의식이 온전치 않은 김갑용과 그를 정성스럽게 보살펴주는 하이든의 모습을 드라마는 환한 빛이 가득한 창문과 그 빛의 영향으로 밝아진 집 분위기로 시각화한다(영상 B-34).

〈영상 B-32〉(15회)

〈영상 B-33〉(3회)

〈영상 B-34〉(14회)

빛은 긍정적인 변화를 일으키는 강렬한 힘을 지닌다. 즉, 빛은 형식과 아집으로 스스로를 제한했던 인물들을 변화시키는 역할을 한다. 강마에가 수재민 대표에게 자신의 어린 시절을 고백할 때, 격자무늬 창문 밖에는 비가 내리지만, 영상은 빛으로 가득 찬 창문과 그로 인해 밝아진 주변 분위기를 연출해낸다(영상 B-35). 이는 변화를 일으키는 '대화'의 이미지로서 '빛'이 강조된 것이다. 따라서 드라마 마지막회(18회)에 이르면 그동안 어두웠던 강마에의 방이 환하게 바뀐다. 특히 마지막회 첫 장면은 격자무늬의 틀 속에 갇혀 있던 강마에와 그 틀이 사라진 상태에서 편히 누워 있는 강마에의 모습을 팬 라이트(Pan Right) 촬영기법으로 보여주는데(영상 B-36 · 37), 이 영상은 강마에가 오합지졸의 단원들과 애정을 쌓아가면서, 자신의 삶 · 음악과 진정으로 '대화하기' 시작했다는 변화를 말해주는 예이다.

그리고 빛은 화해와 대화의 이미지이다. 10회에서 시향단원들과 합

〈영상 B-35〉(10회)

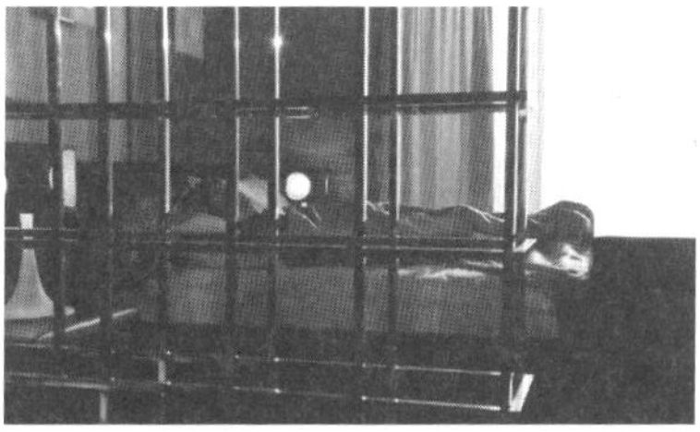

〈영상 B-36〉(18회)

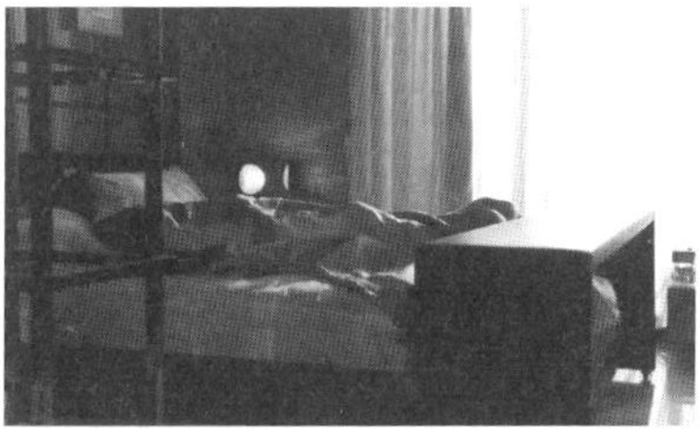

〈영상 B-37〉(18회)

〈영상 B-38〉(10회)

〈영상 B-39〉(10회)

〈영상 B-40〉(9회)

창단원들이 강마에의 독설에 오케스트라를 탈퇴했다가 건우의 간절한 부탁에 결국 공연장에 돌아오는 장면이 있다. 베토벤의 〈9번 교향곡〉이 연주되는 가운데 떠났던 합창단원들이 밝은 빛과 함께 합창을 하며 무대에 등장하는 장면(영상 B-38 · 39)은 시청자들에게 진한 감동을 선사했다. 또한 강마에가 단원들과 대화를 시도할 때도 그의 머리 위에 전등빛이 강렬하게 빛난다(영상 B-40). 이렇듯 빛은 불소통으로 단절되었던 관계를 회복시키는 이미지이다.

그 외에도 빛은 등장인물들이 결국 나가야 할 '밖'의 이미지를 강화한다. 〈영상 B-41~45〉를 살펴보면, 단원들이 공연 연습을 하는 축사 안은 늘 어둡고, '밖'은 환한 이미지로 비춰진다. 밤에도 전등이 켜있는 안은 어둡고, 오히려 달빛이 있는 '밖'은 더 환하다. '밖'에 진정한 희망이 있다는 듯, 영상은 늘 '밖'을 강조한다.

<영상 B-41>(12회)

<영상 B-42>(17회)

<영상 B-43>(16회)

<영상 B-44>(18회)

<영상 B-45>(18회)

이와 더불어 드라마에서는 항상 환한 '문'이 강조된다. '문'은 열려 있고, '밖'은 항상 밝게 비춰진다. 특히 오케스트라가 해체되어 축사 연습장을 정리할 때, 열려진 경계로 '밖'의 환한 이미지가 더욱 뚜렷하게 강조된다. 모두가 헤어져야 하고, 그들의 꿈이 무산될 위기에서도 밖은 환한 빛으로 가득하다. 아이러니하게도 드라마는 웃고 울며 함께 추억을 나눴던 축사 연습장을 어둠으로 처리하고, '밖'은 늘 밝은 그림으로

연출한다.

따라서 그들이 진정으로 가야 할 곳은 대화가 일어나는 '밖'에 있다는 사실을 알 수 있다. '밖'은 희망과 자유의 이미지를 가지고 있다. 환한 햇빛이 있는 '밖', 어둠을 밝혀주는 달빛이 있는 '밖'은 진정한 대화를 이끌어낼 수 있는 공간이다. 따라서 이 드라마에서 의미 있는 공연들은 모두 '밖'에서 이루어진다. 즉, 어두운 극장 안이 아니라 밝은 광장에서 공연된다. 광장과 거리는 새들이 날아다니고, 주변 호수 위에 거위가 헤엄치고 있는 자연의 모습이 살아 있는 곳이다. 하지만 그곳은 무엇보다도 관중과의 진정한 만남과 '대화'가 활발하게 이뤄지는 곳이기도 하다. 클래식을 '이해하지' 못하는 사람들과 '좋아하는' 사람들이 뒤엉킨 공간이며, 자연의 소리와 소음이 공존하는 공간이다.

드라마는 21세기 클래식의 방향이 광장이어야 한다고 말하는 듯하다. 즉, 드라마는 21세기 대중들과 소통하고 대화할 수 있는 클래식을 보여준다. 클래식의 진정한 대화는 오케스트라 단원들과의 화합 속에서, 그리고 악기와 악기들의 화음 속에서, 또한 오케스트라와 관객들과의 화합 속에서 이루어진다는 사실을 드라마는 뚜렷하게 보여준다.

따라서 깊이 있는 클래식 세계를 난생 처음 경험한 연주(영상 B-46)와 오디션 장소에 늦어 기업 후원을 받지 못하게 된 단원들이 밤거리에서 연주하는 공연(영상 B-47)을 비롯해서 마지막 공연(영상 B-48) 등 아주 특별한 공연들은 모두 '밖'에서 이루어진다.

특히 석란시향과 마우스필이 함께 공연하는 마지막 공연(영상 B-48)은 이 드라마에서 매우 중요한 의미를 지닌다. 그들이 공연하는 베토벤의 〈9번 교향곡〉은 화합을 노래하는 음악이다. 즉, 이 작품은 문학과 음악의 만남이 낳은 최고의 걸작으로, 인간 내면의 감정을 새로운 형식에 담기 시작한 획기적인 곡이다. 당시 쉴러의 시 〈환희에 부쳐An Die

〈영상 B-46〉(3회)

〈영상 B-47〉(17회)

〈영상 B-48〉(18회)

Freude〉와 베토벤의 음악과의 만남은 장르와 장르의 만남이라는 실험적인 형식이었으며, 이렇게 만남이 이루어져 만들어낸 교향곡은 악기로만 연주되던 음악에 최초로 사람 목소리를 집어넣어 인간과 악기의 조화를 만들어냈고, 내용상으로는 서로 분리되어 있는 인간으로 하여금 '공동체'를 결성하는 힘과 인간의 운명을 이기게끔 도와주시는 하나님을 바라볼 것을 말하고 있다.[15]

작곡가 베토벤이 가진 예술가로서의 사명은 "자기의 예술을 통하여 '가련한 인류를 위해', '미래의 인류를 위해' 행동하고, 인류에게 선을 행하고 북돋워주며, 인류의 잠을 흔들어 깨우고, 그 비겁함을 채찍질

15 이정희, 「고난을 돌파한 예술가의 혼: 쉴러의 〈환희에 부쳐 An Die Freude〉와 베토벤의 〈제9교향곡〉」, 『독일문학』 제74권 제1호, 한국독어독문학회, 2000, 102-125쪽.

하는 것"[16]이었다. '베토벤 정신'은 이 드라마가 음악으로 사회를 부조화와 분열에서 조화와 하모니로 이끌어내고자 했던 정신이라고 볼 수 있다. 경제난과 더불어 유난히 부조화와 분열이 난무했던 2008년 한국 사회에 TV드라마 〈베토벤 바이러스〉는 다양한 사람들과 악기가 하나의 소리를 내며 위대한 화합의 장을 만들어내는 모습을 통해서 이 사회에 의미 있는 소리를 냈다. 아름다움의 힘, 음악의 힘은 화음(조화)이고, 그 아름다운 화음을 만들어내는 궁극적인 힘은 사람들의 대화와 소통이라고 드라마는 말한다.

3) 경계와 '통로'의 이미지

이 드라마는 꿈의 실현 · 성공 · 완성을 결말로 제시하지 않는다. 오케스트라는 해체되고, 시향단원들은 계속해서 시위하고, 강마에와 루미는 헤어진다. 일의 성공도 사랑의 완성도 이루어지지 않는다. 사실 인생에서 완성은 죽음 앞에 존재하지 않듯이, 삶은 여전히 도전의 과정이며 끊임없는 성장의 과정이다. 따라서 드라마는 거친 현실과 불확실한 미래를 열어놓은 채, 삶의 변화와 등장인물들의 정신적인 성장에 초점을 맞춘다. 바흐친은 "어느 한 인간이 살아 있는 한, 그는 아직 종결되지 않았다는 사실, 그는 아직 최후의 말을 하지 않았다는 사실에 의해 생명을 유지하고 있다."[17]고 말한다. 이러한 미종결성 · 비결정성은 TV드라마라는 대중매체와 대중적인 코드와 만나 회의적인 방향이 아니

16 로맹 롤랑, 『베토벤의 위대한 생애』, 이휘영 · 이성삼 편역, 두로, 1993, 69쪽.

17 김욱동, 『대화적 상상력』, 문학과 지성사, 1991, 169쪽.

라, 희망과 미래를 이야기하는 경쾌한 방향으로 변화된다. 또한 이 드라마의 열린 결말은 '경계'와 '통로'의 이미지가 담긴 영상으로 전달되어 시청자들의 뇌리에 효과적으로 각인된다.

TV드라마 〈베토벤 바이러스〉에서는 어둠의 안에서 빛의 밖으로 향하는 과정을 이미지로 시각화한다. 이때 '문'과 '복도'는 중요한 상징물로 작용한다.

일반적으로, '문'은 안과 밖의 경계 이미지와 밖으로 향하는 인간의 강한 열망 및 좌절이 담긴 이중적인 이미지를 가지고 있지만, TV드라마에서는 주로 사건을 진행시키는, 즉 중요한 사실을 발견하거나 또는 진실을 깨닫게 되는 경계로 사용된다. 예를 들어서, 드라마 5회에서 강마에는 공연 전에 대기실에 마지막까지 남은 정희연이 첼로를 연습하는 모습을 엿본다(영상 B-49 · 50). 강마에의 '문틈 엿보기'는 솔로 공연을 그녀에게 맡기는 계기가 되고, 이를 계기로 아줌마 정희연은 솔로

〈영상 B-49〉(5회)

〈영상 B-50〉(5회)

〈영상 B-51〉(4회)

〈영상 B-52〉(9회)

〈영상 B-53〉(6회)

〈영상 B-54〉(9회)

연주를 통해 삶 앞에서 주눅 들었던 자신과의 틀 깨기를 시도하게 된다. 또한 〈영상 B-51〉은 건우가 '대화'로 오케스트라 연주 분위기를 이끌어가는 것을 강마에가 문틈으로 지켜보는 장면인데, 이러한 '문틈으로 엿보기'는 강마에가 건우에게 지휘를 맡기는 사건뿐만 아니라 사람과 대화하는 법을 배우기 시작하는 계기가 된다.

문틈으로 엿보기는 TV드라마에서 많이 사용하는 기법이지만, 특히 이 드라마에서는 중요한 사건을 진행시키기 위한 효과적인 장치로 유난히 자주 반복되어 사용된다. 알지 못하던 사실을 알게 되는 장면뿐만 아니라 강마에가 단원들 앞에서 자신의 각오를 새롭게 밝히는 감동적인 장면까지 '문틈으로 엿보기'는 이 드라마의 전환 장치이면서, 동시에 '문'이 유난히 강조되어 무지와 앎, 미숙과 성숙이라는 경계를 시각적인 이미지로 시청자들에게 각인시키는 중요한 기법이 되기도 한다.

이 드라마에서는 '문'뿐만 아니라 안과 밖을 연결해놓는 통로인 '복도'도 중요한 이미지로 영상화된다. 복도는 좁고 갑갑한 이미지와 더불어 밖으로 나가기 위해 거쳐야 하는 통로, 즉 '과정'의 이미지를 가지고 있다. 또한 복도는 안의 어둠과 밖의 밝음이 공존하는 공간이기도 하다. 이 드라마에서는 가장 위기적인 대화가 이루어지는 곳이 이런 '복도'이다. 드라마의 상당 부분이 복도 장면으로, 복도에서 등장인물들은 만나고, 대화하고, 싸우고, 갈등한다. 또한 복도는 자신과의 갈등과 내적 대화가 일어나는 공간이기도 하다.

하지만 이 드라마에서 복도는 무엇보다도, 서로 화해하고 중요한 사실을 발견하는 특별한 공간이다.

건우가 강마에와 처음 만나 클래식의 형식으로 상처를 받고 마음의 문을 닫게 된 곳도 복도였지만(영상 B-55), 치매에 걸린 김갑용에게 치매 치료를 받게 하는 하이든의 노력과 김갑용의 변화가 일어나게 된 곳

〈영상 B-55〉(1회)

〈영상 B-56〉(7회)

〈영상 B-57〉(9회)

〈영상 B-58〉(13회)

〈영상 B-59〉(15회)

〈영상 B-60〉(13회)

〈영상 B-61〉(10회)

〈영상 B-62〉(13회)

〈영상 B-63〉(5회)

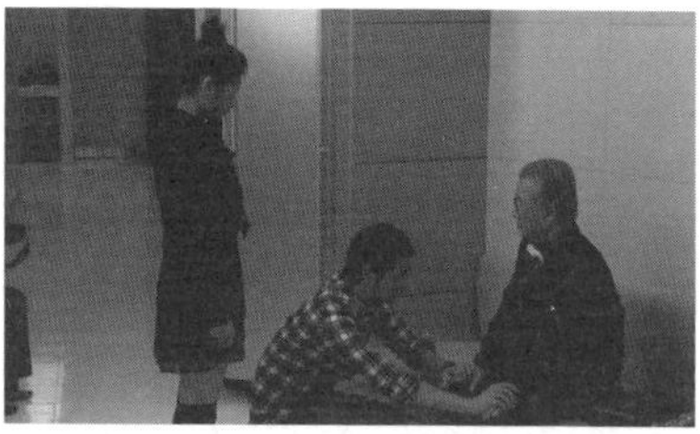

〈영상 B-64〉(10회)

〈영상 B-65〉(18회)

〈영상 B-66〉(6회)

〈영상 B-67〉(14회)

도 복도이다(영상 B-58 · 61 · 62). 정희연은 자신을 억압했던 남편과 '복도에서' 화해하고 환하게 웃으며 사진을 찍는다(영상 B-63). 또한 고전 클래식만 고집하던 강마에는 '복도에서' 대중음악인 거위의 꿈을 지휘하겠다고 건우에게 말하며 넓은 의미의 클래식으로 이 곡을 인정한다(영상 B-65).

이처럼 진정으로 '대화'가 이루어지기 시작하는 장소는 바로 '복도'이다. 닫힌 마음을 변화시키기 시작하는 공간도 복도이다. 더욱이 흥미로운 점은 이러한 복도가 '길'을 연상시키는 '통로'의 이미지로 영상에 비춰진다는 점이다. 또한 이러한 복도 끝에는 밖으로 향하는 문이나 창문이 있으며, 등장인물들이 밖을 향해 나가는 이미지로 종종 그려지곤 한다.

계단도 이러한 '통로' 이미지를 강조한다. 탈선하는 하이든을 붙잡고자 하는 김갑용의 노력(영상 B-66)과 루미의 내적 고민에 대해 강마에와 루미가 나누는 대화(영상 B-67)는 계단에서 이루어진다. 즉, 14회 대본에는 '병원 밖 일각(밤)'이라는 장면으로 강마에와 루미의 대화 신을 설정하였지만, 영상은 사선의 이미지를 강조하여 위태로운 하이앵글로 찍은 '계단'에서 그들의 대화가 불안정하게 이루어지도록 한다.

하지만 문과 복도가 지니는 '경계'와 '통로'는 자기를 찾는 과정을 상징적으로 보여주는 이미지로 작용한다. 어린 강마에는 음악 소리에 이끌려 컨테이너 '문'을 열고 음악가의 길로 나가게 되고(영상 B-26), 건우는 해체된 오케스트라를 정리하면서 지휘자의 길을 향한 문턱에서 고뇌하며 자신의 길을 향해 나가려고 한다(영상 B-44). 이때 축사 연습장의 문이 늘 '열린' 상태에서 비춰지기 때문에, 그 공간은 어둠과 빛이 공존하는 터널을 닮은 통로 이미지로 다가온다(영상 B-45).

또한 이 드라마에서 '복도' 및 '통로'는 그들에게 삶의 강렬한 의지를 보여주는 이미지로 작용한다. 서울시향 수석 오보에 연주자로 살아왔던 김갑용은 치매를 앓으며 현실과 과거를 불안하게 넘나들며 하루하루를 견디고 있다. 그는 자신이 '똥오줌을 싸고 아무에게나 욕하고, 히죽거리며 동네를 싸돌아다니지만 그런 자신을 자기가 기억도 못할 것'이라는 사실 때문에 몹시 괴로워한다. 그런 그가 치매상태에 완전히 빠진 상태로 지하철역 통로에서 오보에를 연주하며 치매라는 운명에 저항하는 모습을 보여준다(영상 B-68). 또한 박혁권도 현실과 꿈 사이에서 갈등하다가 결국 꿈인 오케스트라의 선택을 복도에서 결정하게 된다(영상 B-69).

이렇듯 '복도' 및 '통로'는 자신을 찾아가는 공간이며, 삶을 강렬하게 살고자 하는 몸부림을 보여주는 공간으로 다가온다. 이미 앞에서도 언급했듯이, 복도는 '길'의 이미지를 떠올릴 수 있도록 원근법적 구도가

〈영상 B-68〉(16회)

〈영상 B-69〉(6회)

〈영상 B-70〉(2회)

〈영상 B-71〉(1회)

〈영상 B-72〉(18회)

부각된 통로 이미지로 촬영되었는데, 이러한 '길'을 연상시키는 구도는 루미가 강마에를 잊기 위해 떠나는 자전거 여행과 강마에와 루미가 밤기차로 돌아오는 기차 여행과 자연스럽게 연결되어, '떠남'을 기반으로 하는 '길'의 이미지 효과를 낳는다.

또한 이 드라마에서는 특히 어둠과 밝음을 통해서 경계 이미지를 만들기도 한다. 어둠과 밝음은 공간을 분할하는 역할을 하면서, 경계에서 고민하는 인물의 모습을 상징적으로 보여준다. 〈영상 B-70〉은 빛으로 나가기 위해 거쳐야 하는 어둠의 고뇌 과정을 통로 이미지로 시각화한 그림이다.

사실 빛과 어둠이 교차되는 복도 및 통로는 첫 장면에서부터 드라마의 스토리텔링과 삶의 과정을 명확하게 드러낸다고 할 수 있다. 〈영상 B-71〉은 강마에가 귀국한 1회 장면이고 〈영상 B-72〉는 출국을 위해 떠나는 마지막 장면이다. 주인공의 첫 등장과 마지막 퇴장 영상은 등장인물의 성격과 사건 전개에 중요한 상징이 된다. 특히 〈영상 B-72〉는 이 드라마의 주제를 명확히 드러내는 그림이다. 두 영상 모두 어둠 속에서 빛이 있는 환한 곳으로 향하는 통로 이미지를 보여준다. 즉, 〈영상 B-71〉은 강마에가 많은 사건을 통해 변화할 것을 예견하는 그림이며 〈영상 B-72〉는 그 많은 사건을 통해 강마에가 성장하여 어둠의 터널(굴)을 벗어난다는 암시로, 두 영상이 모두 빛과 어둠이 교차하는 긴 통로를 거쳐야 하는 인생과 성장의 과정을 시각적 이미지로 스토리텔링한 그림이다.

3. 나오며

TV드라마는 대립적인 '갈등'을 중심으로 이야기를 펼치는 예술이다. TV드라마 〈베토벤 바이러스〉도 '꿈(클래식)과 현실', 예술가의 중요한 성향인 '창의성과 전통성', '형식과 감정' 등 이원론적인 대립 속에서 등장인물들이 서로 충돌하여 자신의 틀을 깨고 성장하도록 이끈다. 이러한 대립적인 갈등을 드라마 영상은 '어둠'과 '빛', '틀(안)'과 '밖'이라는 대립적인 시각 이미지를 통해서 드라마의 관념을 전달한다. 특히 이 드라마에서는 '경계'와 '통로' 이미지를 통해 등장인물들의 성장 과정을 강조하여 시각화하고 있다는 점이 주목할 만하다.

드라마는 클래식 연주라는 꿈을 이루기 위해 도전하고 실패하는 사람들에 관한 이야기를 다루면서, 그 속에서 인물들이 성장해가는 '과정'에 관심을 가지고 이를 시각화한다. 즉, 결핍 · 불완전 · 미숙이 충족 · 완전 · 성숙으로 향하는 성장 스토리를 기반으로, 등장인물들이 성장하는 '과정'에 주목하여 '시각적 이미지'로 영상미학을 연출해낸다. 사람과 제대로 소통하지 못하는 미숙한 강마에를 비롯해서 각자 현실과 운명의 틀에 구속되어 어둠 속에 갇힌 등장인물들과 그런 현실 속에서 만난 꿈, 그리고 현실과 꿈의 경계에서 자신의 길을 찾는 과정을 '어둠과 틀의 이미지', '빛과 밖의 이미지', '경계와 통로 이미지'로 시각화하여 보여준다. 이 드라마는 바로 이러한 이미지들을 통해서 성장뿐만 아니라 인생의 과정을 말한다.

즉, 매번 굴러떨어져 내려오는 바위를 산꼭대기로 밀어올리기를 끊임없이 반복하는 시시포스처럼 도전과 실패를 반복하며 불확실한 미래를 향해 거친 현실을 살아가는 것이 인간의 삶이듯이, 드라마는 꿈의 실현과 성공을 보여주지 않고, 여전히 해결되지 않은 문제들과 불확실한 미래를 결말로 열어놓은 채 시청자들이 등장인물들의 미래를 스스로 판단하도록 유도한다.

따라서 등장인물들의 성장 과정과 삶을 '객관적'인 시각으로 바라볼 수 있도록 드라마 영상은 하이 앵글 샷을 많이 사용한다. 즉, 드라마는 시청자들이 영상에 몰입하기보다는 오히려 드라마와 '대화'를 나누며 우리의 삶을 돌아볼 수 있도록 이끈다. 복도 영상도 역시 원근법과 딥포커스의 효과를 살려서 마치 밖으로 향하는 '길'이 연상될 수 있도록 하여, 드라마의 주제를 강화시킨다.

이와 같이, 드라마 텍스트 속에서는 어둠과 틀의 이미지, 빛과 밖의 이미지, 경계와 통로 이미지를 통해서 등장인물들이 사람 · 꿈 · 현실 · 운명과 대화하는 성장 과정을 이야기했다면, 드라마 텍스트 밖에서는 시청자들이 이 드라마와 대화를 나눌 수 있는 영상을 만들어냈다고 할 수 있다.

3 영화 〈건축학개론〉의 스토리텔링 전략

1. 들어가며

기존 스토리의 답습과 변용은 대중영화 콘텐츠가 지향하는 스토리텔링 기법이다. 이는 과거 흥행작이 주는 익숙한 스토리에 전혀 다른 요소를 첨가하거나 기존 스토리를 비틀어버리고 낯설게 하는 방식을 말한다. 대중은 기존 스토리에 편안함을 느끼면서도 새로운 것을 요구하는 모순적인 면모가 있다. 대규모 투자를 받아야 하고, 이를 흥행으로 이끌어내야 하는 문화산업인 영화의 경우에는 특히 대중 심리에 민감할 수밖에 없다. 관객은 '예견된 것들이 예기치 않은 방식으로 벌어지는 것을 보는 즐거움'[1]을 원한다. 따라서 기존 콘텐츠의 스토리를 어떻게 비틀고, 낯설게 보여주느냐를 연구하는 것은 이 시대 스토리텔러를 위한 유익한 길잡이가 되어줄 수 있다.

영화 〈건축학개론〉(감독 이용주, 2012)은 익숙한 모티브와 스토리를

1 김희경, 『흥행의 재구성』, 지안출판사, 2005, 78쪽.

영화
〈건축학개론〉

낯설게 비틀어서 새로운 스토리를 보여준 대표적인 콘텐츠이다. 첫사랑과 결혼하여 예쁜 집을 짓고 사는 것은 우리 대중이 꿈꾸는 현실적인 판타지이다. 이 영화는 첫사랑이라는 모티브로 한류의 바람을 불러일으킨 TV드라마 〈겨울연가〉와 유사한 소재를 사용했지만, 기존 첫사랑 서사를 비트는 스토리와 1990년대 추억을 영상에 담아내는 복고적인 디테일 미학으로 관객의 공감을 이끌어냈다.

낯익고 친숙한 주제와 소재가 오랜 세월을 거쳐 형성된 인간의 집단무의식을 건드릴 때 많은 사람들은 감동한다.[2] 이 영화에서도 이런 신화[3]가 되어버린 기존 콘텐츠의 낯익은 소재를 사용하면서도 기존 스

2 최혜실, 『한류드라마의 스토리텔링』, 새문사, 2007, 29쪽.

3 본 텍스트에서 사용하는 '신화'의 개념은 사전적인 의미를 포함하여 롤랑 바르트가 『신화론』에서 설명한 '현대의 신화'에 기반을 둔다. 신화는 사전적인 의미로 첫째 '어떤 신격(神格)을 중심으로 한, 하나의 전승적인 설화, 신이나 영웅의 사적, 민족의 기원 따위의, 고대

TV드라마 〈겨울연가〉 남이섬 데이트

영화 〈건축학개론〉 양평 구둔역 데이트

TV드라마 〈겨울연가〉 불가능한 집

영화 〈건축학개론〉 서연 제주도 집

토리 전략을 깨뜨리고 비틀면서 인간의 집단무의식을 건드릴 수 있는 새로운 신화를 만들어냈다. 즉, 첫사랑 모티브와 사용된 소재들, 예를 들어서 학창 시절, 방송반 동아리, 균형 잡기 놀이, 버스 뒷좌석에 같이 앉기, 피아노, 건축가, 집짓기 등은 TV드라마 〈겨울연가〉를 쉽게 연상시키기도 했지만,[4] 이 영화는 첫사랑이라는 순수함과 운명적인 사랑,

---

인의 사유나 표상이 반영된 신성한 이야기'와 둘째 '매우 이루기 힘든 일이나 획기적인 업적을 비유적으로 이르는 말'을 일컫지만, 롤랑 바르트는 이들 개념으로부터 더 나아가 현대인들이 무의식적으로 자연스러운 것으로 받아들이고 있는 모든 가치관들을 총괄하는 개념으로 신화를 설명한다.

4 TV드라마 〈겨울연가〉는 고등학교 생활이 배경이지만, 영화 〈건축학개론〉은 대학 생활이 배경이 된다. 이들 작품의 주인공들은 모두 편부 · 편모 슬하의 자녀들이다. 준상과 유진은 방송반 활동을 하고, 서연도 방송반 활동을 한다. 준상과 유진은 첫눈이 내리는 날 데이트를 하고, 승민과 서연도 첫눈이 내리는 날 데이트를 하자고 약속한다. 이들은 모두 버스 뒷좌석에 함께 앉고, 균형 잡기 놀이와 첫키스를 하는 등 유사한 첫사랑 추억을 만든다. 준상은 유진에게 '처음'이라는 곡을 피아노로 연주해주고, 피아노를 전공하는 서연은 승민에게

가족애 등의 기존 관습을 파괴하고 첫사랑이라는 환상 속에 매몰된 인간의 욕망을 드러내어 자기 인식에 도달하게 하였다. 특히, 신화적인 환상을 탈피하여 현실적인 자아 성찰에 이르도록 하면서도, 새로운 판타지를 꿈꾸는 인간의 무의식을 텍스트 속에 반영하여 이율배반적인 또 다른 판타지를 창조해냈다. 즉, 탈신화적 전략은 신화의 허구성을 증명하고 현실을 재해석할 수 있도록 해주지만, 이 영화는 이러한 전략을 끝까지 추구하지 않고, 결국 대중적인 타협점을 찾아 완성도 면에서 한계를 드러내기도 했다.

본 텍스트에서는 TV드라마 〈겨울연가〉와 비교를 중심으로 영화 〈건축학개론〉이 기존 콘텐츠의 스토리 답습과 전복을 통해 새로운 판타지를 창조해내어 관객들의 공감을 이끌어낸 스토리텔링 전략을 설명해보고자 한다. 특히 신화적 · 탈신화적 전략을 변증법적으로 리노베이션하여 예술적인 한계에도 불구하고 대중성을 획득한 스토리텔링을 살펴보고자 한다.

2. 영화 〈건축학개론〉의 스토리텔링 전략

1) 탈신화적 내러티브

'첫사랑' 모티브를 사용한 신화적인 작품은 소설 〈소나기〉이다. 그

전람회의 '기억의 습작'이라는 대중가요를 들려준다. 준상이 유진을 위해 '처음'이라는 피아노곡을 직접 연주하여 녹음한 테이프와 서연이 승민에게 준 전람회의 '기억의 습작' CD는 이들 작품에서 매우 중요한 소재로 활용된다. 10년 후 준상과 유진은 건축가가 되어 다시 만나고, 15년이 흐른 뒤 서연은 건축가가 된 승민을 찾아간다. 준상은 유진을 위해 '불가능한 집'을 건축하고, 승민은 서연을 위해 '제주도 집'을 건축한다.

리고 영상 드라마로는 2002년에 방영된 TV드라마 〈겨울연가〉라고 할 수 있다. 사실 영화 〈건축학개론〉이 상영되기 전까지 '첫사랑' 스토리는 꾸준히 콘텐츠화되었지만, 〈겨울연가〉에서 보여준 첫사랑 이미지를 깨려는 시도는 거의 없었다.

TV드라마 〈겨울연가〉는 '첫사랑'을 철저하게 '신화적 이미지'로 스토리텔링한 작품이다. 드라마는 준상과 상혁이 유진을 가치대상으로 설정하여 갈등과 질투심을 유발시키는 구조와 준상의 기억상실을 중심으로 전개되는 출생의 비밀에 대한 서사 프로그램으로 구성되어 있다. 이 드라마가 추구하고 있는 전략은 시청자들의 정서를 자극하는 감성적 커뮤니케이션이다. 특히 시청자가 감성적feel 체험과 로맨틱한 시뮬라시옹simulation 체험을 하도록 유도하고 있다고 백승국은 주장한다.[5] 즉, 시뮬라시옹 체험을 통해 드라마에 등장하는 캐릭터를 판타지 세계에서 추구해야 할 가치대상인 신화적 모델로 설정하도록 조종하면서 시청자가 끊임없이 드라마의 세계로 몰입하도록 이끈다는 것이다.

따라서 TV드라마 〈겨울연가〉는 관객의 감정이입과 몰입을 쉽게 유도하는 스토리텔링을 보여준다. 남녀주인공이 수많은 장애 요소와 시련을 극복하여 사랑을 완성한다는 스토리와 '아비 찾기' 스토리는 일반적인 민담 구조와 영웅 서사 구조를 혼합한 구조를 지닌다. 특히 남녀주인공이 겪는 이별과 만남의 과정은 신화적 구조에서 사용하는 '분리-입문-회귀'의 통과 의례 과정을 답습한다.

바슐라르는 신화적인 드라마란 낮과 밤의 드라마라고 말한다. 모든 신화는 밤에 대한 낮의 승리라는 동일한 이야기를 하면서, 낮의 성

---

5 백승국, 「드라마 〈겨울연가〉 내러티브의 기호학적 분석」, 『텍스트언어학』 제18호, 한국텍스트언어학회, 2005.

공, 선한 영웅의 성공, 고뇌를 해방시켜, 어둠 속에서 길을 잃어버린 사람들에게 생명을 다시 되돌려주는 용기에 찬 영웅의 성공에 의해, 밤이 끝나는 결말을 보여준다.[6] 따라서 이야기에 몰입된 관객은 주인공처럼 고통스러운 삶을 견디면 결국 승리하고 보상받을 수 있다는 희망을 가지게 된다.

영화 〈건축학개론〉은 바로 이러한 몰입식의 신화적 구조를 깨뜨리는 전략을 편다. 영화는 시간적 순서에 따라 순차적으로 나열되는 스토리를 과거와 현재로 이분한 후 플래시백flashback 기법으로 시간과 공간을 넘나든다. 특히 단순한 회상 장면이 아니라 영화 속에 또 하나의 영화가 들어 있는 듯한 액자식 구성으로 스토리를 전개한다.

액자식 구성은 이전의 서사 질서로는 더 이상 그 이야기를 계속 진행해나갈 수 없거나 해석이 곤란할 때, 새로운 이야기에 적합한 새로운 서사적 질서 체계를 다시 찾게 될 때 사용된다. 한 이야기 내에서 그러한 서사적 진행이 변화할 때, 이전과는 다른 논리가 요구되는데 이러한 경계에 설정할 수 있는 것이 액자frame이다.[7] 이는 '이야기 속에 하나 또는 여러 개의 짧은 액자 내부 이야기를 내표하는 구성 형식'[8]이다.

영화의 내용을 살펴보면, 건축학과 1학년인 승민은 '건축학개론' 수업에서 처음 만난 음대생 서연을 좋아하지만 그녀에게 자신의 마음을 고백하지 못한다. 어느 사건으로 두 사람은 멀어지게 되고, 15년의 세월이 흘러 서연이 건축가가 된 승민을 찾아가 집을 설계해달라고 부탁한다.

영화는 이런 내용을 두 시간대로 나눈다. 대학교 1학년 시절과

---

6 가스통 바슐라르, 『물과 꿈』, 이가림 역, 문예출판사, 1980, 220쪽.

7 장재진, 「액자소설의 담화 구조 연구」, 서강대학교 대학원 석사학위논문, 2000, 1쪽.

8 이재선, 「액자소설의 원질과 그 계승」, 『한국단편소설연구』, 일조각, 1972, 95쪽.

15년 후 다시 만난 30대 중반의 시절이다. 즉, 첫사랑의 풋풋했던 과거와 지금의 현실로 나뉜다. 액자 속 내부 스토리가 외부 스토리에 종속되지만 보통 내부 스토리가 사건 전개의 핵심적 역할을 담당하듯, 내부 스토리인 대학생활 첫사랑 이야기가 이 작품의 핵심 내용이 된다.

영화의 등장인물 역시 한 연기자가 과거와 현재 캐릭터를 동시에 연기하지 않는다. 대학 1년생인 서연은 수지가, 30대 중반의 서연은 한가인이 연기했다. 하지만 TV드라마 〈겨울연가〉에서는 최지우와 배용준이 10대 고등학생과 20대 후반의 건축가를 함께 연기했다. TV드라마는 과거와 현재의 캐릭터가 연결될 수 있도록 동일한 배우의 연기로 관객의 몰입을 이끌어냈지만, 영화 〈건축학개론〉은 과거와 현실을 나눠서 생각할 수 있도록 다른 두 연기자가 현재와 과거의 캐릭터를 각각 연기했다. 그래서 관객은 그들의 모습을 객관적인 시각으로 보게 되고 그들의 이야기에 쉽게 몰입하지 않을 수 있었다.

단일구조는 한 명의 서술자가 단일한 시점에서 하나의 스토리를 전달하지만, 액자구조는 둘 또는 그 이상의 이야기에 각각의 서술자가 등장하게 된다. 따라서 서술자를 다양하게 등장시키고 변모시킴으로써 입체적 서술상황을 주도하는 액자구조에서는 단일구조에서 성취할 수 없는 미학적 효과를 기대하게 한다. 텍스트 속에 또 하나의 텍스트를 중첩시킴으로써 허구의 층위를 다원화시켜 텍스트를 해독하는, 새로운 시각을 정립하게 한다.[9] 따라서 명목상으로는 한 명의 서술자이지만, 시각적으로는 두 명의 서술자인 이 영화를 보는 관객들은 다각적인 시각으로 그들의 첫사랑 이야기를 해석하게 된다.

---

9 김준선, 「한국 액자소설 연구: 서술 상황과 담론 특성을 중심으로」, 전북대학교 대학원 박사학위논문, 2001, 2쪽; 이영애, 「김동인 액자소설의 담론적 특성」, 경일대학교 산업대학원 석사학위논문, 2010, 6쪽.

영화 〈건축학개론〉의 서사는 '현재-과거-현재-과거-현재'가 병렬식으로 나열된다. 이러한 방식은 관객이 자신의 첫사랑과 그 시절의 이야기를 다시 기억하면서 객관적으로 인식할 수 있는 여유를 준다.

한 명의 서술자가 자신의 과거 스토리와 현재 스토리를 번갈아가며 서술하더라도, 이것은 외면상으로는 동일한 이야기로 보이지만, 사실은 엄연히 다른 두 개의 이야기가 제시된 경우라고 할 수 있다.

이 영화에서도 반복되어 나타나는 액자 내부는 각각이 완결된 이야기로 구성되어 있다. 따라서 이러한 액자구조로 인해서 서사는 내부적 역동성을 가지게 된다. 또한 현재-과거-현재의 병렬구조를 통한 회상의 형식은 자기를 정립하는 성장 과정과 반성적 사유를 드러내기에 유리하다.

영화 〈건축학개론〉은 과거와 현재의 역동적인 변화로 인해서 관객의 역동적인 참여까지 이루어내고 있다. 즉, 시공간의 넘나들기를 통해서 관객은 영화에 몰입하기보다는 객관적인 거리를 유지하면서, 자신의 과거를 회상하고 현실을 인식하게 된다. 특히 이 작품은 1990년대 삐삐 세대가 누린 추억을 관객과 함께 공유하도록 시간을 허용한다.

대체로 액자 서술자가 액자 내부 이야기를 전달하는 역할에 주목하는 소설의 매개적 액자 구조에서는 액자 서술자가 액자 내부 이야기를 서술하는 과정에서 들은 이야기라고 하면서 나름대로 객관적 거리를 가지려 한다. 그런데 이 영화에서는 서술자가 30대의 승민이 되고, 액자 내부 이야기의 서술자는 20대의 승민이 되면서 완전하게 객관적 거리가 확보된다. 즉, 30대의 승민(엄태웅 분)과 20대의 승민(이제훈 분)이 펼치는 이야기는 액자 내부와 외부의 서술자적 역할이 동등하게 설정되기 때문에 관객은 객관적으로 영화를 관찰할 수 있게 된다.

우선, 영화의 첫 시작은 프레임 안에 작은 액자식 프레임(문)으로

〈영상 C-1〉

〈영상 C-2〉

화면이 구성되어 있으며, 액자 안은 어둡고 밖은 대조적으로 환한 이미지로 시각화된다(영상 C-1). 바다가 보이고 주변에 노란 꽃이 피어 있는 아름다운 장면을 담은 작은 프레임에 검은 선글라스를 낀 서연이 나타난다(영상 C-2). 그리고 그 작은 프레임 안으로 서연이 걸어 들어오면서 이야기는 시작된다.

이 그림은 영화의 서사 전체를 함축하고 있다. 작은 프레임은 오래 방치된 집의 열린 문이지만, 그 문은 창문의 느낌이 나도록 카메라가 잡고 있기 때문에, 관객은 서연이 문 안으로 들어올 때 비로소 이 문이 밖으로 향하는 현관문임을 알게 된다. 한마디로 이 장면은 두 이야기, 현실과 과거의 세계를 이미지화한 그림이다.

액자 속 이야기는 '건축학개론' 수업에서 만난 승민과 서연의 첫사랑 스토리를 담고 있다. 개강한 날부터 종강하고 첫눈이 내리는 날까지로 보면 4개월여 동안에 일어난 이야기이다. 집을 건축하기 위해 기본 이론을 배우는 '건축학개론'과도 같이, 첫 만남과 첫 데이트 그리고 이별이라는 첫사랑의 과정은 사랑의 기본을 배우는 시간으로 보인다. 그리고 15년이 흐른 어느 날 서연이 승민의 건축사무실로 찾아와서 집 건축을 의뢰했을 때, 그들이 배운 '건축학개론'은 실제로 사랑과 삶이라는 집을 지을 수 있는 실전이 된다.

이때 영화는 그들의 이야기에 관객이 감정이입과 몰입을 하지 않도록 '낯설게 하기'와 '거리 두기' 등 반환영적인 표현 기법을 사용한다. 즉, 기존 '첫사랑' 스토리의 판타지로부터 관객을 이격시켜 첫사랑과 현실과의 관계를 이성적으로 보도록 영화 내러티브 기법을 액자식으로 구성할 뿐만 아니라 프레임의 연속적인 흐름을 방해하기 위한 다양한 표현 기법을 사용한다. 친구에게 연애 상담을 받은 승민이 밤 늦은 시각에 골목에서 '서연아'를 외치며 흥분하는 장면 다음에 곧바로 제주도 집의 벽을 뜯는 공사 장면이 나온다. 과거의 설레던 기억을 현실에서 곧바로 깨버리는 방식으로 편집하여, 영화는 관객들이 '첫사랑 추억'의 환영 속에서 즉시 빠져나오도록 유도한다.

과거와 현실 쇼트의 불연속적 편집 외에도, 과거 스토리에서 '건축학개론' 수업 장면과 버스 안에서 장면이 교차편집 되기도 한다. 또한 영화는 문, 손이나 발 등을 클로즈업으로 비추는 특수한 쇼트를 사용하여 관객의 시선을 환기시킨다.

그리고 영화는 관객이 등장인물의 현실을 냉정하게 바라볼 수 있도록 '거리 두기' 기법을 종종 사용한다. 승민이 잠자던 서연에게 몰래 첫키스를 시도한 장면에서 서연은 승민에게 "오줌 마려워"라고 말한다. 낭만적인 분위기가 지속되지 않도록 영화는 이 장면을 우스꽝스럽게 느껴질 수 있도록 만든다. 또한 첫키스를 고백하는 승민과 납득이가 나누는 대화도 밤늦은 시각에 으슥한 골목에서 이루어지도록 하는 것이 아니라 대낮에 독서실 앞 골목 계단에서 코믹한 분위기로 연출되도록 한다.

그 외에도 넥타이 선물을 준비한 서연이 승민 · 은채와 레스토랑에서 함께 만나 이야기를 나누는 장면에서도(영상 C-3), '하이 앵글'을 사용하여 그들의 관계가 현실적으로 인식되도록 만들었다. 또한 제주도

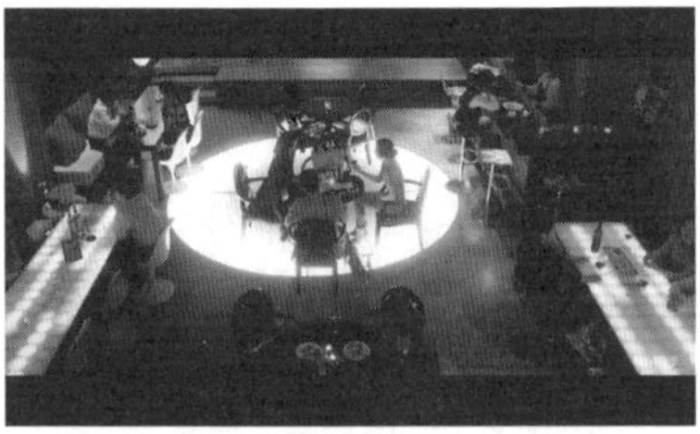

〈영상 C-3〉

〈영상 C-4〉

집이 완성된 상태에서 서연과 승민이 한밤중에 바다 쪽을 향해 소파에 앉아 있는 모습이 있다(영상 C-4). 이때에도 그들의 앞모습이 아닌 뒷모습을 인상적으로 보여줌으로써, 관객이 그들의 상황에 몰입하지 않도록, 즉 그들의 상황을 이성적으로 판단할 수 있도록 이끈다. 음악도 이들 장면에서 전혀 사용되지 않도록 하여 관객의 감정이입을 막았다.

사실 TV드라마 〈겨울연가〉는 로맨틱한 감정을 자극하는 클리셰 장면과 애잔한 배경음악 그리고 클로즈업 등을 반복적으로 사용하여 모든 것을 신화화하는 스토리텔링을 사용하지만, 영화 〈건축학개론〉은 탈신화적인 전략과 반환영적인 기법으로 관객이 영화 스토리에 몰입하지 않도록 유도한다.

2) 로고스적 공간

TV드라마 〈겨울연가〉는 첫사랑을 스토리텔링한 다양한 공간을 영상 비주얼로 극대화하여 신화적 서사를 돕는다. 춘천 · 남이섬 · 속초 등 주인공들이 사랑을 나눴던 공간은 눈 내리는 겨울의 서정적인 이미지와 만나 환상적이고 비현실적인, 즉 '지어낸' 스토리와 같은 미토스

mythos적 공간으로 탄생된다. 유진이 설계하고 준상이 건축한 '불가능한 집'은 이런 미토스적 공간의 완성이다.

영화 〈건축학개론〉도 공간에 주목하면서, 사랑의 관계를 집짓기에 비유하여 공간을 그린다. '사랑과 집'은 인간이 가진 꿈과 욕망을 의미한다. 영화는 '사랑과 집'의 관계를 미토스적 공간으로 그려내지 않고 오히려 지극히 이성적인 태도로 접근하여 보여준다. 따라서 영화가 전달하는 공간 이미지는 '근거 있는' 스토리인 로고스logos적 공간 이야기가 된다.

영화의 첫 장면은 제주도 서연 집이다. 첫사랑 서연을 다시 만난 승민은 "어디 살아?"라고 그녀에게 묻는다. 15년 전 '건축학개론' 수업에서 교수는 학생들에게 집에서 학교까지 오는 길을 지도에 표시하라고 하면서, "자기는 집이 정릉이야?"라고 서연에게 묻는다. 선배 재욱의 오피스텔에 놀러온 승민과 그의 친구는 "이런 데서 설계하면 아이디어 팍팍 나올 거 같애."라며 부러워한다. 서연에게 "함께 살자"라고 과격하게 사랑고백을 하라는 친구 납득이의 충고에 승민은 "지금 상황에서 어떻게 같이 살아. 집도 없는데."라며 소심하게 말한다. 재개발 때문에 시장이 철거되는 상황에서 "이 집이 지겹지도 않아?"라고 승민이 묻자 승민 모母는 "집이 지겨운 게 어디 있어? 집은 그냥 집이지."라고 대답한다.

이 영화는 이렇게 처음부터 끝까지 '집' 이야기로 시작해서 '집' 이야기로 마무리를 짓고 있다.

'집은 세계 안의 우리의 구석이며, 최초의 세계이고, 하나의 우주'라고 바슐라르는 말한다. 집은 인간의 사상과 추억과 꿈을 한데 통합하는 가장 큰 힘의 하나이고, 육체이자 영혼이며, 인간 존재의 최초의 세

계이기 때문에 집은 언제나 커다란 요람이다.[10]

따라서 인간은 거주하는 법부터 배워야 한다는 하이데거의 주장과 같이 영화 속 '건축학개론'을 강의하는 교수도 "자기가 살고 있는 곳에 대해 애정을 가지고 이해를 시작한다는 것! 이게 바로 '건축학개론'의 시작이다."라고 학생들에게 말한다. 하지만 영화의 주인공들은 자신이 생활하는 공간에 대해 제대로 이해하지 못하는 모습으로 등장한다.

사실 인간에게 안도감과 편안함, 따뜻함을 제공하는 것이 바로 '집'이다. 집은 보금자리라는 내적 공간과 가족이 함께 거하는 감정의 느낌을 포함하는 거주 공간이다. "집이 없다면 인간의 존재는 산산이 흩어져 버릴 것이다."[11]라는 바슐라르의 말은 집을 가졌을 때 참된 인간의 본질을 가질 수 있다는 뜻이다. 하지만 영화 속 등장인물들에게 집은 현상적인 집을 의미할 뿐이다.

TV드라마 〈겨울연가〉의 준상은 이런 '집 없는 자'의 비극을 잘 보여준다. 사생아인 준상은 아버지에 대한 그리움과 복수심을 가지고 그를 찾아 춘천 집으로 내려오지만, 사고로 기억을 잃어버린 채 민형으로 살아가는 준상은 집이 아닌 호텔에서 생활한다. 따라서 기억을 되찾은 준상이 먼저 시작한 일은 집을 마련하는 일이었다. "준상에겐 집이 필요한가 보다."라는 준상의 말은 집이 자아이며 자신이라는 사실을 잘 보여준다.

춘천의 준상 집은 영화 〈건축학개론〉의 승민 집처럼 아담한 한옥 구조이다. 화려하거나 모던한 집이 아니라 골목에 자리하고 있는 낡은 대문의 작은 가정집이다. 최혜실은 준상의 춘천 집이 요나의 콤플렉스

10 가스통 바슐라르, 『공간의 시학』, 곽광수 역, 동문선, 2003, 77-80쪽.

11 위의 책, 80쪽.

가 잘 반영된, 즉 잃어버린 자궁의 역할을 하는 집이라고 말한다. 그래서 마지막회에 유진이 설계한 '불가능한 집'을 완성하는 일은 준상에게 유진의 자궁에 안주하게 되는 것이라고 주장한다.[12]

하지만 영화 〈건축학개론〉의 주인공들은 끊임없이 '집'에 대해 말하면서도, 현상적인 집과 물질적인 공간에 집착한다. 육체적 욕망을 지닌 인간으로서 그들은 자궁의 역할을 하는 그런 공간보다 '어느 지역, 어느 구역에서 사느냐'가 더욱 중요하다.

서연은 고향인 제주도가 지겨웠다고 말한다. 서울을 동경하는 그녀에게 고향에 대한 그리움은 찾아볼 수 없다. 피아노를 전공하는 서연은 결혼을 목적으로 아나운서가 되어 돈 많은 남자와 결혼해 이층집에서 살겠다는 현실적인 욕망을 가지고 있다. 그래서 서연은 '압서방'(압구정 · 서초동 · 방배동 지칭) 식구가 되기 위해 학교 근처가 아닌 강남에 있는 지하 원룸으로 이사한다. 볕도 잘 들지 않는 곳이지만 강남에 살게 되었다는 사실만으로 기뻐하는 그녀는 현상적인 집에 집착하는 젊은이의 모습을 보여준다.

나카노 하지무는 『공간과 인간』이라는 책에서 육체를 지닌 인간과 집과의 관계를 다음과 같이 말한다.

> 인간은 다른 생물과 같이 생명을 가진 물체이고, 일정한 부피를 가진 육체이기 때문에 존재하는 데에 있어 이미 그 만큼의 공간을 차지하고 있다. 따라서 우리들은 정지하고 있건 움직이고 있건 살아 있는 한 머무르고, 일하고, 먹고, 놀고, 자는 등 생활의 모든 것에 있어서, 아니 죽은 후에조차도 최소한 자신의 육체의 크기와 같은 양의 공간을 항상 차지하고 있다.[13]

---

12 최혜실, 앞의 책, 78쪽.

13 나카노 하지무, 『공간과 인간』, 최재석 역, 도서출판국제, 1999, 19쪽.

사실 육체를 가진 인간이 차지해야 하는 집은 그야말로 현실적인 거주 공간이다. 그냥 꿈이 아니라 현실이고 생활이다. 따라서 물질적 · 육체적 욕구를 지닌 인간이기에, 서연은 그 욕구에 충실한 모습으로 비춰진다. TV드라마 〈겨울연가〉의 유진처럼 육체적 갈망이 상실된 순수한 천사성을 가진 여성이 아니라 서연은 몸을 지니고 공간을 욕망하는 인간이다.

특히 집은 '마음'으로 인간화된 공간[14]이기 때문에, 승민처럼 간혹 미움의 대상이 되기도 한다. "집은 우리에게 적극적이고 소극적인 정도의 강한 점착성을 가지고 있다. 이 점착성은 그 집을 공유하는 사람들 사이의 상호작용이다. 집은 우리를 강제로 구속하고 있기 때문에 우리는 집에 대해서 혐오와 증오를 느끼거나 혹은 그것에 반발하여 저항하기도 한다."[15]

승민은 시장에서 순댓국집 장사를 하며 주변인들에게 소리를 지르고 악착같이 돈을 모으며 사는 엄마가 부끄럽다. 온갖 잡동사니가 널린 정릉 집도 마치 음식 재료가 제대로 정리되지 않은 채 냉장고 안에 쑤셔 넣어진 모습과 같이 구질구질하다고 느낀다. 그래서 승민은 강남으로 이사 가자며 엄마를 조르지만 오히려 혼만 나자 철대문을 발로 걷어차고 나온다. 이때 찌그러진 철대문의 끝부분은 환경에 대한 기억과 상처의 흔적으로 상징된다(영상 C-10).

영화는 이 시대가 만들어낸 공간의 면모를 비판적인 시각으로 이야기한다. 그것은 강남과 강북의 이분법적 공간 구분이다. 강남은 자본과 계획에 의해 인위적으로 기획된 공간이다. 강북은 자생적으로 형성

---

14 위의 책, 130쪽.

15 위의 책, 137-138쪽.

된 까닭에 좁은 골목 안에 전통적인 주거 양식의 주택들이 과도하게 밀집해 있지만, 강남은 철저하게 계획된 인공적인 도시로 대로大路와 고층빌딩, 고급 주택 및 아파트로 이루어져 있다.

영화 속에 그려진 이분법적인 서울과 승민이가 부끄러워했던 정릉의 시장통은 지극히 현실적인 삶의 공간이다. 더욱이 서연이 이사한 강남의 지하 원룸은 감독의 비판적인 시각이 그대로 반영된 공간이다.

기억은 역사를 만들어낸다. 따라서 오토 프리드리히 볼노는 공간의 역사성을 다음과 같이 설명한다.

> 집은 사람을 표현하는 것으로 그쳐서는 안 된다. 삶의 확고한 지속감을 전해주려면 오랜 과거까지 비추어주어야 한다. 집에서 '역사'를 가지고 있는 것들이 모두 여기에 속한다. 그래서 사용했던 흔적이나 약간의 훼손조차 긍정적인 가치를 지니고 있다. 그러한 집에서 진행되는 단계적인 증축은 인생사의 표현이며 집에 있는 모든 물건은 무언가를 상기시킨다. 타인들은 잘 이해하지 못하지만, 그림과 추억이 깃든 물건들은 과거의 한순간을 생생히 떠올리게 한다. 따라서 진정한 집은 인위적으로 만들어지지 않고 서서히 자라나며, 완만한 성장에서 오는 확실한 안정감을 선사한다.[16]

그런 의미에서 영화 〈건축학개론〉은 역사를 간직한 정릉(영상 C-5)을 비롯하여, 아직도 사람들의 과거 흔적과 삶의 역사가 숨 쉬고 있는 강북의 공간을 보여주고 있으며(영상 C-6), 1990년대의 독서실과 시장통과 한옥들이 그대로 유지되고 있는 강북의 이미지를 전달한다. 영화는 그런 강북의 역사적 미와 가치를 젊은이들이 인식하지 못하는 사실을 통해서 현실을 드러내고자 한다. 특히 승민 모가 장사했던 시장 공

---

16 오토 프리드리히 볼노, 『인간과 공간』, 이기숙 역, 에코리브르, 2011, 197-198쪽.

〈영상 C-5〉

〈영상 C-6〉

간이 재개발되면서 앞으로 강북도 강남과 같이 흔적과 역사가 없는 비인간적인 공간이 되어갈 것이라는 사실을 암시적으로 비판한다.

3) 운명론의 해체와 현실 미학

TV드라마 〈겨울연가〉의 모토는 '선택이 아니라 운명이 되어버린 첫사랑의 이야기'이다. 이는 하늘이 맺어준 사랑이며 영원히 변하지 않고 헤어질 수 없는 사랑을 말한다. 2002년 1월에 방영된 TV드라마 〈겨울연가〉는 1997년 국제통화위기IMF의 영향이 지속되던 시기에 각 분야에서 일어난 구조 조정과 무한 경쟁에 지친 사람들이 순수한 첫사랑의 기억을 통해 진정한 사랑의 의미를 회복할 수 있도록 하였다. 그 후 10년이 흐른 시점에 영화 〈건축학개론〉에서도 역시 첫사랑이라는 모티프가 사용되었다. 제2의 IMF라고 일컫는 경제위기 속에서 관객들은 90년대식 첫사랑과 90년대 복고에 공감했다. 하지만 영화가 관객의 공감을 이끌어낸 방식은 기존의 운명적인 첫사랑이 가진 허구를 철저히 깨부수기였다는 것이었다.

TV드라마 〈겨울연가〉의 사랑은 운명적인 사랑을 그리고 있다. 유진의 선배인 정아는 타로카드 점을 통해 준상에게 운명적 사랑이 있음을 다음과 같이 말한다.

> "'운명의 수레바퀴' 이게 이사님 운명의 카드에요. … 운명의 상대가 다가오고 있다는 거죠."
>
> (6회)

따라서 유진과 준상은 헤어졌지만 다시 만나고, 우연을 통해서 계속해서 다시 만나게 된다.

하지만 영화 〈건축학개론〉은 사랑은 현실적인 선택이며, 첫사랑은 어린 시절에 설레던 첫 경험이고 미성숙했던 삶과 사랑을 위한 습작이라고 말한다.

TV드라마 〈겨울연가〉에서 하늘이 맺어준 운명의 연인처럼, 유진과 준상은 순수하고 희생적이며 아름답다. 그들은 어떤 시련과 시험에도 사랑을 굳건히 지키며 결국 승리하는 판타지성이 강한 이상주의적인 캐릭터이다. 하지만 영화 〈건축학개론〉의 주인공들은 사랑과 현실을 구분하는 합리주의적 성향의 현실적인 캐릭터이다.

니클라스 루만Niklas Luhmann은 사랑을 순수한 사회적 고안물이라고 말한다. 사랑의 양상은 변별되는 내적 속성과 사회의 구조 변동으로 특정한 이데올로기를 내포한다고 주장한다. 그는 사랑을 감정 상태나 신체적 변화가 아닌 사회적 소통매체라고 본다. 사회의 규칙에 따라 감정을 형성 · 표출하고 타인의 감정을 유추하게 하며 이 모든 것을 통해 온갖 상황에 대처할 수 있게 해주는 코드라는 것이다.[17]

---

17 진선영, 「한국 대중연애서사의 이데올로기와 미학」, 이화여자대학교 대학원 박사학위논문, 2011, 20쪽.

따라서 후기 산업사회와 정보화 사회가 만나는 1990년대의 젊은이들을 그리고 있는 이 영화는 첫사랑을 대하는 태도가 이전과는 다를 수밖에 없다. 즉, 후기 산업사회에서는 자본주의 경제원리와 물상화된 의식이 극단으로 치달아서, 모든 인간적 특성이 인간으로부터 떨어져 나가 상품시장의 원리에 의해 통제 당하는 '탈근대적 상황'이 벌어지게 되었다. 이러한 상황은 이성 관계에도 그대로 적용되어 전인격적인 사랑이라든가 사랑과 결합된 성 또는 사랑을 기반으로 한 상호관계의 완성 같은 본질적인 인간적 속성이 사라지게 되었다.[18]

이런 분위기에서 태어나고 자란 젊은이들은 지극히 개인주의적 성향을 지녔으며, 이전 세대보다 훨씬 합리적이고 '유연한' 성향을 보였다. 당시 대학생들은 첫사랑을 경험하는 순수한 면모와 더불어 현실적인 감각과 이성적인 판단도 지녔다. 사실 연애를 다룬 1990년대 소설과 영화를 보더라도, 당시 연애는 철저히 낭만성을 벗어버리고 '현실'과 '일상'이라는 공간 속으로 던져진다. 90년대 문예작품에서는 탈낭만화된 사랑이 강조되면서 연애가 합일과 조화의 행위임이 철저히 부정된다. 90년대의 소설이나 영화 속에서 연애는 더 이상 위대한 것, 진지한 것, 아름다운 것이 아니다.[19]

시기적으로 보았을 때, TV드라마 〈겨울연가〉가 이 시기에 해당하지만 일반적인 연애와 달리, '첫사랑'이라는 이미지는 너무나 강렬해서, 당시만 해도 아직까지는 순수하게 지키고 싶어 하는 이미지로 남겨두고자 했다.

---

18 김모란, 「성 · 사랑 · 혼인」, 여성한국사회연구회 편, 『가족과 한국사회』, 경문사, 1995, 138-139쪽.

19 김미현, 「연애부터 연애까지: 해방 이후의 연애소설」, 『문학과 사회』 제14권 제53호, 문학과 지성사, 2001, 179쪽.

하지만 2012년 영화 〈건축학개론〉의 서연은 순수하고 이상적인 첫사랑 캐릭터마저 해체한다. 서연은 첫 만남에서도 반말을 하며 "넌 건축학과니까 니가 내 숙제를 도와주는 거야. 공평하지?"라고 말하며 자신의 주장을 이기적으로 펴는 맹랑한 여대생이다. 강남을 동경하고 돈 많은 남자를 만나 결혼하는 것을 목표로 삼는 그녀는 물상화된 90년대를 사는 여대생의 솔직한 모습을 보여준다.

따라서 편부슬하의 서연과 편모슬하의 승민은 TV드라마 〈겨울연가〉의 유진과 준상처럼 결핍의 가정사를 가지고 있지만 결코 아비 찾기를 시도한다거나 하지 않으며, 부모의 부재 역시도 그들의 현실에 큰 영향을 끼치지 않는다. 또한 〈겨울연가〉에서는 준상과 유진이 아버지가 없다는 사실이 서로에게 관심을 더 갖게 되는 계기가 되지만, 영화에서는 아주 작은 소재에 불과한 것으로 처리된다. 그들은 이미 성년이고 부모의 사랑보다는 현실에 더 많은 관심을 가지고 있다.

따라서 그들의 사랑 역시 현실적인 시각에서 한계를 지을 수밖에 없다. 영화에서 서연과 승민의 관계는 서연이가 준 전람회의 '기억의 습작' CD와 같다. 승민의 집에는 CD플레이어가 없기 때문에 서연이 준 CD를 들을 수 없다. 큰 LP판 위에 작은 CD를 올려놓고 춤을 추는 승민의 모습은 서로 맞지 않는 그들의 관계를 보여준다. 강남을 추구하는

〈영상 C-7〉

서연과 강북의 모습을 그대로 닮은 승민의 현실은 LP 판 위에 올려진 CD와 같다(영상 C-7). 이런 모습은 이들에게 시련이 닥쳤을 때 서로 극복할 수 없는 관계라는 사실로 상징화되어 관객에게 암시적으로 전달된다.

서연은 술 취한 모습으로 선배와 원룸에 들어가는 '쌍년'이다. 하지만 자신을 찾아온 서연에게 전람회의 〈기억의 습작〉 CD를 건네며 "이제 꺼져줄래?"라고 잔인하게 말하는 승민 역시 지극히 현실적이다. 사실 수줍어하며 첫사랑에 오랫동안 설레던 승민이 차가울 정도로 냉정하게 던진 이 말은 드라마 속 첫사랑에 익숙해 있던 관객에게 꽤 낯설게 느껴질 수밖에 없다.

15년이라는 세월이 흘러, 서연이 그의 건축사무소를 찾아간다. 이때도 역시 우연은 없다. 이혼을 앞둔 상태에서 서연은 집 건축을 핑계로 승민을 다시 찾는다. 운명이라는 끈으로 우연을 남발하는 드라마와는 달리, 영화는 일상에서 일어날 수 있는 선택의 순간을 이야기한다.

특히 현재의 서연과 승민이 제주도 해변 포장마차에서 술을 마시는 장면은 첫사랑과 현실이 만난 가장 현실적인 그림을 선사한다. 서연은 개포동에서 살며 벤츠를 몰고 부유한 삶을 누리고 있는 듯 보였지만, "매운탕에는 안에 뭐가 들어가도 매운탕이래. 나 사는 게 매운탕 같아. 사는 게 뭔지도 모르겠고 그저 맵기만 해."라며 이혼한 현실을 아프게 고백한다. 아름다운 그녀가 내뱉는 "씨발! 좆같아!"라는 욕설은 '쌍년'으로 기억되는 서연의 캐릭터를 한결 강하게 관객에게 각인시키는 효과가 있다.

서연의 집을 건축하면서 서연과 승민은 첫사랑의 기억과 감정을 회복하지만 결국 그들이 선택한 것은 이별의 키스이다. 영화는 첫사랑이 기억으로 존재할 수 있을 뿐 현실에서 아무 위력이 없음을 보여준다.

흥미롭게도 현실에서 이들의 선택과 헤어짐은 관객에게 전혀 슬픔을 전달해주지 않는다. 관객은 TV드라마 〈겨울연가〉의 준상과 유진의 이별에 감정이입을 하지만, 영화 〈건축학개론〉의 첫사랑 연인에게는 약간의 아쉬움만 가질 뿐, 멜랑콜리적인 슬픔을 전혀 느끼지 않는다. 이는 영화가 관객이 이들의 감정에 동화되지 않도록 몰입을 차단하는 시각을 보여주기 때문이다. 예를 들어, 집을 건축한 후에 서연과 승민이 소파에 앉아서 창밖에 펼쳐진 제주도의 밤바다를 보고 있을 때, 카메라는 그들의 뒷모습을 비춰 관객과의 거리감을 만들어줌으로써, 관객은 그들의 관계를 현실적으로 인식하게 된다. 즉, 그들의 현실은 이혼녀와 결혼을 앞둔 남자라는 관계이다. 첫사랑의 애틋한 기억과 감정만으로는 현실을 이겨나갈 수 없음을 합리적인 주인공들과 이성적인 관객은 모두 잘 알고 있다.

마지막 장면은 이 영화가 전달하고자 하는 메시지를 가장 함축적으로 보여준다. 바다가 보이는 집 창가에서 서연은 승민이 소포로 보내준 '기억의 습작' 음악을 CD플레이어로 듣는다. 카메라는 투명한 창 안에 앉은 서연의 모습을 보여주다가 패닝 기법으로 서서히 바다를 비춰준다. 하지만 물이 가득 찬 멋진 바다가 아니라 검은 현무암이 가득한 벌이 펼쳐진 바다이다(영상C-8). 이것이 우리의 현실인 듯, 바다는 완벽

〈영상 C-8〉

하게 판타지적인 모습이 아니라, 한번 뜨겁게 끓은 용암이 검은 현무암으로 식어 개펄에 가득 널린 모습이다. 주인공들의 첫사랑이 그랬고, 꿈과 현실이 그러하듯, 우리는 환상적인 바다를 꿈꾸지만 현실과 미래에는 뜨거움과 아픔을 상징하는 현무암과 개펄이 함께 공존한다는 사실이다. 이것이 영화 〈건축학개론〉이 그려낸 현실적인 미학이다.

3. 탈신화적 '리노베이션' 전략과 한계 또는 지향점

'첫사랑'은 오랫동안 반복 사용된 모티프이다. TV드라마 〈겨울연가〉는 이런 첫사랑 모티프를 서정적으로 영상화하여 신화가 된 작품이다. 이 드라마는 '버스에서 만남과 데이트', '방송반 활동', '피아노곡' '남이섬 데이트', '균형 잡기 놀이', '첫눈 데이트' 등과 같은 장면을 클리셰로 만들어버렸을 정도였다.

영화 〈건축학개론〉은 이런 클리셰 장면을 그대로 활용하면서 기존 첫사랑이 지닌 신화적 이미지를 깨는 전략을 편다. 즉, 기존 이미지를 활용하여 새로운 스토리를 만들어내는 리노베이션 스토리텔링 방식을 보여준다. 집 설계 과정에서 서연이 뭔가 '낯설다'며 꺼려할 때, 은채는 증축을 하는 것이 어떠냐며 제안한다. 이 대화는 대중에게 낯선 스토리보다는, 기존의 스토리텔링을 리모델링하는 것도 효과적일 수 있다는 사실을 드러낸다. 하지만 영화가 사용한 리노베이션 방법은 1990년대 사회상을 구체적으로 반영하는 객관적 글쓰기와 철저하게 기존 이미지를 깨는 전략이다. 그럼에도 이 영화는 첫사랑의 허구성과 신화적 이미지를 깨는 탈신화적 전략을 끝까지 고수하지 못하고, 대중의 입맛과 요구에 따라 타협안을 찾고자 했다. 이런 면모는 대중영화가 갖는 한계이자, 동시에 대중과의 소통과 공감이라는 면에서 스토리텔링의 긍정적인 지향점으로 볼 수 있다.

영화는 이성과 합리성이 지배하는 탈신화의 시대를 살아가는 현대인의 공감을 얻는 데 주력한다. 슐트는 현대에도 사랑의 신화는 소멸하지 않았으며, 오히려 더욱 발전된 형태로 인간의 소중한 체험을 구성한다고 말한다. 개인화 과정을 통하여 더욱 자유로워진 현대인들은 오히려 더욱더 비개인적이고 소외된 현대사회에서 낭만적 사랑을 통하여 진정한 자신과 소통할 수 있게 되었다는 것이다. 그들에게 낭만적 사랑이란 결국 현대인의 자아 정체성의 가장 풍요로운 원천, 즉 '심장의 코드Der Code des Herzens'이다.[20]

현대사회는 이성과 합리성이 지배하고 있는 탈신화의 시대이다. 하지만 아무리 이성과 합리성의 시대라고 할지라도 여전히 우리는 사랑을 꿈꾸는 신화 속에서 살며, 신화를 통해 문제를 해석하고, 신화적 세계를 끊임없이 갈구한다. 현대인에게 신화는 '허위적이고 허구적'이지만 '의미 있는' 서사이다.[21]

따라서 영화는 탈신화적 세계를 살아가는 현대인들에게 첫사랑이 지닌 신화적 이미지를 90년대 여대생 서연의 이미지로 되살리고자 하며, 특히 모든 인간이 바라는 꿈의 안식처를 서연의 제주도 집 건축으로 극대화시킨다.

여대생 서연은 솔직하고 당당하며 매력적이다. 물욕적인 면모에도 불구하고 그녀에게서 느껴지는 것은 여대생의 순수한 이미지이다. 특

---

20 진선영, 앞의 논문, 27쪽.

21 정다훈, 「유럽문명의 세 얼굴: 미토스, 파토스, 로고스」, 『인문학연구』 Vol. 16, 관동대학교 인문과학연구소, 2012, 53-54쪽.

히 제주도 출신이라는 점은 그녀의 이미지를 더욱 독특하게 만드는 묘한 매력을 전달한다. 긴 머리에 청치마를 입은 그녀는 90년대 우리가 만난 첫사랑의 모습이다. 현재 30 · 40대의 남성관객들의 감성을 자극하기에 충분한 그런 이미지이다.

삐삐와 필름 카메라, 짝퉁 'GUESS' 티셔츠, 헤어무스로 스타일링한 헤어스타일, 메모리 1GB의 도스 컴퓨터, 전람회의 '기억의 습작'을 비롯해서 마로니에의 '칵테일 사랑', 015B의 '신인류의 사랑' 등 90년대 음악과 CD플레이어 등도 탈신화의 시대를 살아가는 우리에게는 무척이나 그리운 90년대 모습이다.

하지만 무엇보다도 판타지성은 제주도 서연 집의 건축에서 나타난다. 사실 '집짓기'는 사람들의 보편적인 꿈이기도 하다. '사랑하는 사람과 만나 결혼하여 예쁜 집에서 사는 것'이 꿈인 우리 대중에게 서연 집은 그런 꿈을 대리만족시켜준다.

서연은 서울을 동경하며 제주도를 떠났지만, 이혼한 후 병든 홀아버지를 간호하기 위해 고향인 제주도로 돌아온다. 상처를 안은 서연에게 제주도 집은 가족의 사랑이 담긴 '인간화된 공간'이다.

우리가 '거주한다'라고 할 때 생활이라는 함축된 의미뿐만 아니라 거기에는 '마음'이 작용한다. 사람이 살고 있는 집과 빈집을 비교하면 물리적인 건물로서는 같더라도 그것의 상태는 전혀 다르다. 인기척이 없는 빈 집은 환경이 아니지만, 사람이 산다는 것은 환경이다. 공간이 인간화되는 것이다. 무미건조한 공간에서 감상적이고 인정적인 공간으로 전환된다. 인간은 '마음'으로 인간화된 공간이라는 환경 속에서만 살아갈 수 있다.[22]

---

22 나카노 하지무, 앞의 책, 129-130쪽.

그래서 대학 시절에 서연과 승민이 함께 데이트를 했던 낯선 빈집은 주목할 만하다. 그들은 그 빈집에 마음을 주고, 생명을 불어넣어준다. '마음'으로 인간화된 공간은 진정한 공간이 된다. 이렇듯 그들은 무의식적으로 집을 꿈꾸며, 빈집에 '마음'을 준 것이다. 사실 그렇게 벗어나고자 했던 강북의 구질구질한 집(영상 C-9)도 인간화된 공간이었지만 미성숙했던 승민은 당시 이를 깨닫지 못했다고 볼 수 있다.

〈영상 C-9〉

〈영상 C-10〉

결혼을 앞둔 상황에서 승민은 대문의 파손된 끝부분(영상 C-10)을 보면서, 집의 진정한 의미를 깨닫게 된다. 서연도 역시 결혼 실패를 통해서 '인간화된 공간'인 집을 그리워하며 귀향한다. 서연의 제주도 집은 그런 의미에서 중요하다. '불변의 방향이며 어느 곳에서나 동일한' 바다쪽 방향[23]을 의미하는 제주도는 강남과 강북을 이분법적으로 나누는 한강과는 다른 이미지로 다가온다. 더 넓은 곳과 새로운 바깥 세계를 동경하여 떠났다가 오랜 방랑 후에 다시 돌아오는 귀향자처럼, 서연에게 제주도 집은 뿌리를 내린 곳, 뿌리를 내릴 중심이 되는 곳이다. 왜냐하

23 오토 프리드리히 볼노, 앞의 책, 85쪽.

면 '집은 인간이 사는 세계의 구체적인 중심'[24]이기 때문이다.

집이 인간에게 전해주는 삶의 원초적 감정은 바로 편안함이다. 그런 집의 편안함을 느끼기 시작했다는 사실은 그들이 자신의 삶과 현실을 이해하게 되었다는 것을 의미한다.

장소와 공간이란 너와 내가 존재하는 방법, 즉 인간이 땅 위에 존재하는 방법이다. 세계는 인간이 거주하는 집이다. 따라서 인간이 대지와 타협하며 거주하는 장소로 인지하였던 장소의 혼spirit of place은 드라마의 주제를 암시하는 데 중요한 요소로 작동한다.[25] 설계도를 보면서 "이제 집 같다."라고 말하는 서연 부父의 대사는 이런 장소의 혼을 인식한 말이다.

사실 제주도 집은 영화 속 주인공들뿐만 아니라 관객에게는 더 큰 의미를 선사한다. 관객에게 제주도는 먼 곳이다. 신비로운 공간이며, 우리를 압박하는 현실의 좁은 공간이 아니라 낭만과 환상이 유혹하는 먼 바깥 공간이다. 서연에게는 귀향이지만, 관객에게는 노발리스의 주장처럼, '먼 곳에 대한 동경이란 내면으로 가는 신비로운 길'[26]로, 자기 내면의 깊숙한 세계로 가는 여행이다. 다시 말하면, 실제로 고향을 잃고 사는 우리 현대인에게 서연 집은 본질적인 것을 회복하게 하는 그런 공간이다.

더욱이 바다가 앞에 펼쳐진 곳에 위치한 제주도 서연의 집은 신화

---

24 위의 책, 162쪽.

25 최혜실, 앞의 책, 30쪽.

26 "먼 곳은 가까운 곳의 상실, 근원적인 고향의 상실, 특히 인간의 삶에서 불가피하게 일어나는, 인생 초기에 경험한 포근한 어머니 품의 상실에서 탄생한다. 사라져버린 가까운 곳은 애절하게 잡아끄는 먼 곳으로 전환되어 인간은 먼 곳에서 가까운 곳을 되찾으려 한다. 따라서 먼 곳은 어떤 식으로든 객관적으로 확인 가능한 공간이 아니라 인간의 본질 속에 공간으로 규정되어 뿌리박혀 있는 곳이다. 쿤츠가 말했듯이 '먼 곳은 실존하는 인간의 내면 가장 깊숙한 중심에 자리 잡고 있다." 오토 프리드리히 볼노, 앞의 책, 120-121쪽.

적 이미지로 가득 차 있다. 우선, 순수함의 모든 이미지를 받아들이는 물은 완전한 '시적 현실'이라고 바슐라르는 말한다. 자연은 '어머니'의 투영이며, 바다는 모성적 상징 가운데 가장 크고 변하지 않는 것의 하나이다.[27] 또한 모든 물은 젖이 되듯이, 풍요의 이미지를 가지고 있다. 그리고 물은 통합의 이미지도 보인다. 따뜻하고 행복한 밤의 이미지, 밝고 감싸는 물질의 이미지, 공기와 물, 하늘과 대지를 동시에 합치시키는 이미지, 우주적이고 넓고 거대하며 부드러운 이미지인 것이다. 그리고 물은 정화의 이미지를 선사한다. 물은 도시를 깨끗하게 할 수 있으며 물은 자기 혼자만의 실체의 내면성과 영속성 속에서 끊임없이 기도하는 일종의 '물질적 수도원'과 같다.[28]

즉, 바다와 물은 상상의 여행으로 이끌어가는 물의 이미지뿐만 아니라, 현대인들이 추구하는 풍요와 모성의 이미지를 원형적으로 간직한 신화적 이미지이다. 더욱이 더럽혀진 현대인들의 삶과 온갖 추악한 삶의 현장 속에서 지친 현대인들의 마음을 치유하고 정화할 수 있는 이미지이다. 제주도 집 공사가 마무리될 무렵에 하늘과 바다가 맞닿아 있는 이층 잔디밭 테라스에 잠든 승민과 그 옆에 누운 서연의 모습(영상 C-11 · 12)은 고요한 안식을 원하는 현대 관객의 고달픈 마음을 대리만족시켜준다. 영화는 이렇듯 제주도 서연의 집 공간(영상 C-13 · 14)이 담고 있는 신화적 원형 이미지로 탈신화 시대를 살아가는 관객들의 마음을 두드린다.

'가을'이라는 계절도 이런 신화적 이미지를 더욱 강화시킨다. 첫사랑과 현실이 만나는 지점이 가을이라는 계절적 특성은 이 영화를 현실

---

27 가스통 바슐라르, 『물과 꿈』, 이가림 역, 164쪽.

28 위의 책.

〈영상 C-11〉

〈영상 C-12〉

〈영상 C-13〉

〈영상 C-14〉

적인 비극으로 만든다. 가을의 비극은 여름의 로맨스와 많은 점에서 대립된다. 비극은 인류사에서 아담과 이브의 낙원 상실로 드러나며 문학에서 어른의 세계와 부딪혀서 좌절하는 어린이의 입장으로 남는다. 우리 모두는 가을이 되면서 따스함이 사라지고 황량한 벌판이 남듯이 유년 시절을 뒤로 하고 성인의 세계로 진입해야 한다.[29]

대학생 시절의 첫사랑은 중년이 된 주인공들에게 유년 시절과 낙원의 상실이 가져온 인생의 비극을 잔잔하게 보여준다. 서연의 집은 그런 상실의 기억을 간직해야 하는 우리의 삶이 꿈꾸는 이상과도 같다. 첫사랑의 소중한 기억일지라도 다시 시작할 수 없이 어른으로 성장한 그들처럼, 〈건축학개론〉 속 집짓기는 비극적인 현실에서 어른이 된 그

29 최혜실, 앞의 책, 35-53쪽.

들이 잃어버린 낙원을 회복시키는 작업이다.

공간은 사람에게 꿈을 꾸게 만든다.[30] 그래서 이 영화는 공간을 신화화하는 색다른 재미를 보여준다. 더불어 또 다른 새로운 신화도 선사한다. 동네친구와 첫사랑 이야기를 나누던 골목과 계단, 오래된 철문과 낙서 등 영화 속 90년대 풍경은 우리가 늘 접했던 추억의 공간이다. 지금은 획일화된 도시의 아파트 속에 파묻혀 사라진 어린 시절의 낙원과도 같다. 따라서 영화 〈건축학개론〉은 이런 잃어버린 추억과 꿈을 제주도의 서연 집을 통해서 낙원과도 같은 고향 이미지로 그려낸다.

TV드라마 〈겨울연가〉가 요나 콤플렉스의 공간 이미지를 사용하여 시청자들이 따뜻한 첫사랑 유진의 자궁에 안착할 수 있도록 판타지적인 신화를 만들어냈다면, 2012년 제2의 IMF로 지친 관객들에게 영화 〈건축학개론〉은 복고적인 미학과 현실 비극 위에 세워진 새로운 판타지 이미지로 잃어버린 고향과 낙원의 회귀를 선사했다.

4. 나오며

영화 〈건축학개론〉은 기존 콘텐츠의 첫사랑 모티브와 클리셰 장면을 활용하면서도 낯설게 비틀고 변용하여 새로운 스토리를 성공적으로 만들어낸 콘텐츠이다. 기존의 첫사랑 모티브가 보여준 신화적 이미지를 과감하게 깨는 탈신화적 전략으로 또 다른 신화를 만들어낸 이 영화는 대중영화 콘텐츠가 일반적으로 지향하는 스토리텔링 리노베이션 전

30 구성회, 『건축학개론 기억의 공간』, 북하우스, 2013, 270쪽.

략을 효과적으로 실천한 예이다. 즉, 이미 신화가 된 TV드라마 〈겨울연가〉와 유사한 소재를 사용하면서도 탈신화의 시대에 적합한 현실 이성적인 시각과 1990년대 추억을 영상에 담아내는 복고적인 디테일 미학으로 영화는 이 시대 관객의 공감을 이끌어낸다.

영화는 액자식 구조와 대상과의 객관적인 '거리 두기' 방법을 통해서 기존 콘텐츠의 몰입식 신화 구조를 깨뜨리고, 이상화된 비현실적인 첫사랑 캐릭터를 물상화된 현실적인 캐릭터로 바꿔놓는다. 특히 공간에 주목하여 사랑의 관계를 집짓기에 비유한 이 영화는 지극히 현실적인 시각으로 로고스적인 공간 이야기를 펼쳐내면서 현상적인 공간만을 추구하는 이 시대의 시각을 비판한다. 하지만 주인공들이 자아 성찰의 과정을 거치면서 '인간화된 공간'을 이해하게 되고, 기억과 상처가 있는 제주도 서연 집을 자궁과도 같은 미토스적인 공간으로 짓는 과정을 통해서 대중에게 새로운 판타지를 선사한다. 즉, 영화는 탈신화의 시대에도 여전히 새로운 판타지를 꿈꾸는 인간의 집단무의식을 영상 텍스트 속에 반영하여 새로운 신화를 만든다.

탈신화적 전략은 신화의 허구성과 획일성을 증명하고 현실을 재해석할 수 있도록 해주지만, 이 영화는 탈신화적 전략을 사용하면서도 교묘하게 신화적 이미지를 리노베이션하여 이율배반적이지만 새로운 환상을 이끌어낸다. 이것은 대중영화의 한계이자, 동시에 이 시대의 대중영화가 지향하는 리노베이션 스토리텔링 전략이기도 하다.

따라서 영화는 제주도 서연 집 앞에 펼쳐진 바다가 현무암의 갯벌투성이인 모습을 영화의 마지막 장면에 보여줌으로써 끝까지 현실적인 미학을 지향하는 태도를 보여준다. 하지만 객관주의적 글쓰기 미학과 현실 미학 위에 세워진 새로운 환상은 현실에 지친 대중에게 잃어버린 고향의 회귀와 상처의 포용이라는 심층적 의미를 모순적으로 전달한다.

제2부

영상 드라마 텍스트의 놀이성과 회화적 이미지 읽기

1. TV드라마 〈경숙이 경숙아버지〉의 '놀이성'
2. 영화 〈바냐 아저씨〉의 '회화적' 이미지
   – 체호프의 희곡 「바냐 아저씨」의 영상화에 나타난 '회화적 이미지'의 확장과 차이

1 TV드라마 〈경숙이 경숙아버지〉의 '놀이성'

1. 들어가며

1) TV드라마 텍스트 속 '아버지' 존재와 '놀이성'

TV드라마 〈경숙이 경숙아버지〉[1]는 여러 면에서 의미가 있는 드라마이다. 오락 · 규범 · 윤리 · 산업 · 문화 등 TV방송의 다양한 방면에서 이 드라마가 제 나름의 가치를 보여주었기 때문이다.

사실 인간이 의식의 주체 · 생산의 주체라는 굴레를 벗어던지면서, 이 시대는 보편적인 법칙과 목적을 잃은 놀이들이 판을 치고 있다. TV드라마도 무목적성과 무법칙성이라는 시대의 코드를 좇아 오락적이고 감각적인 가치에만 몰두하고 있는 것이 현실이다. 하지만 TV드라마 〈경숙이 경숙아버지〉는, 불륜과 폭력 등 선정적인 소재와 현실도

1 연출 홍석구, 극본 김혜정, 2009. 1. 21~29, 4부작, KBS2, http://www.kbs.co.kr/drama/ksfather/

TV드라마
〈경숙이 경숙아버지〉

피적인 신데렐라 판타지 놀이가 판을 벌이고 있을 때, 과감하게 진지한 사유거리와 놀이성을 통해 시청자들의 의식과 감성을 일깨웠다. 또한 시청률도 단막극으로는 13.5%(AGB닐슨미디어리서치)[2]라는 성과를 이루어내서, 완성도 있는 작품이 시청자의 마음을 움직일 수 있다는 사실을 입증하기도 했다.

TV드라마 〈경숙이 경숙아버지〉는 연극 〈경숙이 경숙아버지〉(작 · 연출 박근형 , 극단 골목길, 2006년 초연)를 TV드라마로 만든 작품이다. 2006년 올해의 예술상과 대산문학상 등 다수의 상[3]을 휩쓸었을 정도로 호평을 받았던 연극 〈경숙이 경숙아버지〉는 1950년대 한국전쟁을 전후로 가족을 돌보지 않는 장구재비 조재수와 그의 딸 경숙이를 중심으로 가족의 갈등과 화해를 해학적인 무대로 풀어낸 작품이다. 이 연극은 특히, 바깥으로 떠돌면서도 늘 위풍당당했던 아버지에 대한 회상과 애모의 정을 무대에 드러내어 이 시대의 부권상실과 '고개 숙인 아버지'상을

2 「'경숙이 경숙아버지', "드라마다운 드라마" 긴 여운」, 『한국일보』, 2009년 2월 3일자.

3 2006년 올해의 예술상, 2006 대산문학상 희곡상, 2006 평론가협회 올해의 연극 BEST 3, 2006 동아연극상 작품상 · 희곡상 · 연기상 · 신인상, 2006 히서연극상 기대되는 연극인상 등 수상.

대비하며 사유하게 만들었다.[4] 그런 의미에서, 최근 TV드라마 전체에 나타나고 있는 여성파워로 인해 시청자 스스로도 부권상실을 안타까워하던 상황에서 TV드라마로 다시 태어난 〈경숙이 경숙아버지〉는 현실의 요구를 제대로 인지했다고 볼 수 있다.

TV드라마 〈경숙이 경숙아버지〉는 이러한 '아버지'라는 존재에 대한 사유를 '놀이성'으로 경쾌하게 풀어내고자 했다. 또한 일상과 삶의 무게를 가벼운 놀이 형식으로 그려내고자 했다.

놀이 이론을 정립한 호이징가는 인간을 '놀이하는 인간'(호모 루덴스)이라고 정의하면서 "놀이란 우주라는 기계를 벗어나있는 일종의 '초논리'로, 생물학적 현상의 한계를 넘어서는 것이며, 모든 결정론적인 세계를 벗어나 있는 자유 그 자체를 의미한다."[5]고 주장한다. 또한 실러는 『미학적 인간 교육에 관한 서한』에서 "인간은 인간이라는 말의 충만한 의미에서 인간일 경우에만 놀이하며, 그가 놀이할 경우에만 전적으로 인간이다."[6]라고 말한다. 즉, 실러는 인간의 인간됨이 바로 놀이를 통해 실현될 수 있다고 본다. 따라서 놀이는 현실 이탈이며 동시에 자연으로의 회귀를 의미하며, 자연은 인간의 고향이며 안식과 동경의 상징이다.

이 드라마에는 이러한 인간적인 본성과 정신을 만나볼 수 있는 다양한 놀이들이 등장한다. 특히 아이들의 놀이를 비롯해서 우리 민족의 세계관을 엿볼 수 있는 다양한 민속놀이 등이 텍스트 전체를 놀이마당으로 만든다. 또한 놀이의 기본 형식인 경쟁과 언어놀이도 텍스트의 놀

---

4 김성희, 「부재하면서도 위풍당당했던 아버지는 다 어디로 갔을까?: 극단 골목길 〈경숙이, 경숙아버지〉」, 『한국연극』, 한국연극협회, 2006. 08, 69쪽.

5 J. 호이징가, 『놀이하는 인간』, 권영빈 역, 홍성사, 1985, 5-21쪽 참고.

6 F. Schiller, *Üer die ästhetische Erziehung des Menschen*, 15, Brief, Stuttgart 1989; 최소인, 「놀이와 문화: 칸트의 놀이(Spiel) 개념이 지니는 현대적 의미에 대한 성찰」, 『해석학연구』 제10집, 한국해석학회, 2002, 203쪽 재인용.

이적인 성격을 부각시킨다.

따라서 본 텍스트에서는 TV드라마 〈경숙이 경숙아버지〉에 나타난 '놀이성'을 분석해보고, 역사를 만들어낸 우리 민족의 생명력을 놀이정신에서 찾아볼 뿐만 아니라 TV드라마의 놀이성을 통해 21세기 TV드라마의 새로운 가능성을 제시해보고자 한다.

2) 연구방법과 놀이 이론

TV드라마 〈경숙이 경숙아버지〉에 나타난 놀이성을 분석하기 위해서, 본 텍스트에서는 호이징가와 카이와의 놀이 이론을 기본적인 연구방법으로 삼고자 한다. 특히 이들이 설명하는 '경쟁'의 놀이 이론을 주목하면서, 드라마의 이야기 구조로서 경쟁놀이와 언어놀이 그리고 놀이정신 등을 설명하고자 한다.

저서 『놀이하는 인간』[7]에서 호이징가는 인간이 '지혜로운 인간'(호모 사피엔스)이나 '만드는 인간'(호모 파베르)이라기보다는 '놀이하는 인간'(호모 루덴스)에 더 가깝다고 말한다. 그리고 놀이가 문화보다 오래된 것이며, 태초부터 현재에 이르기까지 문화 현상 속에 함께 있어왔다고 그는 주장한다. 따라서 놀이는 문화의 한 요소가 아니라 문화 그 자체가 놀이의 성격을 갖는다는 것이다.

호이징가의 의견에 따르면, 놀이는 순수한 생물학적인 현상 또는 순수한 육체적인 행동의 한계를 넘어서는 것으로, 놀이의 본질은 물질이 아니라 '정신'이다. 정신은 이성의 등가물이 아니기 때문에, 놀이는

7 J. 호이징가, 앞의 책.

우주라는 기계를 벗어나 있는 일종의 초논리로 결정된 것들로부터 일탈하고자 하는 본성을 가지고 있다. 따라서 놀이는 '자유' 그 자체를 의미하며, 자유와 일탈은 놀이의 가장 중요한 제1의 특징이 된다. 이러한 자유라는 놀이의 본성은 다른 피조물과 변별되는 인간만이 가지는 특성이다. 두 번째 특징으로는 놀이가 '일상적' 또는 '본래의' 삶과 구별되는 일정한 성질을 가진 행위라는 것이다. 놀이란 일상생활로부터 어떤 일시적인 활동의 영역으로 건너뛰는 것으로, 특히 놀이는 '자발적인 행위'로서 실제의 삶에서 벗어나 일시적으로 자유로운 활동의 영역에 들어가는 것을 의미한다. 놀이는 그것이 행해지는 터전과 그것의 지속시간에 의해서 '일상생활'과 구별되는데, 제3의 특징은 완결성과 한정성을 들 수 있다. 그것은 정해진 시간, 공간의 한계 속에서 '놀이되어'진다는 것이다. 특히 놀이의 장에는 하나의 고유한 절대적인 질서가 지배하기 때문에, 놀이는 질서를 창조하며 놀이 자체는 곧 질서가 된다. 불완전한 세계 속에서 그것은 일시적이고 제한된 것이긴 하지만 하나의 완벽성을 지니고 있다.

그리고 무엇보다도 이러한 놀이는 '재미'라는 필연성에 의해서 이루어진다. 즉, 자연의 운행이 결정론적인 필연성에 의해 이루어진다면, 놀이는 어떠한 분석도 어떠한 논리적 해석도 받아들이지 않는 재미라는 필연성에 의해 이루어진다. 놀이에 몰두하게 하는 힘을 지닌 '재미'는 생리학적 욕구를 넘어서는 비물질적인 요소와 의미가 있는 그 무엇으로, 놀이의 본질이다.

사실 놀이에서 인간이 느끼는 '재미'는 어떤 것을 위해서 경쟁하는 재미거나 또는 어떠한 것을 표현하는 재미이다. 그리고 표현하고자 하는 욕망 안에도 '경쟁'이 숨어 있기 때문에, 결국 놀이의 기본 형식은 '경쟁'이 된다.

호이징가는 '경쟁'이 승리를 하고자 하는 목적에서 비롯된다고 말한다. 승리는 타인보다 뛰어나려는 욕망과 타인에게 존경을 받으려는 바람을 그 기반으로 한다. 한마디로 우월성을 증명하는 역할이 '경쟁'이라고 할 수 있다.

> 어린이의 생활에서 최고의 문화활동에 이르기까지 모든 것을 통해서 하나의 바람이 움직이고 있다. 그것은 자신의 우수함을 인정받고 남들로부터 칭찬을 받고 싶으며 명예를 얻고 싶은 욕망이며, 그것이 개인 또는 개인이 속해 있는 집단이 자신을 완성시키려 할 때 움직이는 가장 강한 동기의 하나가 된다. 사람들이 서로를 칭찬하는 것은 자신을 칭찬하기 위한 것이다. 사람들은 자신의 미덕을 칭찬함으로써 명예를 누리려고 한다. …(중략)… 남들보다 빼어나기 위해서는 자신의 빼어남을 증명해야 한다. 공을 인정받기 위해서는 그 공의 정당성이 인정되어야만 한다. 이 우월성을 증명하는 역할이 경쟁인 것이다.[8]

호이징가가 놀이의 본질적 특성을 경쟁의 놀이에 놓는 입론을 마련했다면, 카이와는 놀이를 경쟁 · 우연 · 모의模意 · 현기증이라는 역할 중 어느 것이 우위를 차지하는가에 따라서 네 가지로 범주화했다. 첫째, 규칙이 있는 경쟁 속에서 자신의 능력으로 승리를 얻고자 하는 아곤Agon, 둘째 주사위라는 뜻으로 운수 또는 운을 의미하는 알레아Alea, 셋째 환상놀이와 착각놀이인 미미크리Mimicry, 넷째 현기증 놀이와 광기의 놀이를 뜻하는 일링크스Ilinx이다.[9] 이 네 개의 범주는 각각 극단

---

8 위의 책, 88쪽.

9 카이와의 네 가지 범주에 속하는 놀이들을 TV드라마 〈경숙이 경숙아버지〉에서 찾아보면, 우선 등장인물들이 서로 경쟁을 하는 놀이(아곤), 아이들이 최 사장의 집을 향해 '불나라'라고 주문을 반복해서 외우자 화재가 나는 놀이(알레아), 밥을 굶은 아이들이 명랑의 약을 먹은 후 약에 취해 어지러워하며 정자나무에 기대 누워 노는 놀이(일링크스), 경숙아버지와 경숙이 또는 경숙할머니와 경숙아버지가 쫓고 쫓아가며 서로 빙빙 도는 놀이(일링크스), 탈놀이에서 등장인물들이 연기를 펼치는 놀이(미미크리) 등이 있다.

적으로 대립하는 두 개의 축 사이에서 동요한다. 한쪽의 극에서는 기분전환, 소란, 자유로운 즉흥, 대범한 발산이라는 원리가 지배하고 있다. 즉, 자유로운 소란, '파이디아Paidia'로 지칭되는 통제를 벗어난 판타지에 의해 지배된다. 반대쪽의 극에서는 그와 정반대의 성질로 '루두스Ludus'에 의해 지배된다. 루두스의 세계에서는 충동적인 활기가 거의 약해지고, 바라는 결과에 도달하는 것을 점점 어렵게 만들기 위해 강제적으로 불편한 약속에 따르게 하고, 거추장스러운 장애물을 끊임없이 놓음으로써 그 성질을 구속하려는 욕구가 증대한다.[10]

호이징가가 주로 '경쟁'과 '모의'에서 놀이의 특성을 보고 놀이를 주제로 '문화'에 내재되어 있는 놀이의 특성을 설명했다면, 카이와는 놀이의 분류와 구조에 관심을 가지고 '운'(알레아), '현기증'(일링크스)을 추구하는 놀이 등을 더 첨가하여 놀이를 설명했다. 특히 카이와는 문화를 놀이만으로 정의하고 놀이와 성스러움을 동일시한 호이징가의 태도를 비판하면서 놀이의 목적이 놀이 그 자체라는 점을 강조했다.

하지만 카이와도 호이징가와 마찬가지로 '규칙성'을 놀이의 가장 중요한 특성으로 파악했다. 즉 놀이는 일정한 규약convention이 관철되는 공간에서 성립되는 것으로 본 것이다. 그러나 카이와의 놀이 분석이 갖는 변별성은 이 규약을 인간 활동의 모든 영역 속으로 용해시켜버리는 게 아니라, 이 규약으로 인해 일상과 구분되는 '별도의 세계'가 창조된다는 사실을 새롭게 주목한다는 데 있다.[11]

10 로제 카이와, 『놀이와 인간』, 이상률 역, 문예출판사, 2003, 37-38쪽 참고.

11 김효, 「놀이에 관한 인문학적 고찰」, 『불어불문학연구』 제46집, 한국불어불문학회, 2001, 175쪽.

2. 연극에서 TV드라마로의 매체 전환에서 강화된 '놀이성'

연극은 그 자체가 '놀이'이다. 호이징가는 문화의 전 영역에 나타난 놀이적인 성격을 자세히 분석하면서, 연극에 관해서는 연극 자체가 '놀이'라고 다음과 같이 설명한다.

> 희곡(연극)만이 그것의 버릴 수 없는 기능적 성격 때문에, 즉 그것은 언제나 어떤 경우에서나 행위 그 자체임은 변치 않는 것이기 때문에 영원히 놀이와의 관계를 지속하게 된다. 언어 자체도 이러한 밀접한 관계를 반영하고 있다. 희곡(연극)은 '놀이'(영어 play, 독일어 spile)라는 언어로 부르는데, 희곡(연극)의 공연을 '놀이하는 것'이라 말한다.[12]

원작인 연극 〈경숙이 경숙아버지〉도 연극적인 놀이성을 효과적으로 활용하고 있는 작품이다. 다음의 연극평론에도 나와 있듯이, 연극 〈경숙이 경숙아버지〉는 '희극적인 과장과 유머로 대상과의 거리 두기'를 통해 연극성을 극대화시켜 놀이적인 효과를 불러일으켰다.

> 전쟁 때 혼자 피난을 가고, 전쟁 후엔 집문서를 가지고 나가 외도하는 등 이기적이고 무책임한 아버지의 모습은 그 반대편 극에 자리한 헌신적인 아버지만큼이나 문학이나 영화, 드라마 등에서 수없이 재현되어온 초상이다. 그러나 박근형은 대상에 대한 희극적 과장과 비틀기를 통한 거리 두기와 양식적 연출로 이 진부성을 재기발랄한 연극성으로 바꾸어놓는다. 이를테면, 어메가 꺽꺽아재의 머리를 붙잡고 애를 낳는 장면에서, 여자 한복 저고리를 일상복 위에 걸친 아베와 자야가 유행가를 부르고 그들이 젓가락 장단 두드리는 양은 밥상을 경숙이 받치고 서 있는 동시적 장면은 희비극적인 효과와 함께 이들의 관계와 캐릭터를 압축적으로 은유하

---

12 J. 호이징가, 앞의 책, 190쪽.

는 촌철살인적 장면이다. …(중략)… 연극 곳곳에 넘쳐나는 희극적 과장과 유머를 떠받치는 것은 어메의 과장된 신파성이다. 이 과장된 감상성의 신파적 연기 역시 거리 두기를 위해 의도된 것으로, 서러운 세월을 살아온 인고의 어머니상을 약호화한다.[13]

연출가 박근형의 특성은 서민들이 살아가는 삶의 풍경을 발랄한 연극적 표현 양식으로 극대화시켜 무대에 옮겨놓는다는 데에 있다. 연극 〈경숙이 경숙아버지〉의 이러한 연극성은 TV드라마 텍스트와 만나 더욱 자연스럽고 일상적인 '놀이성'으로 확대된다.

극본을 집필한 작가 김혜경은 "드라마틱한 설정이 없어서 원작의 훼손 없이 어떻게 드라마화해야 할까 고민이 많았다. …(중략)… 전쟁을 이념적으로 다루기보다 '가난한 사람들에게 전쟁은 어떤 생존의 방법이었을까'에 초점을 맞췄다. 그리고 코믹 터치를 위해 노력했다."[14]고 작품을 설명했는데, 작가가 선택한 글쓰기 방식은 '놀이성'의 강화라고 할 수 있다.

작가는 표현주의적인 색채와 과장된 희극성을 바탕으로 한 '연극성'을 일상적인, 즉 자연스럽고 사실적인 놀이성으로 전환시켰다.[15]

---

13 김성희, 앞의 글, 68-69쪽.

14 TV드라마 〈경숙이 경숙아버지〉 드라마 제작발표회, KBS신관 국제회의실, 2009. 1. 15.

15 연극 〈경숙이 경숙아버지〉는 전쟁이 끝날 때까지 이불 속에서 나오지 말라는 경숙아베의 명령에 따라 경숙어메와 경숙이가 움직임을 멈추고, 경숙의 출산 장면에서 아기 복장을 한 어른 얼굴이 상자에서 튀어나오고, 어메가 자신도 여자로서 사랑받고 싶었다며 칼로 배를 찌를 때 한복을 입은 예수가 등장하여 은혜를 내리는 등 연극만이 보여줄 수 있는 우스꽝스러운 놀이가 무대 위에서 펼쳐진다. 또한 연극적인 약속에 의해서, 병원, 경숙이네 집, 자야네 집, 졸업식장 등이 연극적인 상상력에 의해서 시공간 이동이 한 공간에서 자유롭게 이루어진다. 특히 이 연극에서는 언어놀이로 관객들의 웃음을 이끌어내는데, 예를 들면 "어메: 수술하면 우리 경숙이 살 수 있는 겁니까? 의사: 살 수 없습니다. 장담 몬 하지요. 사위: 그게 무슨 말입니꺼? 선생님요. 의사: 어차피 죽을 목숨 빨리 결정해 주십시오." 등 허무맹랑한 언어놀이가 연극 텍스트의 주를 이룬다. 특히 신파적인 과장성으로 인해 '연극적

우선, 연극의 줄거리를 잠시 살펴보면, 한량기가 있는 경숙아베는 6 · 25전쟁이 일어나자 가족들을 남겨놓고 장구 하나 딸랑 맨 채 혼자만 피난을 간다. 전쟁이 끝나 집으로 돌아온 그는 포로수용소에서 만났다는 꺽꺽이 형님에게 집문서를 넘겨주고 다시금 집을 떠난다. 꺽꺽이 형님은 경숙어메와 좋아하는 사이가 되고, 결국 경숙어메는 꺽꺽이 형님의 아이를 임신한다. 하지만 경숙어메가 낳은 아이는 죽고 만다. 어느 날 다른 남자와 눈이 맞아 떠난 첩(자야) 때문에 경숙아베는 경숙어메 앞에서 울부짖고, 경숙어메는 첩을 찾아가 경숙아베를 다시 만나달라고 사정을 한다. 첩, 첩의 내연남, 경숙아베, 경숙어메가 이 문제로 서로 싸움을 벌일 때, 예수가 나타나 이들을 화해시킨다. 세월이 흘러 경숙이가 대학을 졸업하던 날 경숙아베가 찾아오지만, 경숙이는 아버지에 대한 애증으로 그를 외면한다. 그 후 아기를 낳은 경숙은 아기에게서 경숙아베의 모습을 발견한다. 그리고 환상처럼 경숙아베가 나타나 아이를 안아보는 모습에서 연극이 끝난다.

TV드라마는 이런 연극의 기본적인 뼈대만 빌려왔을 뿐, 내용은 상당히 다르다. 우선, TV드라마에는 경숙이의 졸업식과 경숙의 출산 장면이 없고, 예수가 나타나는 장면도 없다. 꺽꺽이 형님은 '남식'이라는 인물로 대체되고, 첩은 '화자'라는 기생으로 등장하지만, 재수(경숙아버지)의 첩이 아니라 일로 얽힌 친한 사이일 뿐이다. 또한 TV드라마에서는 남식이가 '빨갱이'라는 누명을 쓰고 경찰서에 잡혀가는데, 재수는 남식의 구명을 위해 장구를 치며 풍물패를 이끈다. TV드라마에서는 경숙 모

인 놀이성'이 강조되는데, TV드라마에서는 과장적인 행동과 황당한 언어가 사실적인 언어로 바뀌면서, 좀 더 일상적이며 자연스러운 놀이성을 만들어낸다. 물론 연극의 과장된 표현은 카메라 앵글 구도와 실험적인 TV영상과 만나면서 TV드라마만의 색다른 놀이성을 부각시키기도 한다.

가 남식의 아이를 낳는 순간에 재수가 전봇대에 머리를 부딪친 후유증으로 숨을 거두고, 그 후 시간이 흘러 경숙네 가족들이 아버지의 상징인 장구를 세워놓고 가족사진을 찍는 것으로 끝난다.

일반적으로 TV드라마에서는 갈등이 명확하게 드러난 극적 구조가 시청자들을 몰입시키는 데 효과적이지만, TV드라마 〈경숙이 경숙아버지〉는 오히려 그런 극적 구조를 무너뜨려버리는 기법으로 '놀이성'을 더욱 강화시킨다.

TV드라마 〈경숙이 경숙아버지〉는 '놀이'의 특성을 제대로 살린 작품으로, 특히 호이징가와 카이와가 설명하고 있는 '경쟁'의 놀이가 드라마의 스토리를 이끌어나간다. 사실 연극 〈경숙이 경숙아버지〉에서는 경쟁 구조가 거의 보이지 않는 것에 비해, TV드라마는 경쟁놀이의 구조로 이루어져 있다. 하지만 경쟁은 놀이가 끝나면 경쟁의 결과를 쉽게 망각할 수 있게 하는 놀이의 무상성無償性, gratuite의 원리에 따라 종국에는 경쟁놀이가 작품의 주제인 '화합'을 만들어내는 역할을 한다. 특히 TV드라마 〈경숙이 경숙아버지〉에서는 주동인물과 반동인물 사이에서 일어나는 극적인 갈등과 경쟁이 아니라, 우리의 삶에서 소소하게 일어날 수 있는 일상적인 경쟁을 중심으로 이야기가 펼쳐진다. 따라서 이 TV드라마는 극에 몰입하도록 만드는 극적인 경쟁을 배제시키고 오히려 경쟁을 유치한 코미디 놀이로 인식할 수 있도록 '거리 두기'를 통해 경쟁의 구심점을 파괴시키고, 분산시킨다. 그래서 시청자들은 TV드라마 텍스트와의 거리를 객관적으로 유지하면서 주인공들의 우스꽝스러운 상황과 경쟁을 여유 있게 바라보면서 즐기게 된다.

3. TV드라마 〈경숙이 경숙아버지〉의 '놀이성' 분석

1) 텍스트 속 놀이들

TV드라마 〈경숙이 경숙아버지〉에서 주된 시선이 경숙이라는 점은 주목할 만하다. 아이의 눈에 이 세상은 놀이터이다. 아무리 힘들고 어려워도 그것은 어른들 몫이다. 경숙이는 13세의 어린 소녀로 이제 얼마 후면 사춘기를 맞이할 나이이다. 곧 철이 들어가기 시작하는 나이이기 때문에, 이 텍스트에서 비춰지는 일상은 천진난만한 아이의 눈으로 펼쳐지는 마냥 신나는 놀이라기보다는 재밌기도 하지만 혼란스럽기도 하고, 또는 아프기도 하지만 그래도 즐거운 놀이이다.

따라서 TV드라마 텍스트 〈경숙이 경숙아버지〉는 경숙이의 시선으로 본 커다란 놀이터이고, 그 속에는 다양한 놀이로 채워져 있다. 즉, 일반적인 아이들의 놀이, 전쟁놀이, 민속씨름놀이, 탈놀이, 굿놀이, 남도타령, 풍물소리, 장구놀이 등 여러 놀이들이 텍스트 가득 넘쳐난다. 그리고 이러한 놀이들은 다양한 볼거리들로 시청자들의 눈을 즐겁게 해준다.

우선, 전체적인 분위기를 좌우하는 드라마의 첫 장면이 '아이들의 놀이'로 시작한다는 사실은 매우 흥미롭다. 씨름대회에서 만근이가 천하장사가 되면 쌀 한 가마니를 상으로 탈 것이라는 기대로 경숙이는 만근에게 찐빵을 사 먹인다. 찐빵을 맘껏 먹어대는 만근이를 아이들이 침을 삼키며 구경을 하자 경숙이는 그런 아이들을 쫓아내고, 아이들은 경숙에게 방구탄 뿜는 시늉을 해대며 도망을 간다. 경숙과 은비, 만근이를 비롯하여 아이들이 만들어내는 천진난만한 모습은 드라마 분위기를 밝고 경쾌하게 만든다. 아이들의 일상은 그 자체가 놀이이다. 따라서 작품

속에서 아이들은 끊임없이 '놀자'라는 대사를 연발한다

"뭐하고 놀 건데? 나도 같이 놀자.", "놀자, 만근 오빠야 놀자.", "인자 니캉 안 놀끼다.", "니 내랑 놀고 싶나?", "내는 인자 윤섭이 쟈하곤 다신 안 논다."

사실, '놀다'라는 단어는 어린이들 입에서뿐만 아니라 어른들에게서도 끊임없이 반복된다.

"피난이 무슨 꽃놀인 줄 아나?", "게우 낙동강에서 노는 놈이 먼 돈이 있는교?", "합천 군수 오늘 놀자 카는데, 같이 가자.", "잘들 논다, 잘들 놀아! 이 자식들이 총 가지고 어디서 장난질야?", "전쟁이라 캐도 죽는 놈 따로, 노는 놈 따로.", "공장이 무신 니 놀이턴 줄 아나?", "가짜 색시 놀음하다 오지게 걸린 기지 머.", "재수야! 오늘 신바람 나게 놀아보재이." 등.

따라서 이 텍스트에서 아이들은 죽음의 현장인 전쟁 중에도 놀이를 하며 즐거워한다. 피난민들이 주먹밥으로 끼니를 때우는 모습 주변으로 아이들은 마치 소풍을 나온 듯 즐겁게 뛰어다닌다. 전투기를 보고 아이들은 신기해하며 쫓아다니고, 전투기 안에 변소가 있을까 없을까라는 문제로 다음과 같이 아이다운 호기심을 보인다.

처참한 심경으로 둘러앉아, 주먹밥과 감자로 끼니를 때우는 경숙네 일동.
배를 놓친 다른 피난민들 역시 가족끼리 둘러앉아 저녁을 먹는데, 그 와중에도 경숙과 아이들 소풍이라도 온 듯 뛰어다닌다.
그 통에 경숙에게 발을 밟힌 할머니.

할머니: (경숙의 엉덩짝을 찰싹 때리며) 고마 설치라 안캤나?! 아파죽겠네 기냥. 지금 무슨 동네 운동회 나온 중 아나?!

경숙 모: 어무이는 아-들이 다 그렇지 뭘 안다꼬….

… (중략) …

멀리서 날아오는 전투기.

아이들, 호주기다~! 뱅기다~! 소리치며 신나서 쫓아가보지만

전투기 순식간에 하늘 저편으로 날아가 사라지고

만근: 이야~ 멋지다. 그란데 저래 날라다니믄 똥은 우예 누노?

은비: 뱅기에 변소 있겠재.

경숙: 저래 쪼맨한데 변소가 우예 있겠노? 오강에도 눌끼다.

만근/은비: 맞다 맞다.

(2부: S#4)

드라마는 망가진 탱크 안에서 '전쟁놀이'를 하는 아이들을 통해서, 이데올로기가 낳은 전쟁을 놀이로 희화시키고, 실제 전쟁터의 병사들을 통해서도 전쟁을 놀이로 바꿔버린다. 따라서 훈련소에서 재수와 남식이 국밥값 문제로 서로 싸우는 모습도 결국 일종의 전쟁놀이가 되어버린다. 즉, 남식과 재수가 총을 서로 들이대며 싸우는 모습은 사실적으로 다가오지 않고 우스꽝스러운 제스처로 보인다. 이때 교관까지 등장하여 "잘들 논다"라며 핀잔을 주자, 이들의 싸움은 아이들의 전쟁놀이와 같은 가벼운 놀이가 되어버린다.

남식: 끝까지 오리발로 나오시겠다. 좋아 너같은 놈은 뜨거운 맛을 봐야 돼. (철컥 장전하면)

징집병들: (어이없다는 듯 멀뚱 보고)

재수: 이 문디 자슥, 어데 배짱 있으믄 쏴봐라!

군인 1, 2를 대동하고 어느새 다가온 교관, 재수와 남식을 퍽 박치기 시키고

재수/남식: (비명으로) 누꼬? / 누구야?

교관: (머리통 갈기며) 잘들 논다, 잘들 놀아! 이 자식들이 총 가지고 어디서 장난질야?

일동: (키득거리고)

교관: (돌아보며 왁) 시끄러! 총알 없다고 장난감인 줄 알아?!

(2부: S#16)

또한 초반에서부터 장터 '씨름놀이'를 보여주면서(영상 D-1, 2), 이 드라마는 시각적인 영상미와 청각적인 효과음을 살려 우리의 전통 민속놀이를 흥미롭게 펼쳐낸다. 꽹과리 소리, 장정들의 씨름, 구경꾼들의 환호 그리고 상품으로 쌀가마니 등 1950년대 서민들의 일상과 민속놀이의 분위기를 21세기의 안방까지 흥겹게 전달한다. 특히 아이들의 참여는 작품을 더욱 놀이적인 색채로 바꿔놓는다.

〈영상 D-1〉(1회)[16]

〈영상 D-2〉(1회)

16 TV드라마 〈경숙이 경숙아버지〉 홈페이지 포토갤러리, http://www.kbs.co.kr/ksfather/making/photo/index/html(이후 본장에서 사용된 영상들은 포토갤러리에서 가져온 자료임을 밝힘).

만근이 상대를 붙잡고 제법 힘을 쓰고 있다.

경숙: (소리쳐) 머째이 머째이, 만근이 머째이! 고마 칵 한 방에 끝내뿌라 마! 쌀 타가 떡 해묵자!

구경꾼들: (여기저기서 웃음으로 덩달아) 만근이 머째이~ / 천하장사 만근~이~ / 떡 해묵자 만근~이~!"

필 받아 힘쓰던 만근, 돌연 똥 마려운 얼굴이 되는가 싶더니… 아뿔싸~! 급기야 요란한 파열음을 뿜어낸다.

만근 상대: 으이? 니 똥쌌나? 아이구 냄~시~ (하며 코를 싸쥐자)

만근이 바지 뒤춤을 부여잡고 급히 내빼고,
구경꾼들은 요절복통, 경숙은 붉으락푸르락 열통 터진다.

(1부: S#6)

이러한 민속놀이는 아이들과 어른들 모두의 놀이이다. 따라서 민속놀이는 동심으로 돌아가는, 추억의 시간으로 돌아가는 놀이가 된다.

아이 · 어른이 함께 노는 마당은 '탈놀이'와 '굿놀이'에서도 계속된다. 최 사장은 동네사람들을 외면하고 자기 식구들만 배를 대절해 피난을 간 일 때문에, 미안한 마음에 전쟁 중에 상처받은 마을 사람들을 위한다는 목적으로 굿판을 벌인다. 이 굿판은 동네사람들의 큰 잔치가 된다. 특히 굿판 중에 벌이는 탈놀이(영상 D-3)는 〈경숙이 경숙아버지〉라는 TV드라마 놀이 안에 또 다른 연극놀이가 삽입되는 형태여서, 놀이로서의 재미가 배가된다.

〈영상 D-3〉(3회)

〈영상 D-4〉(3회)

다음은 재수와 등장인물들이 탈놀이(고성오광대)를 할 때, 경숙이가 탈놀이 안으로 갑자기 들어와 연극과 현실의 경계가 깨져버리는 장면이다(영상 D-4). 구경꾼들 중에서 '윤섭이'를 '마당쇠'라는 등장인물로 만들어 즉흥적으로 연극에 참여시키는 장면도 우리 탈놀이의 놀이성을 제대로 보여준다.

굿패들 반주하고
제각각 시레이션 포장지로 조잡하게 만든 영감탈, 각시탈, 머슴탈을 쓴 재수와 화자, 상필.
…(중략)…
연기를 펼쳐 보이던 화자, 돌연 구경꾼들 틈에서 비틀비틀 걸어 들어오는 경숙과 부딪쳐 벌러덩 엉덩방아를 찧으며 넘어진다.
구경꾼들 (돌발 상황에 와- 웃고)

재수: (당황, 얼렁뚱땅 즉흥극으로) 니가 아무리 첩년이라꼬 이 많은 남정네들이 이래 많은데, 궁둥이를 벌렁벌렁 까도 되나. (경숙에게) 그라고 니는 아부지 청춘사업하는 데 방해하지 말고 퍼뜩 드가그라.

경숙: 아부지 어질어질한 게 눈앞이 노랗고, 힘이 하나도 엄따. 내 아픈갑다.

…(중략)…

화자: (엉덩이 털며 즉흥극으로) 하이고 딸년이 여는 또 우째 알고 왔노?

할머니: (경미 업고 / 구경꾼들 틈에서) 저기 지 애미도 가마이 있는데 우데서 아부지 사업을 망칠라 카노? 퍼뜩 이리 나오라카이!

재수: (구경하던 윤섭에게 돈 던져주는 시늉으로) 옛다, 마당쇠야. 그 돈 갖고 쟈 좀 데불고 가거라.

윤섭: 예이 마님~ (경숙 데리고 나가며) 아씨 내가 가서 맛난 곶감 줄께예.

3부: S#44

우리의 집단적 · 사회적 민속놀이에는 풍요와 안녕을 초래한다는 직접적 목적이 있고, 집단생활의 협동을 다지는 잠재적 목적이 있다. 우리 민족은 '한恨', '신神', '흥興', '멋'을 놀이에 담아, 민족의 정감적 일체감과 공동체적 협동의식을 더욱 강화해왔다. 우리의 민속놀이에서 민중적 생활 표현의 원천이며 정신적 중심원리는 '신명'이었다. 일과 놀이가 공존하는 우리의 민속놀이는 인간관계의 건강성을 회복시켜 삶을 솔직하고 풍요롭게 해주고, 사회구조의 모순을 타파하고 인간다움을 쟁취하게 하는 통로였다.[17] 재수의 장구놀이 등의 전통악기 놀이도 이러한 우리 민족의 놀이정신을 보여주는데, 예를 들어 장구와 꽹과리 등 전통악기는 당시 서민들에게 두려움과 배고픔을 물리칠 수 있게 해주는 소리였다. 전쟁 중에 만근아버지는 꽹과리로 두려워하는 사람들을 안심시켰고, 재수는 장구 소리로 아이들의 배고픔을 잊게 해주었던 것이다.

다음은 배고픈 아이들을 위해 재수가 장구 소리를 들려주며 음식을 만들어내는 '상상놀이'로, 이 드라마의 만화적인 상상력이 돋보이는 장면이다. 아이들은 재수가 만들어내는 장구 소리로 먹을거리를 상상으로 떠올리고, 상상 속에서 음식을 먹으면서 배고픔을 잊는다(영상 D-5, 6).

17 김미숙, 「남해안 별신굿의 춤에 내재된 놀이성 고찰」, 『공연문화연구』 제5집, 한국공연문화학회, 2001, 112-113쪽 참고.

〈영상 D-5〉(1회)

〈영상 D-6〉(1회)

재수: (불현듯 허리춤에서 장구채 꺼내며) 자 이기 무신 소리고? 눈 감고 잘 들어보그라이. (달래듯 살살 장구 치면)

아이들: (눈 감고 듣고)

– (인서트) 기름솥에서 자글자글 끓는 기름

경숙: 기름이 끓는대이.

재수: (계속 장구치며) 맞대이! 멀 튀겨 묵을까나?

경숙: 닭튀김!

은비: 까재미!

재수: 만근이는 안 묵나? 퍼뜩 말하그라. 기름 너무 끓으면 다 타뿐대이.

만근: 내는 밥 도!

재수: 바~압?

경/은/만: (차례로 계속) 떡도 묵고 싶다. /찌짐! / 산적! / 유과!

재수: 알았다, 알았대이. 기름 타기 전에 튀김부터 해묵고 다 맹글어 주꾸마. 자 우리 경숙이 좋아하는 닭부터 튀겨보자~ (하며 장구로 닭이 넣어진 듯 요란하게 기름 끓어오르는 소리를 내면)

상필: (덩달아 눈감고 듣고)

명랑: (열등감에 뒷골이 당겨 명랑을 뜯어 입에 털어 넣는다)

이미 명랑에 취한 아이들, 재수의 장구 소리로 재현되는 갖가지 음식들이 눈앞에

어른거리는지 눈 감은 채 벙긋거리는 얼굴 위로 떠다니는
- 기름솥에서 노랗게 튀겨지는 닭튀김
- 물에 씻기는 흰 쌀
- 가마솥에서 보글보글 뜸 드는 밥
- 토끼들이 떡방아를 찧고
- 노릇노릇 구워져 뒤집어지는 녹두전
- 칼등으로 다져지는 고기
- 기름솥에서 숟가락으로 늘려져 커다랗게 부풀어 오르는 유과

(1부: S#41)

최고의 장구재비를 꿈꾸는 재수에게 '장구'는 목숨보다 더 소중한 것이다. 그러나 가족을 잊어버리게 할 만큼 개인적인 예술혼을 의미하는 악기이지만, 장구는 민중의 화합과 평화를 지키기 위한 도구라는 큰 의미도 가지고 있다. 즉, 장구 소리는 아이들의 배고픔을 달래줄 뿐만 아니라, 부패한 관리를 비판하기도 하고, 마지막에는 남식을 구명하는 소리이기 때문이다.

특히 이 드라마는 관리들의 '풍류놀이'를 통해서 사회비판적인 목소리를 내고 있는데, 놀이를 통해서 사회 문제를 날카롭게 지적한 점은 주목할 만하다. 드라마는 바람에 흩날리는 눈꽃처럼 돈을 뿌려대는 합천군수의 '돈놀이'와 전쟁 중에 요정에 앉아서 기생들과 노는 경찰서장의 '풍류놀이'를 통해서 민중들의 배고픔에는 아랑곳하지 않는 당시 관리의 이기적인 태도뿐만 아니라 나라와 민중을 외면하는 이 시대의 지도층들을 우회적으로 비판하고 있다. 더욱이 흩날리는 눈꽃처럼 선풍기 바람에 뿌려지는 돈을 보고, 그 돈을 갖기 위해 뒤로 손이 묶인 채 벌레처럼 기는 기생들과 악사들의 모습은 돈의 노예가 되어버린 우리 인간 존재의 비천함을 그대로 보여준다.

단지에서 한 움큼 돈을 집어든 군수, 음악에 온몸을 맡긴 채 그 손을 다시 치켜든다.
명랑, 그런 군수의 손이 움직이는 대로 선풍기를 받쳐 든 채 따르고
흥이 절정에 오른 군수, 마침내 돈을 쥔 손을 펴자
선풍기 바람에 날려 방안 가득 풀풀 떠다니는 돈, 돈, 돈…
…(중략)…

군수: 자 그라믄 시작해 보까? 인자부터 재주껏, 마~음껏 가져들 가그라.

제각각 돈을 집으려 몸부림치기 시작하는 기생과 악사들.
앉은 채 뒤로 묶인 손으로, 일어서서 발로, 엎드려서 어깨와 입으로 밀고 긁어대며 어떻게든 많이 끌어 모아 집으려다 뒤로 벌러덩 넘어지고, 엎어져 코 깨고, 자빠지며 촌극을 연출하는데…

(1부: S#40)

경찰서장: (상 밑으로 기어들다시피 머리 박은 채 제지로 눈 찡긋거리고)
최 사장: 아 서장님 머하십니꺼?
두한: 뭐 경찰서장? 부산 바닥에 빨갱이 첩자가 널렸는데 서장이 한가하게 요정에서 뭐하는 거야? 불과 100여 리 전방에서는 젊은 청년들이 전쟁으로 죽어가는데, 소위 지도층이라는 것들이 주지육림에 파묻혀서 흥청망청 놀고 있어?! 또 다시 국가와 민족을 망각하고 흥청거리는 년놈은 부산 앞바다에 수장시켜버릴테니 알아서 하라!
최 사장: 흥청망청 노는 기 아이라 일 때문에….
두한: 입 닥쳐! (다시 천장에 총 쏘아대면서)

(4부: S#24)

이 외에도 이 드라마에서는 다양한 '노래들'(음악)이 등장하는데, 놀이의 영역 속에 있는 음악은[18] 드라마의 분위기를 경쾌하게 만들어주는

---

18 호이징가는 음악을 놀이의 영역 안에서 설명하고 있다. "음악의 구성은 처음부터 놀이의

효과를 가져온다. 예를 들어서, 할머니의 신세타령은 캐릭터의 특성과 서글픈 가사, 코믹한 음조가 부조화를 이루면서 희극성을 드러내는 요소로 등장했고, 경숙이와 아이들이 인민군학교에서 부르는 노래는 경숙가족들이 교회에서 찬송가를 부르는 다음 장면과 교묘하게 연결되면서 소시민적인 삶의 아이러니를 보여주었다.

할머니: (돌아앉으며 다시 타령으로) 하이고 하이고 앓느니 죽지, 앞일이 캄캄하이 심청애비 눈깔이대이~ 일정 때도 이카고는 안 살았구마~ 친에미 아이라꼬 이래 천대를 하이, 어데 서러버 살겠나~~

(1부: S#13)

경숙/일동: (노래하는) 장백산 줄기줄기 피어린 자욱~ 압록강 굽이굽이 피어린 자욱~ 오늘도 자유조선 꽃다발 위에 역력히 비쳐주는 거룩한 자욱~

(2부: S#14)

일동: (찬송하는) 나 같은 죄인 살리신 그 은혜 놀라워~ 잃었던 생명 찾았고, 광명을 얻었네.

(2부: S#28)

그리고 이러한 놀이들을 가장 효과적으로 살려준 요소는 '배경음악'이라고 할 수 있다. 이 드라마의 내용은 사실 슬프고 아픈 가족 이야기이지만, 배경음악은 이런 내용을 경쾌한 놀이로 바꿔놓는다. 죽음이 널려있는 피난길에서도 구슬픈 멜로디의 '눈물 젖은 두만강'을 경쾌한 멜로디로 만들어버리고, 상황과는 전혀 어울리지 않는 밝고 장난스런

형식적인 특성과 같다. 시간과 공간의 엄격한 제한 속에서 행위는 시작되고 끝이 난다. 그리고 그것은 반복되며 질서, 리듬, 변화를 이루면서 청중과 연주자를 '일상'의 생활에서 벗어나 희열과 기쁨의 세계로 이끈다." J. 호이징가, 앞의 책, 62쪽.

음악은 드라마의 분위기를 즐겁고 유쾌하게 만든다. 이 외에 '만화적인 영상'도 텍스트 속 놀이 요소들을 효과적으로 부각시키는 역할을 한다. 예를 들어서, 씨름대회에 참가하는 만근이를 위해 찐빵을 먹이는 장면에서 찐빵을 우스꽝스럽게 클로즈업시키고 인물들을 상대적으로 작게 비추거나, 인물들의 얼굴을 로우 앵글로 찍거나 또는 비사실적인 구도로 인물과 대상을 보여줌으로써, 만화와도 같은 효과를 불러일으켜 드라마의 '놀이성'을 강조하는 식 등이다(영상 D-7~10).

〈영상 D-7〉(1회)

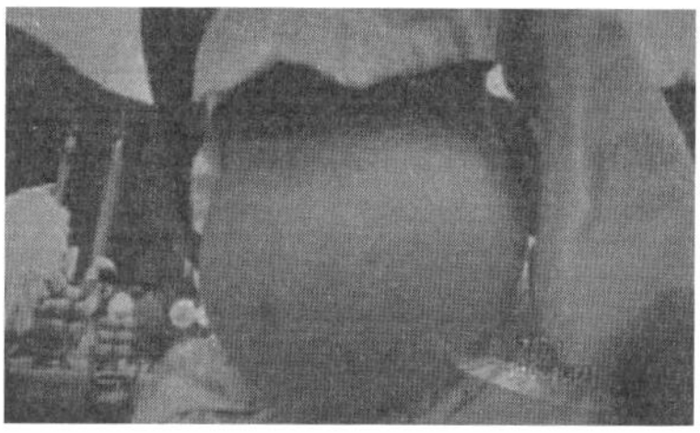

〈영상 D-8〉(3회)

〈영상 D-9〉(3회)

〈영상 D-10〉(1회)

2) 놀이의 구조

호이징가는 놀이의 기본 형식이 '경쟁'이라고 보았다. 인간이 느끼는 재미란 어떤 것을 위해 경쟁하는 재미이거나 또는 어떠한 것을 표현하는 재미인데, 이러한 표현 행위 속에는 타인으로부터 찬미받으려는 계산이 깔려 있다는 것이다. 따라서 표현도 역시 비교 혹은 경쟁을 암묵적으로 내포하게 된다. 카이와도 놀이를 그 수행 원리에 따라 네가지로 범주화하면서 '경쟁competition' 속에서 자신의 능력으로 승리를 얻고자 하는 야심, 즉 '아곤Agon'을 놀이의 첫째 요소로 꼽았다.

이 드라마는 경쟁놀이를 이야기 전개 형식으로 삼았다. 경쟁놀이는 작품의 분위기를 리듬감 있게 해줄 뿐 아니라, 극적인 사건이 배제된 드라마 내용에 시청자들이 몰입할 수 있도록 만들어준다. 사실 놀이의 중요한 특징이 웃음과 재미 추구이기 때문에, 놀이자들은 웃음과 재미를 더욱 효과적으로 일으키기 위해 '경쟁'을 하게 된다. 하지만 이 드라마에서 경쟁은 승리를 향한 놀이임에도 불구하고, 승리 또는 파멸이라는 극단의 결과에 집착하는 놀이가 아닌, '화합'을 유도하는 경쟁놀이이다.

전체적으로는 인물들 사이에서 벌어지는 다양한 경쟁과 더불어 이데올로기 역시 경쟁놀이로 희화한 면이 보인다. 우선, '경숙과 재수', '재수와 남식'의 대립과 갈등이 드라마의 전체적인 구조를 경쟁놀이로 만든다. 또한 '경숙과 윤섭', '경숙모와 경숙할머니', '경숙과 화자' 등 일상에서 만나는 여러 사람들과 자연스럽게 경쟁을 벌이는 구조로 작품이 이루어져 있다. 그리고 등장인물들뿐만 아니라, 북한과 남한의 전쟁 역시 일종의 경쟁놀이로 접근한 점도 흥미롭다. 따라서 '이북 사람과 남한 사람', '빨갱이(공산주의자)와 자유주의자' 등 이데올로기의 대립은 가벼운 경쟁놀이로 전개되며, 극의 흥미를 이끈다.

그러면 이 드라마에서 주된 경쟁을 펼치는 경숙과 경숙아버지 그리고 남식과의 경쟁놀이부터 살펴보도록 하자. 부산에 있는 아버지를 찾아가겠다며 가출한 경숙에게 기차역에서 만난 마담은 재수에 대해 이렇게 설명한다.

> 니 아부지는 원래 바람처럼 물처럼 떠도는 사람인기라. 나무처럼 한 군데 뿌리박고는 몬 사는 위인이재. 니 어매도 몬 잡는 걸 니가 무슨 수로 잡을끼고?
>
> (4부: S#11)

재수는 방랑기를 가진 예술가로서, 한마디로 디오니소스적인 인물이라고 할 수 있다. 아버지의 역할을 하지 않는 아버지와 아버지의 사랑을 그리워하는 경숙이의 갈등과 대립은 뚜렷한 경쟁의식을 가지고 경쟁을 벌이는 쪽으로는 전개되지 않지만, 그들의 관계는 일상 속에서 팽팽히 대립하고 충돌하면서 흥미로운 경쟁놀이를 만들어낸다. 예를 들어, 경숙이가 회춘옥으로 재수를 찾아가면 재수는 도망가고(영상 D-11), 다음에는 아버지를 망신시킨 일로 경숙이가 도망을 가는 식으로(영상 D-12 · 13), 대립과 갈등이 경쟁놀이로 전개된다.

> **재수:** 이 가스나 (새삼 열나 허리춤에 꽂아둔 궁글채 뽑아들고 경숙 쫓으며) 내 오늘 이 년을 고마 쌔리 팍 요절을 내뿌끼다.
>
> **경숙:** (평상을 사이에 두고 빙빙 돌며) 그거로 맞으믄 내는 죽는다.
>
> 재수와 경숙, 쫓고 쫓기며
>
> **재수:** 저노무 가시나, 어데 다 된 밥에 코를 빠뜨리노? 니 거 안 서나?

경숙: 경미가 그 여시 딸이가 아이가? 그거만 말해라.

재수: 니 어매 한겨울에 아 낳는다꼬, 내가 군불 때느라 허리가 휬는데, 가시나가 뭐라 카노?

경숙: 그라믄 그 여시가 와 지 딸이라 카노?

재수: 니가 몬되게 구이끼네 놀리묵을라 그런 거 아이가. 거 몬 서나?

경숙: 아이믄 됐다! 와 자꾸 쫒아오노? 고마 쫒아와라.

재수: 됐기는 뭐가 됐노 이 가스나야. 니 땜에 손해가 얼만 중 아나? 거 몬 서나?!(신발 집어 던지고)

(3부: S#30)

〈영상 D-11〉(3회)

〈영상 D-12〉(3회)

〈영상 D-13〉(3회)

경쟁 구조가 더욱 뚜렷하게 나타나는 인물들은 재수와 남식과의 관계이다. 남식은 재수가 국밥값을 떼어 먹자 재수를 쫓고, 다음에는 감춰뒀던 거금을 재수가 훔쳐가자 재수를 쫓아 경숙이의 집에 들어가게 된다. 재수는 국밥값을 갚지 않기 위해, 다음에는 거금을 갚지 않기 위해 잔꾀를 쓰며 남식을 약 올린다.

재수는 끊임없이 도망가고, 남식은 그런 재수를 쫓아다니지만, 승리는 오히려 남식이 차지하게 된다. 즉, 남식이 경숙모와 가족들을 차지하게 되며, 결국 '낙동강 조절구' 재수는 '낙동강 오리알 신세'가 된다. 사실 재수는 자신의 장구 소리를 위해서 남의 거금을 떼어먹고 가족을 버리는, 즉 주변과 불화를 일삼는 인물이지만, 남식은 주위사람들과 안정적인 화합을 추구하는 인물이다. 따라서 재수와 남식의 경쟁은 거침없는 정열의 상징인 디오니소스적 인물과 안정과 조화를 상징하는 아폴론적 인물과의 대립과 경쟁으로 흥미롭게 다가온다.

다음의 장면들에서 보듯이, 2, 3부에서 남식은 재수를 쫓고, 재수는 그런 남식을 골탕 먹이는 구조로 진행되지만, 4부에서는 오히려 재수가 남식을 쫓아 그가 차지하고 있는 경숙이네 식구들을 다시 찾으려는 이야기 구조이다.

지붕 위를 쳐다보며 개 으르렁거리고
외양간 벽에 기대놓은 사다리 끝에 엉거주춤 선 재수

재수:	저리 가, 저리! 저놈의 똥개 새끼. 니 내한테 무슨 억하심정이 있어가 이라노? 당장 몬 꺼지나?
남식:	(밑에서 씩씩) 남의 돈이나 훔쳐 먹고 사니까 개도 우습게 보는 거라고요. 도망치면 내가 못 찾을 줄 알았어요? 어림도 없지. 내 돈 어떻게 할 거에요?
재수:	지금 돈이 문제가? 쟈 좀 어떻게 치아바라.
남식:	누구 좋으라구. (개에게) 야 가서 물어, 물어.

(3부: S#1)

크고 작은 빈 술병들 상 옆에 세워져 있고
이미 만취 상태지만 애써 눈 부릅뜨고 서로 노려보며 대작 중인 재수와 남식.
제각각 잔 비우고, 탁 소리 나게 잔 놓으면
중간에 앉은 화자, 한숨으로 이쪽저쪽 술 따라주고
다시 질세라 잔 비우는 재수와 남식

화자: (다시 빈잔 채워주며) 내 술 따르기 이래 바쁘기는 머리털 나고 처음 이대이. 고마 천천히들 드이소. 차라리 한 대씩 패뿌리고 말재…

남식/재수: (질세라 잔 비우고)

화자: 뒷간도 안 가고 싶은교? 오줌보 터지겠구마.

…(중략)…

남식: (혀 꼬여) 아니 왜 내가 안방을 내줘요. 여기가 누구 집인데.

재수: (술잔 탁 놓고) 저 여자는 내 마누라거든!

경숙모: (뭔 꿍꿍인가 보고)

남식: 하하 (같잖다는 듯 웃고) 야 조절구! 어디 와서 어깃장야? 여자까지 달고 나타나서 그게 말이나 된다고 생각해? 너어, 자격 없어~어!

재수: 내가 두 여자를 옆구리 끼고 깨춤을 추든 말든 니가 관여할 일이 아니거든. 니만 빠지믄 싹 다 정리될 테이까네 콩나라 팥나라 하지 말그라.

(4부: S#31)

또한 영상들도 재수와 남식을 중심으로 경쟁놀이를 부각시키는 편집을 하고 있는데, S#40에서는 풍물소리가 계속되는 가운데 대조적인 분위기의 영상들이 다음과 같이 나열된다. S#40-1은 감나무 밑에서 남식과 경숙모가 감을 따면서 서로 애뜻한 정을 느끼는 영상, S#40-2는 재수와 풍물패들의 놀이 영상, S#40-3은 남식과 경숙모가 흔들리는 소달구지 뒤에 나란히 걸터앉아 박장대소하며 즐거워하는 영상, S#40-4은 재수의 풍물패 놀이 영상이다. 이 영상들은 재수가 장구 소리에 빠져 있을 때, 남식이 서서히 승리해가는 과정을 보여준다.

경숙과 윤섭의 경쟁놀이도 흥미롭다. 1부에서 윤섭은 씨름에서 똥을 싸 천하장사를 놓친 만근이와 경숙이를 놀리고, 경숙은 장구를 배우고 싶어 하는 윤섭에게 재수가 가르쳐주지 못하도록 하겠다고 놀린다. 경숙이 때문에 다쳤다는 것을 핑계로 윤섭이는 경숙이에게 연필 심부름을 시킨다. 연필을 색깔별로 바꿔오라며 골탕을 먹이는 윤섭이와 지지 않으려는 경숙이의 모습을 통해서 천진난만한 아이들의 경쟁놀이를 볼 수 있다.

경숙과 화자의 경쟁놀이도 유머스럽다. 화자는 경숙이가 자신을 못마땅하게 여기고 미워하자, 경숙이의 동생 경미가 사실은 자신의 딸이라고 속이며 경숙이를 골탕 먹인다. 이에 경숙이는 굿판이 벌어질 때 화자의 치마 속에 나뭇가지를 뱀처럼 밀어 넣어 화자를 골탕 먹인다.

경숙: 그래 길 잘 알믄 혼자 가이소.(씩씩 앞서고)

화자: 조기 진짜… (때리는 시늉으로) 칵 쌔리뿔라.

경숙: (홱 쏘아보면)

화자: (딴청으로) 하이고 얼라가 누를 닮아 그래 순하노. 뒤꽁무이 매달려가 가니라꼬 니가 고생이다.

경숙: 건들지 마이소. 아 울믄 대신 업고 갈랍니꺼?

화자: 내가 미쳤나? (하다 장난기 발동해) 몬 업을 거도 엄재. 야가 누구 딸인데.

경숙: 누구 딸은 누구 딸인교. 우리 어무이 아부지 딸이재.

화자: (짐짓 심각하게) 니 그거 아나? 경미 야가 우예 태어났는지?

경숙: (내심 불길) ?

(3부: S#28)

팔짱을 끼고 서서 구경하는 화자 뒤로 살금살금 다가간 경숙, 뱀처럼 슬금슬금 나뭇가지를 치마 속으로 밀어 넣으면

화자: (사발 깨지는 소리로) 오마야 이기 뭐꼬?!
… (중략) …

붉으락푸르락 구경꾼들 틈에서 빠져나온 화자, 둘러보면
메롱 하며 달아나던 경숙, 제풀에 고꾸라지고
고소해 까르르 웃는 화자.

(3부: S#41)

'속이기'는 경쟁놀이에서 나타나는 특징이다. 경숙이는 엄마의 심부름으로 회춘옥에 가서 마담에게 아버지가 아프다는 핑계로 돈을 가불해달라고 부탁한다. 재수가 회춘옥에 있는데, 이를 알지 못한 경숙이는 천연덕스럽게 아버지가 아파서 집에 누워 있다는 거짓말을 마담에게 한다. 이런 경숙이의 행동에 마담과 기생들도 경쟁놀이처럼 대응한다. 이러한 속이기 놀이는 경숙이네 가족들이 재수를 찾아온 남식을 따돌리기 위해 단체로 거짓말을 하는 모습에서도 드러난다.

하지만 이 모든 경쟁의 끝은 '화합'이다. 아버지와 딸은 결코 완전하게 대립할 수 없는 관계이듯이, 일상에서 펼쳐지는 모든 인물들과의 관계는 '화합'으로 귀결된다. 이는 '놀이'이기에 가능한 일이다.

사실 등장인물들도 평범한 악의가 없는 인물들이다. 따라서 재수는 국밥값을 떼어먹지만, 그냥 도망치지 않고 남식에게 고맙다는 말을 한다. 또한 장구를 배우기 위해 남식의 거금을 훔쳐서 신장구에게 다 갖다 바치지만, 재수는 자신의 집주소를 남식에게 감추지는 않는다. 남식이도 살려달라고 애원한 적군이 죽자 손수 그를 묻어주고, 재수가 돈을 훔쳐갔어도 재수의 가족들을 돌봐준다. 특히 재수는 남식에게 아내와 가족들을 다 빼앗겼지만, 빨갱이의 누명을 쓴 남식을 구하기 위해 장구를 들고 나선다. 다음과 같은 재수의 말은 이 드라마의 의도를 가장 잘 보여주는 말이다.

> 사람이 어려븐 일을 당했을 때는 싸우다가도 돕는 기 인지상정인 기라.

이렇듯 일반적인 대립 구조에서는 승리와 실패라는 분명한 경쟁의 결과가 드러나지만, TV드라마 〈경숙이 경숙아버지〉의 경쟁 구조에서는 승리와 실패를 초월한 '화합'이라는 새로운 결과가 탄생된다. 이러한 화합은 놀이로서의 최고의 미덕이라고 할 수 있다.

3) 놀이에 나타난 언어

인간을 놀이 동물이라고 할 때, 인간에게 가장 실존적이고 존재론적인 놀이는 바로 언어놀이일 것이다. 인간은 단 하루도 언어놀이를 하지 않고서는 살아갈 수 없기 때문이다. 더욱이 로고스를 가진 동물인 인간에게 언어놀이는 그 어떤 놀이보다도 가장 인간적인 놀이, 즉 오로지 인간만이 할 수 있는 놀이이다.[19]

TV드라마 〈경숙이 경숙아버지〉에서는 경쟁놀이를 그 구조로 삼고 있기 때문에, 웃음과 재미를 효과적으로 일으키기 위해 상대방을 공격하는 언어가 주로 사용된다. '공격'은 주로 갈등 관계에 있는 인물들 사이에서 사용된다. 따라서 경쟁자들은 상대의 약점을 들춰내고, 공격하

---

19 이기언, 「언어 존재에 대한 해석학적 성찰」, 『프랑스어문교육』 제27집, 한국프랑스어문교육학회, 2008, 424쪽.

여 승리를 얻고자 한다. 이 드라마에서 등장인물들은 경쟁을 하듯 서로 조롱하고 비웃고, 장난스런 욕설을 한다. 마치 탁구놀이를 하듯이 서로 주거니 받거니 하며 상대를 이기기 위해 말놀이를 한다. 이런 말놀이는 어떤 극적인 갈등을 일으키게 하거나 복선을 제공하는, 즉 사건 전개를 위한 언어가 아니라, 그저 말장난에 불과한 언어이다.

우선, 일종의 말다툼 놀이로, 다음과 같이 공격을 하기 위해 상대를 깔보면서 놀리는 '조롱'이 텍스트에 자주 반복된다.

재수: 내는 또… (꼬듯) 그놈의 손바닥 억수로 크대이. 그라믄 근무시간에 일 안 하고 와 돌아댕기노? 면서기 좋네. 내도 한 자리 주그라.

명랑: 면서기는 아무나 한다 카드노? 오강 타고 앉아 이응 자도 모르는 놈이.

재수: (꼬여) 장구재비가 그거는 알아서 머 할낀데. 글 마이 읽은 놈 치고 똥창 안 무건 놈 있는 중 아나. (순간 선장구 치듯 날 듯이 돌아 보이고) 장구는 몸이 날아야지 그래가 못 친대이. 면서기 하는 누구처럼.

(1부: S#25)

재수: 옷 꼴이 이기 뭐꼬? 걸배이를 줘도 안 입겠구마. 이거 입고 어디 뽀대가 나겠나?

남식: (군복 착착 접으며) 목숨이 왔다 갔다 하게 생긴 판국에….

재수: 그래도 내는 뽀대가 중요하거덩.

남식: 그런 사람이 국밥값을 등쳐먹어요? 돈이 없으면 먹지를 말지.

재수: 그노마 참 찔기네. 가스나도 아이고 어디 시그러버 살겠나. 고마 엥가이 하자, 삼팔아.

남식: 아 그 삼팔이 소리 좀 하지 마요.

재수: 그라마 머라꼬 부르까? 삼팔이믄… 한끝이구마. 한끝이라 캐주까?

(2부: S#12)

또한 말다툼을 유발하지는 않지만 빈정거리는 비웃음도 텍스트에 가득하다. 2부 S#17에서 칠흑같이 어두운 전방을 향해 총을 겨누고 있는 상황에서 재수는 반 혼잣말로 "우리 어무이 말씀대로 앞일이 깜깜하기가 심청애비 눈깔이구마. 눈앞도 깜깜하고…"라고 말하다가 남식을 돌아보며 "옆에 놈은 더 깜깜하고….."라고 빈정거린다. 또한 3부 S#24에서 경숙이 할머니가 아들 재수에게 "잔대가리 굴리는 거 보믄 벌써 고래등 같은 기와집을 샀어도 샀을 낀데… 금가락지 잊으마 안된대이." 라고 비웃자, 재수는 "아따 귀에 금딱지 앉겠네."라고 빈정댄다. 4부 S#28에서 경숙은 "아부지가 멀 잘했다꼬? 아부지 둘, 어무이 둘, 헷갈리 죽겠다 내는!"이라며 그들을 비웃는다.

다음은 명랑이 재수의 처지를 '낙동강 오리알'로 비유하며 놀리는 장면으로, 빈정거림을 언어놀이로 재밌게 만든 예이다.

재수: 풍신하곤… 게우 야반도주한 기 내 손바닥 안이가?

명랑: (빈정) 만주 가신다믄서? 먼 상관? 니가 암만 잘난 척캐도, 낙동강 조절구 낙동강 오리알 된 기라.

화자, 때마침 대접 들고 들어오며

화자: 오리알 좀 드셔보이소. 귀한 깁니더.

명랑: 오리알? (고소해 포복절도하며) 저래 센스 있는 아가씬 중 내 몰랐대이.

재수: (무안해 퉁) 술안주에 뭔 오리알이고?

화자: (뚱) 오리알이 머 잘몬됐십니꺼?

명랑: 야 신세가 지금 딱 낙동강 오리알인 기라. (놀리듯) 니 마누라하고 아~들 우예 사는지 안 궁금하나?

(4부: S#13)

그 외에도 공격의 말놀이로 '욕설'도 사용된다. 피난길에 나선 가족들은 다음과 같이 재수를 욕하는데, 욕설은 경상도 사투리와 어울려 웃음을 유발하는 장치가 된다.

할머니: 에미도 내삐리는 빌어묵을 자슥!
경숙모: 이참에 서방 죽었다 치믄 그뿐이다!
경숙: 어데 가서 내 아부지라 카기만 해봐라!
할머니: 천하의 시러배 아들놈!
경숙모: 천하의 문디자슥!
경숙: 천하의 오사리잡탕!
경숙모/할머니: (돌아보며 동시에) 어데!!!

(2부: S#1)

사실, 이 텍스트에서 나타나는 가장 흔한 언어놀이는 '유머'이다. 남을 웃기는 말이나 행동을 뜻하는 유머는 "인지認知적이며 정의情意적인 경험에 바탕하여 자극을 인지하고 이를 정서적으로 표현하는 능력이며, 상황의 부조화不調化를 이해하고 수용할 수 있는 능력"[20]을 의미한다. 유머는 사람들이 저지르기 쉬운 실수와 이탈을 그 생성 기반으로 하기 때문에, 듣는 사람을 즐겁게 한다. 특히 유머는 관련이 없을 것 같은 사건과 사물, 인물 등을 연관 조합시킴으로써 그 대상을 여러 가지 측면에서 새롭고 여유롭게 바라보게 한다. 따라서 유머는 창의성의 발현이라고 할 수 있다. 그리고 유머는 삶의 모순과 고통 속에서 사람들을 위로하고 카타르시스를 느끼게 한다. 또한 비판 기능도 가지고 있기 때문에, 간접적인 비판을 통해 변화를 이끌어내기도 한다. 그리고 유머

20 황명숙, 「유머감각과 스트레스 대처양식과의 관계」, 『교육연구』 제10호, 원광대학교 교육문제연구소, 1992, 146쪽.

는 친근감을 느끼게 하여 사람들의 결속력을 증진시키고, 설득 기능과 심리적인 건강을 강화시키는 기능도 가지고 있다.

따라서 유머가 웃음을 유발하는 언어놀이로 텍스트 곳곳에서 사용됨으로써, 등장인물들이 고달픈 삶을 긍정적으로 이겨내는 모습을 보여준다. 예를 들어, 경숙모는 감자를 경숙의 입에 넣어주며 "닭다리라 생각하고 묵으라."라고 말한다. 이에 경숙이는 "이 닭은 우째 뼈가 엄따."라고 대답하고 경숙모는 "에미가 다 발라냈다."라고 유머스럽게 말을 잇는다. 또한 피난을 가지 못한 채, 만근네의 죽은 소를 삶아 먹으면서 경숙모는 "으메 꼬시라~ 늙어서 벨 맛없을 중 알았디 맹색이 그래도 소라꼬 이름값 하네예."라며 유머를 사용한다. 전쟁이라는 시대의 고난과 가장의 역할을 하지 않는 남편 그리고 궁핍한 살림은 그녀의 삶을 비참하게 만들 수도 있지만, 그녀는 자신의 현실을 유머로 웃어넘긴다.

이러한 유머와 더불어 대구어법을 사용한 말장난도 주목할 만하다. 대구는 '단어나 음절 혹은 리듬의 반복에 바탕을 둔 대립'[21]의 수사법이기 때문에, 본질적으로 언어놀이의 성격이 강한 기법이다.

할머니: 니는 여직도 니 딸을 그래 모르나? 어른 찜 쪄 묵을 아다 쟈가.

경숙: 닭찜 묵고 싶다.

할머니: 내도.

경숙: 내는 백숙도 좋다.

할머니: 내도.

경숙: 닭강정도 맛있다 카던데….

(1부: S#13)

---

21 올리베에 르불, 『수사학』, 박인철 역, 한길사, 2001, 79쪽.

경찰서장: (다급히 잡으며) 최 사장, 와 이라노? 내 좀 봐도!

최 사장: (손 마주잡으며) 행님이 내 좀 봐도!

(4부: S#47)

특히 다음과 같이 '빽' 없는 이의 서러움을 죽음과 연결시킨 말장난을 통해서 작가는 그 당시의 현실을 날카롭게 비판하기도 한다.

군인 3: 아프지예. 그케도 어디 빽 엄써서 집에 기별도 몬하고 사지로 끌려온 설움만 하겠는교. 돈 있고 빽 있는 놈덜은 다 후방으로 빠지삘고, 암거도 없는 놈들만 이래 개죽음 당하는 기라예. 오죽하믄 죽을 때도 어무이! 하고 죽는 기 아이라, 빽- 하고 죽는다 아입니(하다 갑자기 날아온 총탄을 맞고 모로 쓰러진다) 빽-!

(2부: S#17)

아이들의 철없는 행동과 언어에도 말장난의 요소가 다분하다. 경숙이는 잃어버린 메리(개) 때문에 최 사장에게 혼이 나자, 〈우리의 맹세〉라는 당시의 반공구호를 "우리는 대한민국의 아들 딸, 주검으로써 '메리'를 지키자. 둘째, 우리는 강철같이 단결하여 '최 사장'을 쳐부수자. 셋째, 우리는 백두산 영봉에 태극기 날리고 '메리'를 완수하자."라고 우스꽝스럽게 바꿔놓는다. 특히 최 사장네 집이 불타버렸으면 좋겠다는 생각으로 다음과 같이 '불나라' 주문을 외우는 아이들의 말에는 아이들만의 천진난만한 놀이성이 그대로 드러난다.

은비: 오빠야 언니야 내 따라해바라. (윤섭이네를 향해 양손에 기를 모아 보내며 주문을 외듯) 불나라~ 불나라~ 불나서 홀랑 타뿌라~ (반복해 주문 외고)

만근: (같이 따라하는) 불나라~ 불나라~ 불나서 홀랑 따뿌라~

경숙: (긴가민가 아이들과 윤섭네를 번갈아보고)

만근/은비: (계속) 불나라~ 불나라~ 불나서 홀랑 집이 따뿌라~

(3부: S#10)

사실 악센트가 강한 경상도 사투리는 이러한 언어놀이를 강화시키는 장치가 된다. 경상도 사투리는 강한 억양에 음절이 짧아서 우스꽝스러운 느낌을 자아내며, 꺾임이 강한 운율로 인해 음악적인 효과가 난다. 그리고 경상도 사투리는 가부장적이면서 남성 중심적인 분위기를 전달하는 데 적합하기 때문에, 가부장적인 아버지가 어린 딸 경숙이에게 당하는 모습은 묘한 아이러니를 만들어내어 웃음을 유발시킨다.

또한 드라마의 몰입을 방해하기 위해서 대상이나 상황을 객관적인 거리를 두고 바라보게 하여 웃음을 유발시키는 '거리 두기' 방식도 언어놀이를 확장하는 효과가 있다. 농담이나 유머도 이러한 '거리 두기'의 한 방법으로 사용된다. 극적인 상황에서 유머와 농담은 심각한 상황에 몰입하지 못하게 만들 수 있는데, 이 드라마에서는 등장인물들의 황당한 여러 언행을 통해서 극의 긴장감을 깨뜨려버린다. 특히 드라마 속 현실과 전혀 어울리지 않는 경쾌한 음악도 이러한 '거리 두기'가 가능하도록 분위기를 조성한다.

예를 들어서, 야반도주를 한 남식과 경숙네 가족들 앞에 재수가 다시 나타나 신경전을 벌일 때, 화자는 지루해하며 "내가 여를 와 따라왔던고…."라고 하품을 하며 말하면서 극적 긴장을 깬다. 그리고 계속해서 재수와 남식이 팽팽하게 맞설 때, 경숙이가 나타나 "내 말 안 들리나?!"라며 주위를 환기시켜 분위기를 분산시키고, 그들의 말싸움에 화자가 "듣는 가스나 억수로 기분 나쁘네."라며 다시 긴장을 풀어버린다.

남식: 벌~써 배 떠나갔거든. 애도 생긴 마당에 이제와서 뭘 어쩌겠다고… 당신 안 그런 줄 알았는데 참 답답해.

재수: 얼라가 생겼으이 내가 온 기재.

화자: (지루해 몸 뒤틀며 하품으로) 내가 여를 와 따라왔던고…

…(중략)…

재수: 야가 답답한 소리 하네. 내 마누라가 애를 가졌는데 그기 우째 니 아고? (경숙모에게) 안 그러나?

경숙: (꽥) 내 말 안들리나?!

경숙모: (신경 곤두서 경숙에게 꽥) 아 좀 조용히 하그라!

재수: 아 참 잊아뿔 뻔했네. (앞섶에서 종이 꺼내며) 내가 이름을 딱 지어왔다 아이가. (씩씩 나가는 경숙 보이며) 끌어쥘 경, 복 복, 복을 콱 끌어 쥐고 살라꼬 경복이라 지은기라. 우떠노? 직이재?

경숙모: (날카롭게) 우물에서 숭늉 찾겠구마. 사낸지 가스난지 우찌 알고!

재수: (선심 쓰듯 남식에게) 가스나믄 마, 니 얼라 해라. 둘도 적어가 또 보탤 기 머 있노.

화자: 듣는 가스나 억수로 기분 나쁘네.

(4부: S#31)

그 외에도 다음과 같이 등장인물의 엉뚱하고 황당한 언행이 긴장된 분위기를 깨뜨려버린다. 식사 중에 재수와 남식이 고기반찬으로 기싸움을 벌이자, 가족들은 남식이만 챙긴다. 따라서 재수는 갑자기 부엌에 들어가 칼을 들고 나온다. 하지만 '장닭 날개 잡고 끈을 내리치는' 엉뚱한 행동과 "이거 잡으믄 국물도 엄대이."라는 유머를 통해서 재수는 심각한 갈등 상황을 순간적으로 우스꽝스럽게 만들어버린다.

할머니: 그라이 사람은 펭소에 잘해야 하는 기라. 언제 무슨 일을 당할지 모르는 기거든. (마당으로 난 문 열고 들으라는 듯 소리 높여) 누구 맨쿠로 마 대문만 나서믄 함흥차사, 가락지도 함흥차사. (하다 놀라) 야 니 와 그라노?

보면, 어느새 들고 나온 식칼을 세워든 채 눈 내리깔고 째리는 재수.

일동: (역시 놀라 헉! 남식은 사레 걸리고)

할머니: 야야 고기 몇 점에 피 볼 일은 아이재. 그래 서운했나?

재수: (보란 듯이 장닭 날개 잡고 끈 내리치고)

할머니: 저 문디자슥 저거, 애미 놀래키가 자빠뜨릴 일 있나?

재수: 이거 잡으믄 (손에 든 칼로 일동 훑으며) 국물도 엄대이.

경숙모: (고기 뜯으며) 닭고기를 쇠고기에 댈 일이가. 그라고 산모는 원래 닭고기는 안 묵심더. 얼라 닭살 된다꼬.

(4부: S#37)

이렇듯 등장인물들의 대화에 나타난 '거리 두기' 방식은 작품을 더욱 코믹한 분위기로 만들며, 텍스트의 놀이성을 부각시키는 효과를 가져 온다.

4) 놀이정신

이 드라마에서 일상은 모두에게 힘겨운 삶이다. 예술혼의 자유를 억압하는 가족과 경제고(재수), 남편의 부재와 생활고(경숙모), 아버지의 부재(경숙), 친모가 아니기 때문에 늘 쫓겨날 수 있다는 불안감(경숙할머니) 등 모두에게 현실은 고달플 수밖에 없다. 이때 '놀이정신'은 이러한 고달픈 일상과 삶을 이겨낼 수 있는 힘으로 작용한다. 사실 태초부터 모든 현상 속에 인간과 함께 존재해왔던 놀이는 우리 민족에게 위로를 받을 수 있는 가장 가까운 방법이었다.

이 드라마에서 보인 굿놀이는 당시 서민들이 어떻게 현실을 극복해나갔는지를 보여주는 전통놀이로, 우리 민족의 놀이정신과 세계관을 엿볼 수 있다. 민중의 고통과 한恨 속에서 발전된 우리의 굿놀이는 인간 내면적인 자아와의 정신적이고 '실존적 조화'라는 차원에서 놀이를 펼치는 '부조리극'과는 달리 인간 상호 간의 관계에 있어서의 '사회적인 조화' 차원에서 놀이를 펼친다.[22] 따라서 한국 굿놀이는 혼란이나 허무 본래의 느낌으로 놀이가 끝나지 않는다. 특히 굿놀이의 웃음은 삶의 부조리를 처절하게 인식하면서도 이는 불완전한 인간이 결코 해결할 수 없는 인간 능력 밖의 일이라는 사실을 깨닫고, 한판의 놀이에 불과한 인생을 놀이로 잊어버리고자 하는 용기와 체념에서 나온 것이다. 굿놀이의 웃음에는 삶을 유지하기 위해 모두를 하나로 뭉칠 수 있도록 하는 쾌활함 · 기지 · 용기 등이 담겨 있다.[23]

따라서 이 드라마에서 재수는 가장 힘든 상황이었을 때, 장구를 들고 거리로 나간다. 빨갱이로 억울하게 몰린 남식의 구명을 위해서, 자신의 가족들을 위해서, 또한 공장사람들의 생활과 화합을 위해서 장구를 두드리며 신명 나는 놀이로 이 상황을 이겨나가고자 한다(영상 D-14).

〈영상D-14〉(4회)

22 김영미, 「오태석 희곡의 놀이성에 관한 연구」, 조선대학교 대학원 석사학위논문, 2001, 21쪽.

23 다니엘 A. 키스터, 『무속극과 부조리극』, 서강대학교 출판부, 1986, 237쪽.

장구를 메고 트럭 앞을 막고 떡 하니 버티고 선 재수, 씩- 웃고
돌연 선장구를 치기 시작한다.
열받은 운전수, 비켜 가기 위해 이리저리 트럭 머리를 틀면
재수, 그때마다 장구 치며 길을 막아서는 모양새가 우스꽝스럽다.
어리둥절 지켜보던 일동, 와~ 웃고
…(중략)…

경숙: (머리 쥐어박고, 운전석 지붕 위로 목 빼고) 아부지 멋째이~! 울아부지 최고대이!

재수: (호응하듯 신나게 장구 두들기고)

일동: (덩달아) 낙동강 조절구 멋째이~ / 잘한대이~

경찰 1: (열받아서) 머하노? 칵 밀어삐라!

운전수: (위협적으로 부릉부릉 가속 올리며 다가가는데)

재수: (아랑곳없이 선장구 치고)

일동: (초조하게 지켜보고)

할머니: 아이구 재수야, 비키래이! 니 그카다 죽는대이.

때마침 요란한 풍물 소리를 앞세우고 나타나는 상필을 필두로 한 풍물패들.

상필: 재수야~ 오늘 신바람 나게 놀아보재이!

풍물패들 재수와 함께 어우러져 트럭 앞에 진을 치며 풍물을 울리며 돌고
경찰들 당황한 틈을 타 트럭에서 우르르 뛰어내린 사람들, 풍물패 뒤를 따라 신나게 어깨춤 추며 돌고

(4부: S#46)

이러한 재수의 장구놀이는 풍물패를 불러들이고, 사람들 모두가 화합하는 장을 만들어낸다. 드라마는 이 장면을 통해서 우리 민족의 '놀이정신'을 그대로 보여준다.

TV드라마 〈경숙이 경숙아버지〉는 우리의 삶 자체가 놀이판이라고 말한다. 저 세상의 시간에서 잠시 벗어나, 특별한 이 세상에 놀러와서 유쾌하게 경쟁하며 놀다가 본향인 저 세상으로 떠난다는 것이다. 그래서 이 세상은 놀이자인 우리들이 지켜야 하는 규칙이 있고, 이런 것을 깨뜨렸을 경우에는 놀이터로부터 쫓겨나게 된다. 그런 의미에서 재수는 이런 규칙을 너무 늦게 깨달았다고 할 수 있다. 아버지로서 남편으로서, 가족을 보호하고 이웃과 더불어 나누며 살아가야 한다는 일상의 규칙을 지켜야 했지만, 이 삶이라는 놀이 안에서 또 다른 놀이에 빠져, 삶이라는 놀이터의 규칙을 제대로 지키지 못했던 것이다.

재수는 진정한 인생놀이를 죽음의 문턱에 이르러서야 깨닫게 된다. 그동안 장구 소리를 위해 가족을 희생시켜왔지만, 오히려 가족의 행복을 위해서 장구 소리가 필요하다는 사실을 재수는 그제야 인식하게 된다. 따라서 모든 이들을 위해 장구 소리를 사용하고, 경숙이에게 아버지로서 인정을 받고 나서야 그는 그렇게도 갈구했던 '가락'을 잡게 된다. 즉, 드라마는 이것이 올바른 '놀이정신'이고 '예술혼'이라고 말한다.

경숙: (신경질로) 아부지가 내 어금니를 콱 쌔리 뽑아따 아이가. 아파 죽겠대이. 아부지는 꿈속에서도 낼로 몬살게 굴고….

재수: (뭐라 하려다) 알았다 마. 인자부터 잘하꾸마… 니도 아부지 고마 미버해라….

경숙: (내심 미안) 아이다. 내도 인자 아부지 안 밉다. 오늘 얼매나 멋졌다꼬.

재수: 그랬나…? (흐뭇) 안방에나 가보그라… 니 어매 얼라 놓는다….

경숙: 참말로? (벌떡 일어나 나가다) 얼라 나믄 알리주께이. (나가고)

재수: (의식 가물가물해지고)

(E) (장구 소리 아련히 들려오며)

신장구와 합을 맞춰 날듯이 선장구를 치는 재수의 모습 환영처럼 스치고

경숙: (벌컥 문 열며) 아부지 고추대이~!
재수: (장구 치듯 허공에서 손을 놀리며 기쁜 듯) 인자야 가락이 잡힌대이….

(E) (갓난아이의 첫 울음소리 들리고)

재수: (동시에 손 툭 떨어지고)

(4부: S#51)

나만의 예술-놀이가 아니라 가족을 살리고, 다른 사람을 살리는 예술-놀이는 새로운 탄생을 가져온다. 재수의 희생은 '경숙모와 남식'의 아기 탄생으로 새로운 가치를 부여받는다. 따라서 개인적인 놀이정신은 역사를 낳는 더 큰 놀이정신으로 승화된다.

더욱이 이 작품은 영원한 힘의 상징인 '아이들'[24]의 시선과 놀이정신에 의해 더욱 긍정적인 생명력을 낳는다. 즉, 13세 아이 경숙이는 이 작품의 중요한 메시지를 전달하는 시선이다. 가족사진을 찍는 마지막 장면에서 경숙이는 아버지의 장구를 안고 나와 모두에게 아버지의 존

24 니체는 놀이하는 아이의 정신에서 창조의 놀이, 긍정의 정신을 발견한다. 니체는 『차라투스트라는 이렇게 말했다』의 '정신의 세 가지 변화'에서 마지막 단계를 '놀이하는 아이의 정신'이라고 하였다. 니체는 아이의 정신을 통해 놀이철학의 핵심뿐만 아니라 자신의 핵심철학을 상징적으로 드러냈다. 우선 니체는 아이의 정신을 순진무구하고 망각하는 정신으로 표현했는데, 순진무구와 망각은 놀이를 위한 전제조건이다. 망각은 과거나 현재를 지배하는 것을 저지하는 것이며, 동시에 새로운 것이 창조되는 것을 가능하게 하는 것이다. 따라서 망각은 '힘과 강건한 건강'을 의미한다. 아이의 정신은 세계의 목적과 원인을 알지 못한다. 그러므로 아이는 놀이할 수 있다. 니체가 말하는 아이의 놀이는 힘에의 의지와 밀접한 관계가 있고, 놀이하는 아이의 순진무구하고 긍정하는 정신, 특히 새로이 시작할 수 있는 놀이의 정신 속에서 힘이 구현된다. 놀이하는 아이의 정신은 최종적으로 삶에 대한 절대적 긍정을 의미한다. 정낙림, 「놀이에 대한 철학적 연구: 니체의 놀이 개념을 중심으로」, 『니체연구』 제14집, 한국니체학회, 2008, 180-183쪽 참고.

재를 인식시켜준다. 장구를 세워 들고 "아부지 김치 하이소. 김치~"라고 말하며 아버지의 존재를 다시 찾아주는 경숙의 놀이정신은 놀이의 극치를 보여준다. 장구는 아버지의 놀이이자, 아버지의 상징이다. 죽은 아버지를 일상에서 다시 살려내는 마지막 무대의 놀이야말로, 이 작품이 진정으로 보여주고자 하는 '놀이정신'이라고 할 수 있다.

이동사진관 뒷그림을 배경으로 서서 기다리는 경숙모와 남식.

경숙모: (갓난아이 안고) 어무이 퍼뜩 안 나오고 머합니꺼?
남식: (경미 안고) 경숙아 빨리 와.
할머니: (고꾸라질 듯 고무신 꿰고 나오며) 어지간히도 깝치쌌는다. 언제 또 찍을 중 모리는데 지대로 분단장을 해야재.
진수: (사진사) 천천히 하세요. 시간 많아요.
…(중략)…
할머니: (무시하고) 경숙아~ 구찌베니 다 지워지겠대이.
경숙: (장구 들고 헐레벌떡 나오며) 아부지가 빠졌다 아이가.
경숙모: 맞다. 그캐도 큰딸밖에 엄네.
경숙: (장구 척 세워 들고) 아부지 김치 하이소. 김치~
일동: 김치~ (하며 웃고)

플래시 펑! 터지며 찍히는 가족사진에서~

(4부: S#52)

따라서 삶의 상처들을 즐거운 놀이로 스스로 치유해내는 주인공들을 통해서 우리는 과거 우리 민중의 긍정적인 생명력을 발견할 뿐만 아니라, 현재를 살아가고 있는 이 시대의 평범한 소시민들에게 전하는 드라마의 메시지를 발견하게 된다.

4. 나오며

보편적인 법칙과 의미를 상실한 놀이들이 난무하는 이 시대에 TV드라마 〈경숙이 경숙아버지〉는 진정한 '놀이'와 '놀이정신'이 무엇인지를 보여준 드라마이다.

TV드라마 〈경숙이 경숙아버지〉는 텍스트 전체가 아이의 놀이터와도 같이 경쾌한 놀이들로 가득 채워져 있다. 아이들의 놀이를 비롯해서 재수의 장구놀이와 민속씨름놀이 · 굿놀이 · 탈놀이 그리고 이데올로기마저도 '놀이'로 바꿔버리는 전쟁놀이 등 다양한 놀이들이 활용되어 텍스트 전체를 흥겨운 놀이마당으로 만든다.

놀이의 기본 형식인 '경쟁'은 이 드라마의 주요한 이야기 구조가 된다. '경숙이와 재수(경숙아버지)', '재수와 남식'의 경쟁을 중심으로 다양한 경쟁 구조가 이 드라마 텍스트를 흥미로운 놀이로 바꿔버린다. 등장인물들 사이에 벌어지는 경쟁놀이는 극적인 갈등을 바탕으로 한 경쟁이 아니라 대체로 우리 삶에서 소소하게 일어날 수 있는 일상적인 경쟁놀이이다. 또한 심각한 갈등이 벌어질 수 있는 상황일지라도 이 드라마에서는 '거리 두기' 방식을 통해 사건의 구심점을 파괴시키고 분산시켜서, 경쟁을 가벼운 코미디 놀이로 만들어버린다. 따라서 시청자들은 TV드라마 텍스트와의 거리를 객관적으로 유지하면서 등장인물들이 만들어내는 다양한 상황과 경쟁을 여유 있게 바라보게 된다. 특히 이러한 역할을 해주는 것이 언어놀이이다. 이 드라마에서는 경쟁놀이를 그 구조로 삼고 있기 때문에, 웃음과 재미를 효과적으로 일으키기 위해 상대방을 공격하는 언어가 주로 사용된다. 따라서 조롱과 비웃음, 욕설, 말장난 등 다양한 언어놀이가 사용된다. 그리고 이러한 언어놀이와 더불어 고달픈 현실과 전혀 어울리지 않는 경쾌한 배경음악과 비사실적인 영상, 즉 로우 앵글과 하이 앵글이 잦은 만화적인 영상도 드라마의 놀이성을 더욱 부각시킨다.

TV드라마 〈경숙이 경숙아버지〉는 일상을 놀이판으로 인식한 우리 민족의 정신과 삶의 고뇌를 '놀이'와 '웃음'으로 이겨나가는 긍정의 생명력을 보여준 작품이며, 무엇보다도 진지한 사유거리와 놀이와의 만남을 통해 이 시대 TV드라마가 나아가야 할 방향을 명확하게 제시한 드라마이다.

2 영화 〈바냐 아저씨〉의 '회화적 이미지'

- 체호프의 희곡 「바냐 아저씨」의 영상화에 나타난 '회화적 이미지'의 확장과 차이

1. 들어가며

연극 무대를 위해 창작된 체호프의 희곡은 오히려 '영상화'에 더 적합한 텍스트이다.

일반적으로 연극 무대는 극적인 '갈등'을 바탕으로 놀이성이 강한 행위와 대사를 통해 관객의 흥분과 감동을 이끌어낸다. 하지만 체호프 드라마는 극적인 사건이나 갈등을 무대 위에 드러내지 않고 지루할 정도로 평범한 일상을 그린다. 체호프 드라마는 사건이 무대 뒤편으로 밀려나고 무대 중앙에는 '일상적'이고 '반복'되는 삶의 편린들로 가득 채워지며 등장인물들 간의 갈등도 그들의 '의식' 속에서만 일어날 뿐, 직접적인 대사와 행동 등을 통해서는 거의 드러나지 않는다. 따라서 눈에 보이지 않는 '내적 흐름'이 중요한 체호프 드라마는 '심리적'인 사실주의 표현으로 인해 연극인들이 가장 완성하고 싶어하는 드라마이면서 동시에 가장 힘들어하는 드라마이기도 하다.

사실 연극은 다수의 관객을 앞에 두고 심리적인 디테일을 세세하

영화
〈바냐 아저씨〉

게 표현하기가 힘들지만, 유동적인 카메라와 영상의 도움으로 영화는 심리적인 디테일을 부각시키기가 훨씬 쉽다. 따라서 피터 브룩은 작품 「마라/사드」를 영화로 만들면서 다음과 같이 말하고 있다

> 영화는 디테일에 집착하며 연극은 전체와 디테일을 동시에 바라보도록 한다. 무대에서 스크린으로 나아가는 것, 즉 '각색'은 따라서 전체를 포괄한다는 인상을 주기 위해서 디테일을 선택하여 배치하는 것을 암시한다.[1]

더욱이 체호프의 희곡 텍스트는 중심적인 스토리를 향해 이야기가 전개되지 않고 장면들이 에피소드 식으로 구성되어 있다. 한 장소에서 일어나지 않아도 되는 별개의 장면들이 연극 기법상 한 공간에 묶여

1 앙드레 엘보, 『각색, 연극에서 영화로』, 이선형 역, 동문선, 2002, 139-140쪽.

있기 때문에 체호프의 텍스트는 공간 이동이 자유로운 영상에 더 적합하다고 할 수 있다.

하지만 무엇보다도 영상과의 만남이 자연스럽게 느껴지는 것은 체호프 텍스트에 나타난 시적 이미지와 '회화적' 이미지 때문일 것이다. 한마디로 체호프의 희곡은 서정적인 시화詩畵로 인식할 수 있는 독특한 미학을 기반으로 하고 있다.

따라서 이러한 특성들은 체호프 드라마의 영상화 작업을 수월하게 만들어준다. 일반적으로 희곡을 영상으로 옮겼을 때에는 텍스트의 변형뿐만 아니라 텍스트가 지니고 있는 연극성이 상당히 약화되어 원작의 예술미를 살리지 못하는 경우가 많다. 하지만 체호프의 희곡은 '영상'과 만났을 때 체호프의 난해한 극 미학이 의외로 쉽게 해석되곤 한다. 그 대표적인 작품이 안드레이 미할코프-콘찰로프스키 감독의 영화 〈바냐 아저씨Дядя Ваня〉(1970)이다. 이 영화는 체호프의 극 미학을 현대 영상으로 풀어내는 데에 성공한 작품으로 한국 현대 연출가들이 체호프의 희곡 텍스트를 '새롭게' 읽기 시작하는 데에 큰 영향을 끼친 작품이기도 하다.[2]

콘찰로프스키 감독의 영화 〈바냐 아저씨〉는 체호프의 희곡 텍스트에 나타난 '회화적 이미지'에 주목하여 체호프의 극예술과 철학을 현대적인 영상 이미지로 표현하였다. 특히 이 영화는 소비에트 사회주의 사회에서 체호프 작품을 새롭게 해석한 콘찰로프스키 감독의 독특한 시각과 그로테스크하고 모더니즘적인 영상미학이 부각된 작품이다.

본 텍스트에서는 체호프의 희곡 텍스트에 나타난 시각적 이미지,

2 한국의 중견연출가 이성열이 그 대표적인 경우로, 그는 이 영화를 참고하여 체호프 드라마에 나타난 '이미지'와 '비사실주의적'인 특성을 무대에 실험하여 큰 관심을 끌기도 했다. 공연 〈굿모닝? 체홉〉(1998), 〈놀랬지? 체홉〉(1998), 〈세자매〉(2001) 등.

특히 회화적 이미지를 간략히 살펴보고 체호프의 희곡 「바냐 아저씨」를 회화성이 강조된 시각 영상으로 옮긴 콘찰로프스키의 영화 〈바냐 아저씨〉를 분석하고자 한다. 선행연구들이 콘찰로프스키 영화에 나타난 러시아 자연과 풍경, 공간 모티프에 주목하였다면[3] 본고에서는 시각영상과 그림과의 관계에 관심을 가지고 출발하였다고 할 수 있다. 따라서 체호프의 희곡이 영상으로 옮겨지면서 텍스트에 나타난 회화적 이미지의 특성이 1960~70년대 소비에트 사회주의 사회에서 어떻게 확장되었고, 새롭게 해석되었는지 살펴보려고 한다. 또한 본 텍스트에서는 현대 영상에 나타난 회화적 이미지들이 주제 표현에 어떻게 기여했는지 밝혀보고자 한다.

2. 체호프의 희곡 텍스트와 회화적 이미지

모스크바 예술극장MXAT의 공연 〈갈매기〉의 시연 당시, 한 배우가 사실적인 무대 표현을 위해서 무대 뒤에서 개구리를 개골개골 울게 하고, 잠자리 소리를 내게 하고 개들을 짖어대게 할 것이라고 이야기했을 때, 체호프는 다음과 같이 말했다

3 Beumers, Birgit. "The Mikhalkov Brothers' View of Russia." Hutchings, Stephen, ed. *Russian and Soviet Film Adaptations of Literature, 1900-2001: Screening the Word*. London, England: Routledge Curzon, 2005; Engel, Christine. "Djadja Vanja in der Verfilmung von Andrej Michalkov-Koncalovskij: Onklo Vanja kiel filmo de Andrej Michalkov-Koncalovskij." Salevsky, Heidemarie, ed. *Kultur, Interpretation, Translation*. Frankfurt, Germany: Peter Lang, 2005. 등.

무대는 예술입니다. 크람스키에게 여러 얼굴들을 훌륭하게 묘사한 풍속화가 하나 있는데, 만일 그 얼굴들 가운데 한 얼굴에서 그린 코를 잘라내고 진짜 코를 붙여 넣는다면 어떨까요? 코는 사실적이겠지만, 그림은 망치겠죠.[4]

그리고 외면적인 사실주의 테두리 안에서만 자신의 작품을 해석하려고 했던 연출가에게 불만을 표시하며 체호프는 자신의 극 미학을 다음과 같이 설명했다

무대는 일정한 우슬로브노스찌(제약성)를 요구합니다. 우리에게는 제4의 벽이 없습니다. 무대는 예술이고, 무대는 삶의 정수를 그 안에 반영하는 것입니다. 그러니 그 외의 불필요한 것들을 끌어들일 필요는 없습니다.[5]

사실 체호프 드라마의 예술적인 특성으로 '삶을 있는 그대로' 그리는 객관주의를 꼽는다. "문학이 예술적이기 위해서는 현실을 실제 그대로 묘사해야 한다."(P2, 11)[6]는 체호프의 말은 언뜻 보면, 그 앞에 소개된 체호프의 주장과 상반된 것처럼 보인다. 따라서 '현실을 실제 그대로 묘사해야 한다'는 체호프의 객관주의는 '상징성'이 강한 '시적'인 예술 미학을 기반으로 한다. 따라서 희곡 「벚나무동산」을 썼을 때 체호프는 그들을 향해 다음과 같이 외쳤다.

내가 새로운 희곡을 썼습니다. 그 작품은 이렇게 시작합니다. "… 얼마나 놀라운

4 В. Э. Меирхольд, *Статьи Письма речи беседы*, М. 1968, Ч.1, с. 120.

5 위의 책.

6 1차 자료는 러시아 나우까 출판에서 간행된 총 30권(작품 18권, 편지 12권)의 체호프 전집(Чехов, А.П. *Полное собрание сочинений и писем в тридцати томах*. М., 1974-1988.)이다. 1차 자료의 인용에서 약어 S는 작품전집을, P는 편지전집을 의미한다. 이어지는 첫 번째 아라비아 숫자는 권수를, 두 번째 아라비아 숫자는 쪽수를 가리킨다.

가, 이렇게 조용하다니! 새소리도, 개 짖는 소리도, 뻐꾸기 울음소리도, 부엉이의, 종다리의 울음소리도 없다. 시계도 치지 않고 종소리도, 귀뚜라미 한 마리도 울지 않는다."[7]

극적인 대사로 사건을 만들어내고 동적인 행동으로 사건을 발전시켜나가며, 다양한 음향과 배경으로 무대를 화려하게 꾸며놓은 그런 기존 드라마의 기법을 체호프는 거부한다. 하지만 그는 '개 짖는 소리도, 뻐꾸기 울음소리도' 사용하지 않고 드라마 내용을 전개시키지만 흥미롭게도 개 짖는 소리와 뻐꾸기 울음소리가 어딘가에서 들리는 듯한 분위기를 회화적인 이미지를 통해 만들어낸다.

미의 법칙이란 그 본질에 있어서 의식의 표면에 나타나지 않는 것이며, 배경후경에 숨은 비밀이다.[8] 예술작품의 미는 특정한 형식에 의해서 드러난다고 N. 하르트만은 설명한다. 형식 미학은 예술작품 전면에 드러나는 '전경'과 작품의 배경인 '후경' 사이에서 형성되는데, 특히 후경은 미적인 형식을 위해 다음의 4단계로 구분된다. 첫 번째 단계는 인물의 외면적 · 물적인 계층, 두 번째 단계는 이 물적인 계층에 나타나는 생명의 계층, 세 번째 단계는 생명의 계층을 통해서 나타나는 심적 계층, 그리고 네 번째 단계는 심적 계층을 통해서 나타나는 보다 커다랗고 근원적인 정신적 연관의 계층을 말한다.[9] 이러한 정신적 · 심리적 · 철학적인 계층을 후경에 단계별로 철저히 숨겨 놓고 체호프는 무대 위, 즉 전경에는 지루하고 고요한 일상을 객관적인 시각으로 그린다.

체호프의 단편 「개를 데리고 다니는 여인」에 나타난 회화 이미지

---

7 К.С. Станиславский, *Соб. соч. в 8 тт.*, М.: Искусство, 1954, т. 1, с. 270.

8 엄정희, 「시와 그림, 영상의 세계」, 『한국문화기술』 No. 2, 2006. 12, 40쪽.

9 N. 하르트만, 『미학』, 전원배 역, 을유문화사, 1995 참고.

를 분석한 오종우도 체호프 예술 작품의 기본 조건으로 객관성과 연민을 언급하면서 이 특성들이 체호프의 작품들을 '회화'에 근접시킨다고 다음과 같이 설명하고 있다.

> 체호프는 자신과 마찬가지로 유머 단편들을 쓰던 형 알렉산드르에게 보낸 편지에서도 두 개의 상반된 원칙을 예술 작품의 기본 조건으로 내세웠다. "치밀한 객관성… 그리고 연민이라는 조건 아래서만 예술 작품이 됩니다."(P1, 242) 냉정할 수밖에 없는 차가운 객관성과 따뜻한 관심이 담긴 연민은 서로 충돌하는 조건이다. 그럼에도 체호프는 예술 작품에서 이 두 조건이 융합되어야 한다고 강조한다. 그리고 이러한 상충하는 원칙들이 체호프의 작품 세계를 구축한다.
> 체호프가 예술작품의 기본 조건으로 강조한 객관성과 연민은 성격상 차가움과 따뜻함으로 대립하지만, 두 조건 다 대상을 '바라본다'는 점에서 동일한 범주에 속하는 속성이다. 대상 속에 함몰되지 않은 상태에서만 객관적일 수 있고 또 연민을 가질 수도 있는 것이다. 거리를 두고 대상을 바라본다는 이 속성은 그래서 체호프의 작품들을 회화에 근접시킨다.[10]

상징성이 강한 시적인 분위기를 기반으로 하여 정신적 · 심리적인 계층을 후경에 단계별로 숨겨놓고 전경에는 지루하고 고요한 일상을 객관적이며 사실적으로 묘사해놓는 체호프의 미학은 '회화적' 이미지를 탄생시킨다.[11]

---

10 오종우, 「체호프의 그림」, 『러시아어문학연구논집』 No. 17, 2004, 59-60쪽.

11 체호프의 소설 속에 나타난 회화적 이미지는 그동안 오종우의 "체호프의 그림"을 비롯하여 다수의 논문들에서 연구가 되었다.: Тюпа В. И. *Художественность чеховского рассказа*. М.: Высшая школа, 1989.; Галиченко А.К. "Семантике крымского пейзажа в Даме с собачкой"// *Чеховиана - Чехов и серебрняный век*. М., 1996.; Пахомов Д. "Литературный пейзаж у Пушкина и Чехова" // *Чеховиана - Чехов и Пушкин*. М., 1998.; Василий Геронимус. "Искусство и художник в рассказе А.П. Чехова《Дом с мехонином》" // *Молодые исследователи Чехова*. М., 1996 등.

사실 연극 무대는 '보는' 예술이기 때문에, 시각적인 이미지를 고려할 수밖에 없지만, 체호프의 희곡은 이러한 시각적 이미지와 더불어 '회화적' 이미지를 더욱 강조하고 있다.

체호프의 희곡은 각 막의 시작부터 그림과 같은 무대를 보여준다. 예를 들면, 1막은 가로수 길의 오래된 포플러 나무 아래, 피곤해 보이는 아스트로프와 늙은 유모 마리나가 시골 정원의 고요함 속에서 대화를 나누면서 시작된다.

> 정원, 테라스가 있는 저택의 일부가 보인다. 가로수 길의 오래된 버드나무 아래, 차 준비가 되어 있는 테이블. 벤치와 의자들, 한 벤치 위에 기타가 놓여 있다. 테이블 근처에 그네가 있다. 오후 2시 경. 흐린 날씨. 마리나(비대하고 동작이 둔한 노파로 사모바르 옆에 앉아 양말을 뜨고 있다)와 아스뜨로프(그 옆에서 거닐고 있다).
>
> (S13: 63)

아름다운 한 폭의 풍경화와 같은 분위기에 체호프의 인물들은 일상적인 대화를 지루하게 나눈다. 2막에서는 다음의 무대 지문과 같이 한밤중에 졸고 있는 늙은 교수와 젊은 아내의 모습이 조형적인 그림을 보여주면서 시작된다. 3막과 4막의 무대도 마찬가지다.

> 세레브랴코프 저택의 식당. 밤. 정원에서 야경꾼의 딱딱이 소리가 들린다. 세레브랴코프(열린 창문 앞에 있는 안락의자에 앉아 졸고 있다)와 옐레나 안드레예브나(그 옆에 앉아 졸고 있다).
>
> (S13: 75)[12]

---

12 А. П. Чехов, Дядя Ваня, *Полное собрание сочинений и писем*, Т.13, М.: Наука, 1978.

보이니쯔끼와 소냐는 앉아 있고, 옐레나 안드레예브나는 뭔가 생각하며 무대를 거닐고.

(S13: 90)

탁자 위에 그림 도구들과 물감, 서류첩이 있고, 찌르레기가 있는 새장과 벽에는 아프리카 지도가 걸려 있는 바냐의 방에 쩰레긴과 마리나가 서로 마주 앉아 양말용 털실을 감고 있는.

(S13: 105)

각 막은 모두 한 폭의 그림을 연상시키는 풍경과 함께 시작된다. 고요한 가운데 사람들이 조형물과도 같이 무대에 놓여 있고, 움직임은 거의 없고 조용히 대화를 나눈다. 체호프의 희곡은 마치 실제 연극무대를 염두하고 설계한 것과도 같이 조형성이 부각된 무대를 디자인한다. 한 사람이 앉아 있으면, 한 사람은 서서 서성거리고, 두 사람이 앉아 있으면, 그 옆을 기타를 치는 한 사람이 서성거린다. 무대라는 프레임 안에 대조와 리듬을 적절히 사용하여 '구성주의 회화'와도 같은 이미지를 효과적으로 드러내고 있다

또한 그들의 언어도 풍경화 · 풍속화 등을 그리듯 회화적 이미지를 생성하고 있다.

텔레긴: 마리나 찌모페예브나, 전 들판이나 그늘진 정원을 걷거나 이 테이블을 볼 때면, 말할 수 없는 행복을 맛봅니다! 날씨는 멋지고 새들은 노래하고, 우리 모두 평화롭고 조화롭게 살고 있으니."

(S13: 66-67)

아스뜨로프: 이반 뻬뜨로비치와 소냐 알렉산드로브나는 주판을 퉁기고, 난 그들 옆에 있는 제 탁자에 앉아 그림을 그려요. 그러면 아늑하고 평온해

지죠. 귀뚜라미도 울고요.

(S13: 94)

특히, 3막에서 아스트로프는 도면을 펴고 지도의 세세한 부분을 옐레나에게 다음과 같이 하나하나 설명한다. 아스트로프는 눈앞에 이 모든 풍경들이 다 펼쳐지듯 지루하다고 할 정도로 길게 시각적으로, 더 나아가 '회화적'으로 설명하고 있다.

우리 마을의 지도인데, 50년 전 거죠. 짙거나 밝은 녹색은 숲을 의미합니다. 전체의 반은 숲이에요. 녹색 부분에 붉은 그물이 있는 곳은 사슴과 염소들이 살았던 곳이죠…. 거기에 있는 식물계와 동물계를 보여드리죠. 이 호수에는 백조, 거위, 오리가 살았는데 노인들 말에 따르면, 모든 종류의 새들이 엄청나게 많았고 큰 떼를 지어 날아다녔답니다. 보세요, 크고 작은 마을 외에도 여기 저기 다양한 이주민촌, 독립농가들, 분리파교도 부락, 물레방앗간이 있어요…. 소와 말들도 많았죠. 하늘색이 그걸 나타내요. 이를테면, 하늘색이 짙은 이 지역에는 말이 아주 많았는데, 모든 집에 말이 세 마리씩 있었대요. (사이) 이제 더 아래쪽을 보죠. 25년 전 거에요. 거기엔 이미 숲이 전 면적의 삼분의 일도 안돼요. 염소들은 이미 없어졌지만 양들은 있네요. 녹색과 하늘색이 더 엷어졌죠.

(S13: 94)

그 외에도 체호프 주인공들의 행동 하나 하나는 조형작품과도 같은 효과를 만들어내며 회화적 이미지를 부각시킨다. 그네에 앉아 차를 마시는 옐레나(1막), 각 막에서 기타를 치고 거니는 텔레긴(1, 2, 3, 4막), 집 주변을 거닐며 닭을 모으는 마리나(1막), 촛불을 들고 나오는 바냐와 마리나 · 소냐(2막), 앉아서 양말을 뜨고 있는 마리나(1, 3, 4막), 옐레나의 가슴에 머리를 기대는 소냐(3막), 팸플릿 읽기나 책 읽기에 몰두해 있는 마리야(1막, 4막), 주판으로 계산하고 장부에 기입하는 바냐(4막), 바냐 앞에 무릎을 꿇고 그의 손에 머리를 기대는 소냐와 그녀의 머리를 쓰다듬는 바냐(4막) 등. 무대라는 프레임 안에서 움직임이 거의 없는 등장인물들의 모습은 고요하고 서정적인 무대 분위기로 인해 회화적 이미지가 강조될 수밖에 없다.

체호프 희곡에 나타난 청각적 이미지도 이런 회화적 이미지를 표현하는 데에 중요한 역할을 담당한다. 사실 청각적 이미지는 공간 속에 갇혀 있는 시각적 이미지에 비해 다의적인 이미지를 생산해낼 수 있는 무한한 창조성을 가지고 있다. 특히 체호프의 희곡에서는 음악과 소리 등 청각적 이미지가 무대 분위기를 창출해내는 의미뿐만 아니라 사건을 전환시키거나 예시하는 중요한 장치가 된다.

예를 들면, 희곡 「바냐 아저씨」의 경우, 다음과 같은 소리들이 작품의 분위기를 창조한다. 텔레긴의 기타 연주(1막), 집 주변을 거닐며 구구, 구구, 구구… 하며 닭을 불러들이는 마리나(1막), 야경꾼의 딱딱이 소리와 노래(2막), 번개(2막), 아스트로프의 노래(2막), 폭풍우(2막), 마차의 방울소리(4막) 등. 사실 이러한 청각 이미지는 서정적인 분위기를 만들어내면서 체호프 텍스트에 나타난 회화적인 이미지를 더욱 부각시키는 효과를 가져온다.

이러한 특성으로 인해 체호프의 무대는 오랫동안 서정적인 풍경화를 연상시키는 무대로 인식되어왔다. 따라서 체호프 극의 무대는 러시아 풍경화가들인 사브라소프A.К. Саврасов, 시쉬킨И.И. Шишкин, 쿠인지А.И. Куинджи, 폴레노프В.Д. Поленов, 레비탄И.И. Левитан, 네스테로프М.В. Нестеров의 풍경화와 같은 회화적인 그림과 같은 분위기로 연출되곤 했다.[13]

13 A.I. 조토프, 『러시아미술사』, 이건수 역, 동문선, 1996, 284쪽 참고.

주제론적인 측면에서 살펴보았을 때, 체호프의 회화적 이미지와 가장 가까운 그림은 미국의 사실주의 화가인 에드워드 호퍼Edward Hopper(1882~1967)의 회화일 것이다. 호퍼는 '소외와 고립'이라는 주제로 도시 속에 고립되어 있는 인간의 모습, 일상의 닫힌 공간, 인적이 없는 도시 공간, 황량한 시골 거리 등을 사실적으로 표현한 작가이다. 그의 작품에는, 체호프의 인물들과도 같이 적막한 도시 건물의 창가에 홀로 앉아 창밖을 보며 사색에 잠겨 있는 인물들과 여러 사람들이 한 공간에 함께 있지만 서로 소통할 수 없는 거리를 만들어놓고 있는 인물들의 모습이 등장한다.

사실 이러한 체호프의 '회화적' 이미지는 연극보다는 오히려 영화와 만났을 때 더욱 '효과적'으로 발휘될 수 있다고 본다. 회화와 영화는 공통적으로 '보는 것'에 의지하고 있으며, 특히 영화는 동등한 예술의 입장에서 회화의 다양한 창작 수법들을 수용하며 예술적 표현양식의 외연을 넓혔기 때문이다.[14]

3. 체호프의 희곡 「바냐 아저씨」의 영상화: '회화적 이미지'의 확장과 차이

1970년에 모스필름Мосфильм에서 제작된 안드레이 미할코프-콘찰로프스키의 영화 〈바냐 아저씨〉는 원작에 충실하면서 동시에 '문학적

14 신민철, 「영화에서의 회화 이미지 차용 연구」, 한양대학교 대학원 석사학위논문, 2007, 6-25쪽 참고.

인 각색'을 시도한 영화이다.[15] 즉, 이 영화는 체호프 희곡 텍스트의 기본을 그대로 유지하고 있지만, 희곡 언어를 축소시켜 영상 언어인 시각 이미지 중심으로 표현하였다. 특히 체호프의 특성을 현대 모더니즘 영상으로 확장한 영화 〈바냐 아저씨〉는 19세기 말 지식인들의 무기력한 삶을 '비극적'인 화풍으로 그리고 있으면서도, 마치 20세기 소비에트 사회주의의 '폐쇄된' 세계 속에서 괴로워하는 지식인들의 삶을 반영하듯 영화는 19세기 말 사회상 속에 소비에트 이미지를 영상 곳곳에 숨겨 놓고 있다.

안드레이 미할코프-콘찰로프스키는 1937년생으로 모스크바영화학교ВГИК 졸업 작품인 〈소년과 비둘기〉(1961)로 베니스영화제에서 수상하면서 러시아영화를 이끌 새로운 인물로 주목받았던 감독이다. 그는 러시아 영화예술의 거장인 안드레이 타르코프스키와 함께 걸작 〈안드레이 루블료프〉 등의 시나리오를 공동 집필했으며, 〈시비리아다〉(1979)로 칸영화제 특별상을 수상하기도 했다. 1980년 그의 할리우드 진출도 영화 〈시비리아다〉의 성공을 계기로 이루어질 수 있었다. 그의 대표 작품들로는 〈첫 번째 선생님〉(1964), 〈사랑은 했지만 결혼은 하지 않았던 아샤 클랴치나야의 이야기〉(1966), 〈귀족의 둥지〉(1966), 〈시비리아다〉(1979), 〈암탉 랴바〉(1994), 〈듀엣 포 원〉(1986), 〈이너 서클〉(1992), TV미니시리즈 〈오디세이〉(1997), 〈바보들의 집〉(2002), 〈광택〉(2007) 등

15 L. 쟈네티는 『영화: 형식과 이해』에서 각색의 유형을 ① 원작에 크게 구애받지 않는 각색, ② 원작에 충실한 각색, ③ 문학적인 각색 등으로 나눴다. '원작에 크게 구애받지 않는 각색'은 원작으로부터 아이디어, 상황, 등장인물 등에 대한 전반적인 분위기나 사건의 개략적인 요소만 제공받고 나머지는 독자적으로 전개하는 것을 말하며, '원작에 충실한 각색'은 원작에 가까운 거리를 유지하면서 그 문학적인 바탕을 드라마적으로 재창조하는 것을 말한다. 그리고 '문학적인 각색'은 언어 구사의 특성과 관련되는 것으로 함축성을 많이 내포하는 형태로 각색을 하기 때문에, 감상자에게 많은 상상력이 필요하게 된다. L. 쟈네티, 『영화: 형식과 이해』, 김학용 역, 한두실, 1992, 215쪽.

이 있다.

영화 〈시비리아다〉는 싼세바스찬 영화제 그랑프리 수상작으로, 콘찰로프스키 감독의 영상예술 미학이 부각되었던 작품이다. 특히 이 영화는 일상과 절망이라는 체호프의 주제에 어울리는 회화 작품들, 예를 들면, '일상의 닫힌 공간과 인간의 소외, 절망'을 사실적으로 그린 에드워드 호퍼Edward Hopper의 회화나 '죽음의 닫힌 공간과 인간의 공포'를 그로테스크하게 그린 에드바르트 뭉크Edvard Munch의 회화와 유사한 영상이 특징적이다. 콘찰로프스키 감독이 이들 화가들의 영향을 받았다는 구체적인 증거 자료는 찾을 수 없었지만, 유명한 러시아 화가인 조부П.П. Кончаловски의 영향과 미술교육을 중요시하는 러시아 영화학교의 교육 시스템 속에서 동시대 서구예술가들의 작품들을 접했을 가능성은 충분히 있다고 본다. 사실 외적인 영향관계를 찾을 수 없을 지라도 비교문화 비평론적인 측면에서 다른 예술 장르와의 유사성을 밝히는 작업은 문화의 확장과 교류가 활발한 21세기 문화연구에서 관심을 가져야 할 부분이라고 할 수 있다.

1) 체호프의 '회화적 이미지'의 확장: '에드워드 호퍼' 회화의 이미지

영화 〈바냐 아저씨〉의 첫 장면은 세레브랴코프 저택의 내부를 카메라가 롱테이크 기법으로 비추면서 시작된다. 음향이 없는 가운데, 집 안 내부의 긴 중앙 복도를 따라 텅 빈 식탁이 놓여 있는 주방, 열린 문들, 커다란 인쇄 종이들이 바닥에 널려 있는 방, 소파에 앉아 담배를 피우며 책을 보고 있는 마리야의 모습, 그리고 복도 끝 부분에 열린 문으로 텅 빈 바냐의 방이 차례로 보인다. 체호프의 희곡 「바냐 아저씨」 3막에 세레브랴코프 교수가 "난 이 집이 싫어. 무슨 미로 같아. 거대한 방이 26개인데다 모두 사방으로 흩어져 있어 사람들을 찾을 수가 있어야지."(13:98)라고 말하는데, 그의 말처럼 영화 속에 제시되는 저택은 텅 비어 있고 살아 있는 인물은 늙은 마리야의 모습뿐이다.

영화 〈바냐 아저씨〉의 이야기는 세레브랴코프 저택 '안'에서만 이루어진다. 체호프의 희곡 「바냐 아저씨」의 경우, 장소의 제한을 받는 희곡의 특성으로 인해 1막은 세레브랴코프 저택의 정원에서, 2막은 세레브랴코프 저택의 식당에서, 3막은 거실에서, 4막은 바냐의 방에서 이루어지지만, 장소 이동이 자유로운 영화의 특성에도 불구하고 영화는 러시아의 울창한 나무와 화려한 꽃들이 만발한 아름다운 정원은 비춰지지 않고, 삭막한 분위기의 집안 내부에서만 이야기가 진행된다.

〈영상 E-1〉

에드워드 호퍼의 〈빈방의 햇빛〉(1963)

〈영상 E-1〉은 롱테이크 기법으로 찍은 영화의 첫 신Scene으로 삭막한 세레브랴코프 저택의 이미지이다. 텅 빈 저택의 이미지로 시작한 첫 신과 마찬가지로 마지막 신도 방문자들이 모두 떠난 세레브랴코프 저택을 지루할 정도로 길게 보여준다.

세레브랴코프 저택은 동굴식 미로와 같은 구조이면서도 선의 차가운 이미지가 부각되어 등장인물들과 융합할 수 없는 분위기를 만들어준다. 에드워드 호퍼의 〈빈방의 햇빛〉(1963)과 유사한 이미지로 영화의 영상은 안락한 느낌이라곤 전혀 찾아볼 수 없는 건조하고 삭막한 회색의 공간 분위기를 보여주고 있다.

미국 현대 사실주의의 거장인 에드워드 호퍼는 '고독한 관람자'로 불릴 만큼 평생 동안 고독과 소외, 절망이라는 주제로 일관한 작가로, 현대문명의 암울한 공간과 그 속의 불필요한 존재로 전락한 인간의 비극을 추상성이 가미된 사실주의 화폭에 담아냈다. 그가 말년에 그린 〈빈방의 햇빛〉(1963)은 아무도 없는 빈방에 남은 것이 빛뿐이라는 설정을 통해서 인간 실존의 비극을 적나라하게 표현한 작품이다. 호퍼는 초기 드로잉에서 인물을 작품 속에 그려 넣었다가 의도적으로 다시 삭제하는 작업을 하면서 인간 실존의 공허와 허구성을 드러내곤 했는데, 〈빈방의 햇빛〉은 산업화 시대에 인간의 가치가 절하되고 존엄성이 상실되는 과정을 극한 상황으로까지 몰고 간 그림이다.

그의 염세적인 시각은 체호프의 시각과 꽤 많이 닮아 있다. 절망적인 그림인 호퍼의 〈빈방의 햇빛〉 속의 빈방과도 같이 콘찰로프스키 감독은 황폐한 러시아의 현실과 방치되고 소외된 주인공들의 절망적인 삶을 삭막한 시골 '저택' 공간으로 상징화시킨다. 따라서 저택 공간 안에서만 이야기가 진행되는 이 영화는 전체적으로 어둡고 '닫힌' 차가운 분위기를 보이고 있다.

영화는 시작부터 지루할 정도로 이러한 집안의 모습을 카메라가 길게 비추면서 관객의 시선을 세레브랴코프 저택 사람들의 삶 속으로 끌고 들어간다. 집안 내부로 안내한 영화는 곧이어 짧게 끊어지는 음악과 기괴한 음향을 배경으로 다양한 사진들을 빠른 속도로 차례차례 나열해놓는다. 가족들의 사진을 비롯해서 다양한 사진이 영상으로 열거되는 가운데 그로테스크한 아기 탄생 울음과 종소리, 뭔가를 치는 소리가 기괴하게 울리기 시작한다. 그런 울림은 사진 영상을 더욱 기괴하고 그로테스크하게 만들어버린다. 계속해서 제정러시아 시대의 사진들이 보이고, 광부들의 모습, 관 속에 누워 있는 사람들과 장례식 모습, 혁명가들, 철창 속(또는 밖) 군인들, 죽어 있는 아기와 사람들, 그리고 죽은 노루와 사슴, 산불, 황폐한 대지 등을 찍은 사진들이 차례로 나열된다.

영화는 '아스트로프의 대사'(S13: 64) 속에 등장하는 러시아의 현실을 상징성과 추상성이 가미된 사진 영상으로 확대시켜놓고 있다. 이때 아스트로프의 사진 영상들은 쇼트와 쇼트를 결합시켜 의미를 전달하는 몽타주 기법으로 나열된다. 몽타주는 쇼트와 쇼트의 조화 있는 연결이 아니라 오히려 충돌과 대립, 마찰의 효과를 이용하여 기존의 의미를 파괴하고 새로운 의미가 발생하도록 한다. 즉, 아스트로프의 사진들은 유년의 행복한 모습과 가족들의 다양한 모습을 찍은 사진들이 현재 죽어 있는 아기 사진, 죽은 노루와 사슴, 산불, 황폐한 대지를 찍은 사진들과 충돌하면서 러시아의 현실뿐만 아니라 암울한 러시아 미래를 암시하는 메시지를 만들어낸다. 특히 혁명 전후의 군인들과 사람들의 다양한 모습을 담은 사진들을 통해서 소비에트 사회의 현재와 미래를 암시적으로 문제화시킨다.

사실 영화는 체호프가 무대 뒤에 감춰놓고 있는 가난과 황폐함, 배고픔과 추위 등의 키워드를 사진 영상을 통해서 영화 전경에 끌어내놓았다. 체호프의 관념 속에 있었던 낙후되고 파괴된 러시아의 황야와 가난한 사람들의 모습이 영화에서는 그로테스크한 사진영상으로 직접 전달되었던 것이다.

그리고 영화는 이러한 황폐한 러시아의 모습을 방치되고 퇴락하고, 삭막한 시골 '저택' 공간으로 보다 포괄적으로 상징화시킨다. 시골 저택은 황폐한 러시아의 모습이면서, 방치되어버린 주인공들의 운명이다.[16] 또한 부조리하고 비논리적인 삶의 상징이기도 하다. 이러한 문제는 주인공들의 모습 속에도 그대로 반영되어 있다. 즉, 지식과 사회적 명성이 있었던 교수는 이기적이고 거짓된 학자였으며, 아름답고 매력적인 옐레나는 무료해하면서도 전혀 일하지 않고 주위를 무위도식으로 오염시킨다. 마음이 착하고 부지런한 소냐는 못생겼으며 사랑하는 이에게 사랑받지 못하고, 바냐는 모든 것을 희생했지만 남은 것은 하나도 없다. 그리고 러시아 민중과 대지는 죽어가지만 사람들은 무지하다. 이런 사실에 아스트로프는 보드카 없이는 하루도 견딜 수 없다.

이렇듯 그들 앞에 놓인 세계는 한마디로 카오스적 이미지로 가득 찬 모순의 세계이다. 바냐는 이 세계가 부조리하고 비논리적이라는 사실을 다음과 같이 말한다.

> 아니, 자네들을 아직도 붙들고 있는 이 땅이 미친 거야!
>
> (S13:107)

그래서 영화에서는 비논리와 부조리한 삶의 공간으로 세레브랴코프 저택을 설정하여 밖의 세상과 구별 짓고 있다. 그리고 다른 세계와

---

16 "The Mikhalkov brothers' view of Russia"라는 글에서 Birgit Beumers는 콘찰로프스키 감독이 영화 〈바냐 아저씨〉에서 보여준 러시아 자연과 공간 이미지는 불모의 풍경이라고 설명한다. 특히 영화에 나타난 러시아 대지는 여성의 모습을 지니고 있지만, 결코 잉태하지 못하는 어머니와 여성의 모습이라고 말한다. 그리고 이러한 어머니의 이미지인 러시아를 회복시키기 위해 콘찰로프스키 감독이 자연공간과 러시아인의 민족 정체성과의 관련성에 관심을 기울인다고 주장한다. Birgit Beumers, "The Mikhalkov brothers' view of Russia" Hutchings, Stephen, ed. *Russian and Soviet Film Adaptation of Literature, 1900-2001: Screening the Word.* London, England: Routledge Curzon, 2005. pp. 135-150.

자유에 대한 갈망과 의지를 '문'과 '창문'의 이미지를 통해서 말한다. 앞에 인용한 바냐의 대사를 확장하여 영화에서는 모든 주인공들이 '문'과 '창문'을 향해 자신의 갈망과 욕망을 끊임없이 표출해낸다.

영화에서 주인공들은 '창문'과 '문'을 향해 서있다. 그들은 서로의 얼굴을 보지 않고 문을 향해 서있으며 독백을 하듯 이야기를 한다. 자유를 갈구하는 소냐와 바냐, 엘레나, 아스트로프는 창문을 바라보며 이야기를 하고, 창문이나 문에 기대어 서서 말한다.

19세기 독일 낭만주의자들은 창(문)의 모티프가 인간을 구속하는 공간과 현실의 불행한 장소로부터 벗어나려는 동경을 표현하는 완벽한 수단이 된다고 보았다.[17] 창이 갖고 있는 이중적 속성—닫힌 내부 세계와 열린 외부세계, 입구와 장벽—에 주목한 그들은 외부의 세계를 바라볼 수 있지만, 창 너머의 세계로 나아갈 수 없다는 사실을 작품에 표현하였다.

콘찰로프스키의 영화도 창이 갖는 이러한 이중적 속성에 주목한다. 영화에서는 영원한 자유로 나아가고자 하는 주인공들의 욕망과 물리적으로 이를 제한하는 '창'의 이미지가 부각된다. 즉, 영화에서는 진짜 삶과 자유는 마치 '밖'에 있다는 듯이 창문과 문이 모두 열려 있다. 영화 속의 인물들도 모두 문을 열고 들어와서는 문을 닫지 않는다. 그리고 문 밖에서 카메라가 저택 안의 그들을 비추는 등 그들이 처한 상황이 '갇힌' 이미지라는 사실을 영화는 끊임없이 부각시킨다. 또한 주인공들의 욕망을 반영하듯 창문과 문이 다 열려 있지만, 아이러니하게도 영화 속 주인공들은 그 열린 문 밖으로 나가지 못한다. 이런 식으로 체

17 Suzanne Delehanty, *The Window in Twentieth-Century Art*, N.Y.: State University of New York, 1986, p. 13.

〈영상 E-2〉

〈영상 E-3〉

〈영상 E-4〉

〈영상 E-5〉

〈영상 E-6〉

〈영상 E-7〉

호프 주인공들의 수동적인 이미지가 영화에서는 더욱 '분명하게' 그려진다.

이 영화에서 창 모티프는 닫힌 공간에서 벗어나 영원한 자유세계로 나가고자 하는 욕망과 좌절감을 더욱 강조한다. 이러한 상황은 다음과 같은 호퍼의 그림을 쉽게 연상시킨다.

호퍼의 〈아침해〉(1927)

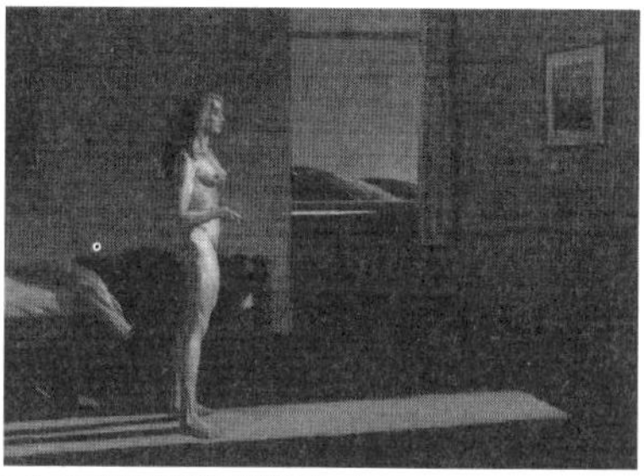
호퍼의 〈햇빛 속의 여인〉(1961)

호퍼의 〈오전 11시〉(1926)

호퍼의 〈브루클린의 방〉(1932)

호퍼의 〈작은 마을의 사무실〉(1953)

호퍼의 〈도시의 햇빛〉(1954)

"본 것을 그대로 옮기는 리얼리스트"[18]라는 평가를 받고 있는 호퍼는 '창'의 이미지를 사용하여 불안한 미국인들의 내밀한 일상을 표현하였다. 그의 그림에는 창이 등장하고 창을 바라보는 자와 창을 통해 보이는 자의 모습, 그리고 '갇힌' 현대인들의 심리가 나타난다.

호퍼의 인물들은 사면이 차가운 벽으로 둘러싸인 건물과 방 등에 갇힌 채 기대가 좌절된 모습으로 창밖 세계를 바라본다. 그들은 인간적인 교류가 완전히 제거된 상태에서 방관자적인 관조만 하고 있다. 호퍼의 그림 〈오전 11시〉를 보면 성적인 속성을 상실한 외로운 누드 상태로 한 여인이 긴 머리로 얼굴을 가린 채 조용히 창가에 앉아 빛이 가득한 창밖의 풍경을 바라본다. 익명의 여인은 움츠린 모습으로 신체적으로나 정신적으로 '닫힌' 세계 속에 '갇혀' 있는 것처럼 보인다.

호퍼는 좌절감과 정신적 황폐함을 '닫힌' 실내 공간과 창문 이미지를 사용하여 닫힌 공간으로부터 벗어나려는 욕망을 드러내면서 동시에 결코 벗어날 수 없는 인간 실체를 표현한다. 특히 호퍼는 벽으로 둘러싸인 인공적인 공간이 나체의 여인으로 대변되는 이상적인 자연과 합일에 대한 염원을 분리시키는 장벽이 되는 것을 보여준다. 즉, 자연으로 대변되는 여인이 영원으로 나아가기 위한 문턱으로서 창 이미지를 도입하지만 역설적으로 통로가 장벽이 되는 것을 보여줌으로써 좌절감을 강화시킨다.[19]

영화에서도 창문 밖 세상에는 주인공들을 유혹할 만큼 환하고 아름답게 피어 있는 꽃들이 만발하다. 소냐와 엘레나의 모습 뒤로 창밖에 환하게 피어 있는 흰 꽃 이미지는 소냐와 엘레나의 비극적인 삶과 대조

18 밀턴 W. 브라운, 『아메리칸 리얼리즘』, 권오룡 역, 미진사, 1990, 11쪽.

19 이승민, 「에드워드 호퍼의 염세적 세계관에 내재된 현실비판의식」, 이화여자대학교 대학원 석사학위논문, 2002, 60쪽.

되어 더욱 환상적으로 비춰진다(영상 E-8). 그들의 절망적인 현실을 강조하기 위해 영화는 조명의 변화를 통해 다음과 같이 창밖의 세상을 강조하는 영상이미지를 만들어내기도 한다(영상 E-9).

호퍼의 〈코드 곶의 아침〉과 〈웨스턴 호텔〉도 환한 자연과 빛으로 가득한 밖의 세상을 강조함으로써 자연과 영원에 대한 갈구가 오히려 실내의 암울한 현실을 가시화하는 결과를 낳는다. 즉, 창밖으로 펼쳐진 자연은 그들의 현실과 융화될 수 있는 공간이 되지 못하고 그들의 욕망을 좌절시키는 모티브가 될 뿐이다.

또한 영화 〈바냐 아저씨〉의 영상과 호퍼의 회화는 일상의 공간 속에서도 인간적인 교류가 전혀 일어나지 않는 인간 존재의 고독과 소외감이 극한으로 치닫는 위기감을 드러낸다.

〈영상 E-8〉

〈영상 E-9〉

호퍼의 〈코드 곶의 아침〉 (1950)

호퍼의 〈웨스턴 호텔〉 (1957)

영화에서는 세레브랴코프 교수가 저택 매매를 설명하기 위해 식구들을 거실로 모두 불렀을 때, 인상적인 그림이 연출된다. 세레브랴코프 교수가 저택 곳곳을 뒤지며 가족들을 찾으러, 특히 소냐의 이름을 부르며 돌아다니지만 어느 누구도 대답하지 않는다. 그리고 거실에 모여 있는 가족들은 각자 서로에게 등을 돌리고 서서 창밖을 바라보거나 문 옆에 서서 아래를 내려다보고 또는 다른 곳을 바라보는 그런 모습들이다(영상 E-10). 그들은 철저히 자신들만의 공간 안에 자신들의 괴로움 안에 깊이 몰두해 있다. 저택 공간은 이들 인물들에 의해 더 작은 '닫힌' 공간들로 분리된다. 사실 영화는 인간교류의 불소통의 그림을 〈영상 E-11〉과도 같이 곳곳에서 보여주고 있다. 영화 속 인물들은 일상 속에 함께 하고 있지만, 그들의 시선은 상대에게 향하지 않고 자신의 내면으

〈영상 E-10〉

〈영상 E-11〉

호퍼의 〈뉴욕의 방〉(1932)

호퍼의 〈야간의 회합〉(1949)

로 향해 있다.

일상 속 사람들의 우울한 정서를 화폭에 그대로 담아내고 있는 호퍼의 그림 〈뉴욕의 방〉과 〈야간의 회합〉 등을 통해 알 수 있듯이 인간적인 상호교류가 결여된 이미지를 드러낸다. 일상의 가정 공간을 그리고 있는 〈뉴욕의 방〉은 따뜻한 분위기의 공간이 아니다. 신문을 보고 있는 남자와 무기력하고 무의미하게 건반을 두드리는 여인의 모습을 통해서 상호교류가 일어나지 않고 자신들만의 내적인 세계 속으로 들어가는 부부의 일상이 닫힌 실내 공간과 더불어 현대인들의 소외감과 고독감을 부각시킨다. 큰 문도 역시 이러한 분위기를 더욱 강조하는 효과를 낳는다. 또한 〈야간의 회합〉에서도 세 사람이 함께 대화를 나누는 모습이지만 실상 그들의 얼굴은 기계적인 표정으로 굳어 있고 여인의 시선은 상대가 아닌 창문 밖을 향해 있다. 또한 모자를 쓴 검은 코트의 남자는 드리워진 그림자 안에 갇혀 있다.

영화는 소외와 절망을 염세적인 시각으로 그린 호퍼의 그림보다 더욱 비극적으로 꽉 막힌 폐쇄 공간의 이미지를 보여주고 있다. 예를 들면, 옐레나와 아스트로프가 이별하는 장면에서 복도에 서 있는 옐레나의 얼굴에 투명한 창문이 오버랩overlap되어서 비춰진다(영상 E-6). 이는 그녀의 내면이 모자이크 형태의 창문으로 이미지화되어 옐레나의 얼굴에 그려짐으로써, 자유를 향한 그녀의 갈망과 욕망이 완전히 차단된 상태를 보여준 것이다.

하지만 더 큰 비극은 창문 밖에 펼쳐진 환한 꽃들과 자연의 세계가 헛된 '환상'일 뿐이라고 영화가 말한다는 사실이다. 왜냐하면 그들이 눈앞에 바라보는 창문에만 환한 꽃들이 만발할 뿐, 영화에서 멀리 비춰지는 영상은 러시아의 황량한 대지이기 때문이다. 또한 영화에서는 바냐의 방에 걸려 있는 아프리카 지도를 통해 다른 세상에 그들이 갈구하는

'자유'가 있을 것이라는 희망을 언급하면서도 동시에 아프리카 소년의 사진을 바냐의 방 벽에 동시에 걸어놓음으로써 체호프 주인공들의 갈망이 환상이었다는 사실을 보여준다. 즉, 19세기의 러시아 희곡 「바냐 아저씨」에서 아프리카는 인간 근원이 살아 있는 자유의 공간으로 상징화될 수 있지만, 20세기 소비에트 사회주의 체제하의 영화에서는 아프리카 소년의 배고픈 사진이 증명하듯이 다른 세상에도 역시 자유가 있을 수 없음을 주장한다. 자유를 상실한 소비에트 시대의 영화는 체호프의 회의적인 태도를 더욱 극단화시켜 비극적인 그림을 만들어낸다.

따라서 아스트로프가 바냐에게 "(화를 내며) 에이, 이 친구야! 거기 무슨 새 인생이 있어! 우리 처지는, 자네나 나나 희망이 없어."(S13: 108)라고 말하는 것처럼, 영화는 우리 삶의 진실이란 희망을 상실한 황량하고 부조리한 세계라는 것을 강조한다. 소비에트 사회주의 사회에 살면서 예술적인 억압을 당한 당시 지식인들이 자유를 향해서 부르짖는 소리와도 같이 영화의 기저엔 허무주의가 짙게 깔려 있다. 따라서 흑백영화도 아니면서 흑백영화와도 같이 영화의 전체 색상은 회색 톤이다. 명확하지 않는 불합리한 세계를 의미하듯이 말이다.

2) 체호프의 '회화적 이미지'와의 차이: '에드바르트 뭉크' 회화의 이미지

사실 체호프의 희곡에 나타난 이미지는 어둡거나 무겁지 않다. 체호프의 회화적 이미지는 낭만적 색채가 가미된 19세기 사실주의 풍경화와 풍자적인 장르화 · 풍속화에 가깝다. 하지만 콘찰로프스키 감독의 영화 〈바냐 아저씨〉는 에드워드 호퍼의 건조하고 차가운 이미지를 보

뭉크의 〈병실에서의 죽음〉(1893)

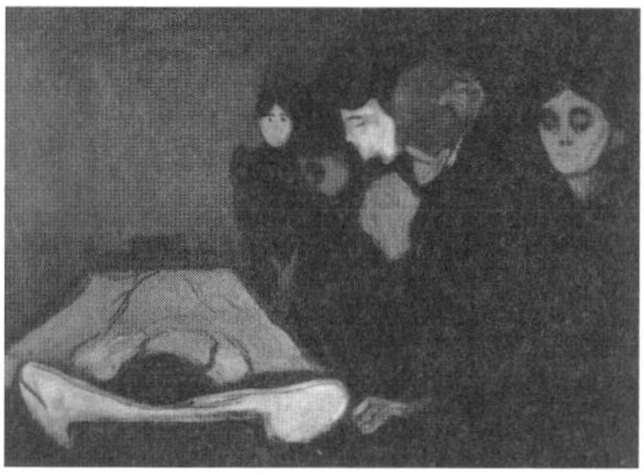

뭉크의 〈임종의 마루에서〉(1895)

뭉크의 〈죽은 어머니와 아이〉(1897-99)

여주면서도 한편으론 공포스럽고 그로테스크한 또 다른 그림을 보여준다. 즉, 콘찰로프스키 감독은 희극성이 강한 체호프의 그림을 에드바르트 뭉크의 회화와도 같이 죽음을 연상시키는 공포로 바꿔놓는다.

20세기 표현주의 회화의 선구자인 에드바르트 뭉크(1863-1944)는 불안과 죽음, 사랑 등을 주제로 인간의 어두운 내면을 강렬한 색채와 상징적인 선으로 표현한 작가이다. 그의 작품은 집안에서 일어났던 불행한 이야기가 그 배경이 되고 있다. 5살 때 어머니가 폐결핵으로 죽고 14세 되던 해에 누나 소피에마저 죽는 것을 목격한 뭉크는 죽음과 병마라는 어두움만이 존재했던 '집안'의 이야기를 작품화하는 데에 집착한 작가이다. 특히 집안에서 일어나는 가족들의 갈등을 비극적으로 그려낸 극작가 입센을 좋아한 뭉크는 입센의 드라마 중 「페르귄트」와 「유령」에서 무대디자인을 담당하기도 했다. 뭉크의 세계에 등장하는 집안의 인물들은 다음의 그림과 같이 극도의 공포감에 사로잡혀 모두 불안한 일상을 살고 있다.[20]

콘찰로프스키의 영화에서는 이러한 뭉크 식 불안과 고통, 좌절이 바냐와 등장인물들을 통해 그대로 전달된다.

〈영상 E-12〉

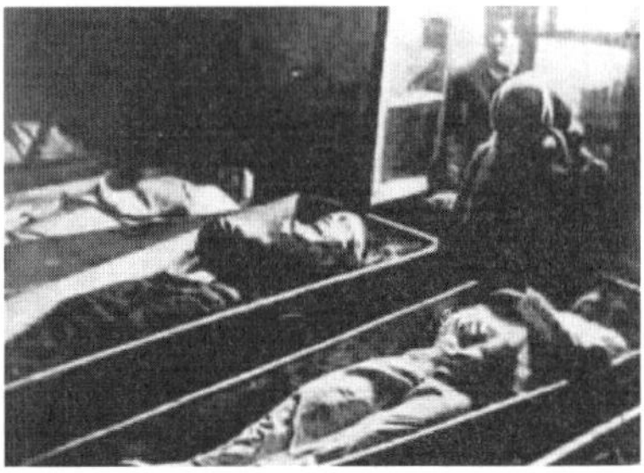

〈영상 E-13〉

〈영상 E-14〉

영화는 체호프 식의 답답함과 갇힘의 이미지를 공포스러운 '죽음'의 이미지로까지 확장시켜놓는다. 특히 영화의 시작 부분에 나열된 사

20 한창호, 『영화, 그림 속을 걷고 있다』, 돌베개, 2006, 116-117쪽.

진영상들은 죽음과 공포의 이미지를 상징적으로 부각시키고 있다. 예를 들면, 동굴로 들어가는 광부의 두려운 얼굴, 관 속에 누워 있는 사람들(영상 E-13)과 장례식 모습, 웃음을 잃어버린 철창 속(밖) 군인들, 죽어 있는 아기, 관 속 시체와 죽은 자들을 내려다보는 신부와 남자(영상 E-12), 죽은 노루와 사슴, 산불, 황폐한 대지 등을 찍은 사진은 다음과 같이 죽음과 공포 이미지를 효과적으로 보여준다.

이러한 사진영상을 통해서 영화는 러시아의 현실이 죽음과도 같은 황폐함과 공포라고 말한다. 사실 19세기 말을 영화의 배경으로 삼고 있지만, 영화는 19세기 제정 러시아 시대상과 20세기 소비에트 사회주의 사회상이 혼재된 이러한 사진 영상을 보여줌으로써 소비에트 사회주의 시대의 닫힌 현실을 암시적으로 비판하고 있다.

러시아 일상이 만들어내는 죽음 이미지는 작은 시골의 저택으로 상징되어 그 속에 살고 있는 바냐와 소냐 등 영화 속의 인물들을 심하게 옥죈다. 영화는 사방이 꽉 막힌 폐쇄 공간 속에서 주인공들이 좌절하고 체념하는 모습을 공포스럽게 그려낸다.

이 영화는 흑백을 위주로 한 분위기에도 불구하고 강렬한 색채와 선으로 예술가의 '감정'을 강조하는 표현주의 회화와도 같이 강렬한 영상이미지를 생산하기도 한다. 폭풍우가 몰아치는 한밤중에(희곡의 2막 시작 부분) 바냐는 악몽에서 깨어난 사람처럼 공포감에 휩싸인 모습을 보인다(영상 E-15). 더욱이 가위에 눌려 잠을 깬 바냐가 더 이상 잠을 이루지 못해 뒤척이는데, 그런 모습 위로 괘종시계가 요란하게 울려대는 장면은 바냐의 불안한 모습을 극한으로까지 몰고 가는 강렬한 그림을 만들어낸다. 그리고 이러한 그림은 출구 없는 피조물 인간이 직면하게 되는 실존적 의미의 공포를 그린[21] 뭉크의 〈절규〉를 자연스럽게 연상시킨다.

극도의 공포로 견디기 힘든 패닉 상태를 강렬하게 표현한 뭉크의 〈절규〉는 극한 절망에 처한 바냐의 '내적 외침'을 가장 잘 대변하는 그림일 것이다. 뭉크의 〈절규〉가 화면구성이 대담하게 사선으로 나뉘어져 강렬한 색채 대비와 율동적인 선을 사용하여 공포 분위기를 나타내고 있다면, 영화는 그림자로 인해 사선으로 나눠진 음영의 대비와 입을 벌린 바냐의 얼굴 표정이 공포 이미지를 만들어낸다.

〈영상 E-15〉

뭉크의 〈절규〉(1893)

또한 영화에서 주인공들은 현실에서 벗어나기 위해 처절한 몸부림을 보여주는데, 그들의 이런 몸부림마저도 영화는 거울 속에 갇혀버리곤 한다. 이러한 상태는 죽음과도 같다. 예를 들어, 바냐는 폭풍우가 몰아치는 한밤중에 유일한 희망이었던 사랑을 거절당한 자신의 처지를 괴로워하며 '축혼행진곡'을 피아노로 거칠게 연주한다. 하지만 그런 몸부림은 거울 속에 갇힌 상태로 비춰져 왜곡된 모습으로까지 축소되어 버린다(영상 E-16).

---

21 Willam S. Libermann, *Edvard Munch*, N.Y.: The Museum of Modern Art, 1972, pp. 15~18.

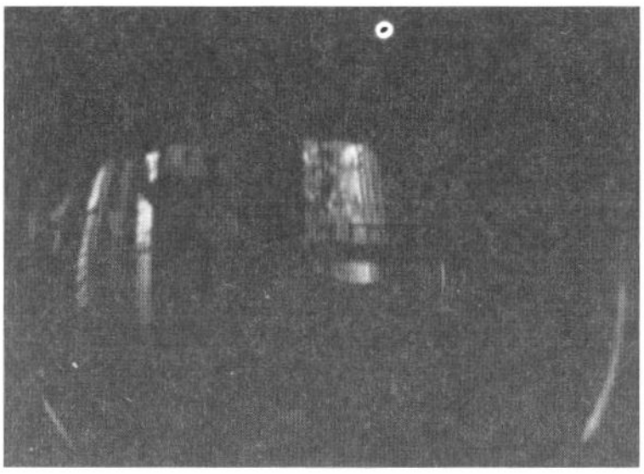

〈영상 E-16〉

〈영상 E-17〉

〈영상 E-18〉

주인공들은 거울이나 유리창 속에 갇힌 상태로 서로 대화하고, 괴로워한다(영상 E-17). 둥근 거울과 반사되는 투명한 유리창은 그들의 현실과 자아를 비춰주는 동시에 갇힌 듯한 이미지를 형성한다. 거울 속에 갇힌 듯한 그들의 삶과 투명한 유리창에 비춰진 허상과 같은 현실은 영화의 '비극성'을 더욱 강조하며 무의식의 세계를 추구하는 초현실주의 그림을 연상시킨다.

거울은 검고 투명한 두려움[22]으로 출구 없는 공간이다. 이러한 허상의 이미지로 묶여버린 거울 속 인물들은 완전히 갇힌 공간, 즉 죽음

22 질 들뢰즈, 『감각의 논리』, 하태환 역, 민음사, 2008, 28쪽.

의 공간에 놓여 있는 것과 마찬가지이다. 예를 들어, 창밖을 바라보는 소냐의 모습이 거울 안에 다시 갇혀버리는 식이다(영상 E-18).

따라서 거울을 통해서 보여준 폐쇄 공간 이미지와 허상 이미지는 '죽음'의 이미지를 부각시킨다. 창문 곁에서 벌어지는 옐레나와 아스트로프의 마지막 키스(영상 E-19)도 에로틱한 분위기를 만들어내는 것이 아니라 죽음과 같은 처절한 몸부림으로 다가온다. 마치 뭉크의 〈키스〉(1892)에서 검은 옷을 입고 있는 두 사람의 키스와도 같이 그들의 키스는 성적 이미지보다는 죽음과도 같은 현실을 받아들이기 위한 마지막 위로로 인식된다.

즉, 늙은 세레브랴코프 교수 옆에서 평생 살아야 하는 젊은 아내 옐레나의 삶은 죽음과도 같은 공포일 수밖에 없다. 따라서 폭풍우가 몰아치던 한밤중에 옐레나는 검은 옷과 머리를 풀어헤친 모습으로 죽음과도 같은 저택 공간에 스스로 문을 닫아버린 후 힘겹게 문에 기대어 서 있다. 바냐도 역시 뭉크의 〈몽유병〉(1939) 그림과도 같이 정신이 나간 듯한 모습을 영화에서 보여준다. 결국 극도의 혼란에 빠져버린 바냐는 세레브랴코프 내외가 떠난 뒤 죽음을 앞둔 사람처럼 갑자기 늙어버린 모습으로 화면에 비춰진다(영상 E-20). 이 영상은 그의 절망이 만

〈영상 E-19〉

뭉크의 〈키스〉(1892)

〈영상 E-20〉

뭉크의 〈절망〉(1892)

들어낸 암울한 그림이다. 뭉크가 강렬한 색채와 선, 그리고 그 속에 고개를 숙인 인물을 통해 인간의 절망적인 내면세계를 묘사했다면(뭉크의 〈절망〉), 영화는 어두운 방 안에 순간적으로 늙게 보이는 바냐의 모습을 통해 그의 절망이 얼마나 강렬했는지를 보여주고 있다.

모두가 떠난 저택은 죽음의 공간과도 같다. 이런 공간에 남겨진 바냐와 소냐는 저택의 안쪽 깊은 곳에 위치한 바냐의 방에서 장부를 정리한다. 바냐를 길게 위로하는 소냐의 대사는 마치 죽음을 앞둔 사람처럼 느껴진다.

영화는 뭉크 식의 병마를 다루지는 않았지만, 심한 우울증을 앓고 있는 주인공들의 병적인 내면 상태와 죽음과도 같은 현실 이미지를 통해 뭉크의 회화 이미지를 연상하도록 만든다.

사실 체호프의 희곡에 나타난 이미지는 희극적이며 조소적이다. 체호프의 인물들은 '광대성'을 지닌 희극적인 인물들로, 어릿광대와도 같이 희극적인 면모와 슬픈 이미지를 동시에 보여준다. 하지만 영화에서는 시종일관 비극적인 색채가 가득한 무거움을 유지하고 있다.

4. 나오며

지금까지 콘찰로프스키 감독의 영화 〈바냐 아저씨〉를 중심으로 체호프의 희곡 텍스트가 어떻게 능동적으로 해석되고 확장되었는지 살펴보았다. 특히 영화 〈바냐 아저씨〉가 체호프의 희곡에 나타난 회화적 이미지를 영상으로 옮기면서 어떠한 회화 이미지를 생산해냈고 그 특성과 차이는 무엇인지 알아보고자 했다. 그리고 현대 영상에 나타난 회화적인 이미지들이 체호프 주제의 확장에 어떻게 기여했는지 살펴보았다.

체호프는 정신적 관념과 심리적 갈등 등을 후경에 깊숙이 숨겨놓고 전경에는 지루할 정도로 평범한 일상을 객관적으로 묘사해놓는다. 사실 이러한 객관적인 사실주의 미학의 기저에는 시적 분위기와 상징적 이미지가 자리 잡고 있다. 바로 이러한 체호프만의 독특한 특성이 '회화적인 이미지'를 탄생시킨 것이다.

서정적인 색채가 가미된 19세기 사실주의 회화와도 같이 체호프의 희곡은 그림을 연상시키는 무대를 보여준다. 콘찰로프스키 감독은 체호프의 '회화적인 이미지'에 주목하여 체호프의 극예술과 철학을 회화적인 이미지성이 강한 영상으로 표현하였다. 그는 체호프의 이미지를 모더니즘 회화 이미지를 기반으로 하는 영상으로 전환하였다. 따라서 사실주의 기법으로 서정적인 풍경화를 그린 체호프의 드라마는 추상적이며 그로테스크한 모더니즘 이미지의 현대 영상으로 변형되었다. 또한 비극적인 색채를 바탕으로 한 표현주의 회화를 연상시키는 영상으로 체호프의 주제와 등장인물들의 내면을 효과적으로 전달하였다. 특히 콘찰로프스키 감독은 일상과 절망이라는 체호프의 키워드에 주목하여 '일상의 닫힌 공간과 소외, 절망'을 추상성이 가미된 사실화로 그린 에드워드 호퍼의 회화와 '죽음의 닫힌 공간과 공포'를 그로테스크하게 그린 에드바르트 뭉크의 회화와 유사한 영상을 실험하였다. 이러한 실험은 체호프의 텍스트를 좀 더 깊게 이해할 수 있는 계기가 되었을 뿐만 아니라 체호프 텍스트를 새롭게 접근할 수 있는 시각을 넓혀주었다고 할 수 있다.

영화 〈바냐 아저씨〉는 체호프의 희곡에서 보여준 불합리하고 부조리한 삶의 이미지를 무미건조하고 삭막한 조립식 건물과도 같은 시골 '저택' 이미지로 상징화시켰다. 따라서 영화는 아이러니하게도 이 시골 저택 '안'에서만 진행된다. 저택의 모든 문들과 창문들이 활짝 열려있지만 영화 속 주인공들은 저택 안에만 머물러 있다. 그들은 죽음과도 같은 현실 공간(집)으로부터 벗어나고자 하지만 단지 꽃이 만발한 '창문' 밖을 바라볼 뿐이다. 그러나 그들이 꿈꾸는 창문 '밖'의 세상도, 체호프의 바람과는 달리 저택 안의 세계와도 같이 비논리적인 공간이며 '거짓 환상'의 공간이라고 영화는 말한다.

우선, 이러한 주제를 영화는 미국 사실주의 회화의 거장인 에드워드 호퍼의 그림을 쉽게 연상시킬 수 있는 회화적인 이미지를 활용하여 표현하였다. 호퍼의 그림은 일상의 '닫힌' 공간 안에서 외롭게 '창문'을 바라보는 인간의 모습과 닫힌 공간 안에서 인간적인 교류마저 상실한 인간 존재의 소외를 다루고 있다. 따라서 체호프 주인공들이 각자 안고 있는 절망과 고독은 호퍼의 회화 속에 등장하는 인물들의 절망과 고독과 결합되어 이 시대에도 쉽게 공감할 수 있는 현대인의 소외 문제로 확장되는 효과를 낳았다.

하지만 영화는 체호프가 희극성을 강조하며 그린 일상의 답답함과 갇힘의 이미지를 죽음과도 같은 공포스러운 이미지로까지 변형시켜 놓았다. 영상에 담긴 바냐의 절규는 에드바르트 뭉크의 〈절규〉를 연상시키며, 영상에 담긴 세레브랴코프 저택의 이미지는 '죽음'의 집을 그린 뭉크 회화를 떠올리게 한다.

따라서 체호프가 19세기 러시아의 일상 속에서 절망하는 지식인들의 삶을 희극성과 비극성이 공존하는 그림으로 그렸다면, 영화는 이러한 체호프의 텍스트를 시종일관 비극적인 색채가 가득한 어둡고 그로테스크한 분위기로 새롭게 그려내면서, 20세기 소비에트 사회주의 사회 속에서 죽어가는 지식인들의 삶과 사회의 부조리함을 상징성이 강한 회화적 영상 이미지를 통해 암시적으로 드러냈다고 할 수 있다.

제3부

영상 드라마 콘텐츠의 스토리텔링 개발

1. TV사극에서 '거상(巨商)' 콘텐츠의 영웅 스토리텔링 개발방안
2. 전통문화콘텐츠의 영화 스토리텔링 창작 교육방안
   -판소리 명창 콘텐츠의 시나리오 개발을 중심으로

1 TV사극에서 '거상' 콘텐츠의 영웅 스토리텔링 개발방안

1. 들어가며

TV드라마에서 왜 '거상巨商' 콘텐츠인가? 모든 삶의 기준이 경제와 자본이 된 신자유주의 시대에 '거상'은 시청자들이 바라는 영웅이기 때문이다. 거상 스토리 속에는 부와 성공을 향한 인간의 꿈과 욕망이 있고, 시련과 성장, 희생을 바탕으로 한 인간 승리가 있다. 따라서 이 시대의 주요 키워드인 '경제'와 관련하여 '거상' 스토리는 TV드라마 스토리텔러들의 관심거리일 수밖에 없다. 2010년에 방영된 TV드라마 콘텐츠를 살펴보면, TV사극 〈명가〉, 〈거상 김만덕〉를 비롯하여 TV드라마 〈자이언트〉 등 경제를 주된 스토리로 삼는 드라마가 유난히 많다는 점이 이를 증명한다.

하지만 '부'와 '부자'는 꿈과 욕망의 대명사이면서 거부감을 주는 키워드이기도 하다. 그래서 TV드라마는 부자의 성공담을 다루는 데에 있어서 특히 '역사'에 주목한다. 그 대표적인 예가 바로 TV사극 〈상도〉 〈명가〉, 〈거상 김만덕〉이다. IMF 직후 경제가 가장 중요한 관심거리였던 2001년에 TV사극 〈상도〉는 사회적인 이슈와 더불어 문화콘텐츠로서 다양한 효과도 낳았지만, TV사극 〈명가〉와 〈거상 김만덕〉은 그다지 큰 성공을 거둔 콘텐츠는 아니었다. 물론 TV사극 〈거상 김만덕〉의 경우는 TV드라마의 영향으로 김만덕에 관한 책들이 출판되었고, 제주도 '김만덕 기념관'에 관람객 방문수가 늘었으며, 김만덕 사업을 추진하고자 하는 공감대도 사회에 형성되었다. 하지만 아쉽게도 그 관심을 '계속해서' 유지할 만한 큰 성과를 거두지는 못했다. 그런 의미에서 무엇보다도 드라마의 성공은 필수적이라고 할 수 있다. 드라마의 성공은 주지하다시피 대중성과 공익성을 갖춘 '스토리텔링'을 기반으로 한다.

우리의 역사 속에서 거상들은 상당히 많다. 역사적인 인물을 발굴하여 TV드라마로 콘텐츠화하면 교육적인 효과를 일으킬 수 있을 뿐만 아니라 한류가 지속되고 있는 현 상황에서 해외에 우리 문화 알리기에도 도움을 줄 수 있다. 사실 극단적인 욕망이 넘쳐나는 21세기는 무엇보다도 인간성 회복과 도덕적 교훈이 절실한 시대이다. 따라서 현실적인 욕망을 채우면서도, TV드라마의 공익성이라는 책임을 다할 수 있는 콘텐츠와 스토리텔링을 찾을 필요가 있다.

본 텍스트에서는 TV경제사극의 중요성에도 불구하고 스토리텔링 개발에 관한 연구가 미흡했던 점을 고려하여, 21세기 시청자들이 역사드라마 속에서 만나고자 하는 거상 콘텐츠와 스토리텔링을 개발하고자 한다. 특히 '거상'을 다룬 기존 TV사극 콘텐츠들의 문제점을 살펴보면서, 공익성과 대중성을 동시에 획득할 수 있는 스토리텔링을 찾아보고자 한다.

본 텍스트에서는 새로운 거상 콘텐츠로 민족교육과 문화사업에 전 재산을 바친 평양 거부 백선행(1848-1933)을 제시하려고 한다. 여성으로서는 조선 최초로 사회장社會葬이 치러질 정도로 역사적인 인물이며

21세기형 '모멘텀momentum 리더'의 면모를 지닌 거상이지만, 시청자들에게는 제대로 알려지지 않은 인물이다. 사실 백선행이라는 역사적인 콘텐츠는 다양한 문화콘텐츠로 개발할 수 있는 좋은 자료가 될 수 있다. 더욱이 백선행 콘텐츠를 TV드라마로 제작했을 경우에는 역사 · 경제 · 윤리 교육 자료로 활용할 수 있는 가능성도 있다. 본 텍스트는 백선행 콘텐츠를 통해서 거상 스토리텔링을 개발하고자 하기 때문에, TV드라마 스토리텔러들과 제작자들에게 실제적인 안내가 될 것이다.

2. 신자유주의 시대의 TV경제사극과 '거상'

이 시대 TV드라마가 만들어내는 거상巨商의 이미지는 신자유주의 시대가 만들어낸 탈출구이다. 신자유주의는 1990년대가 전성기였고 2000년대에 들어서는 부분적으로나마 퇴조하는 형국이지만, 지금도 우리 사회에 막대한 영향력을 행사하고 있다.[1]

'경제 최우선주의'라는 기준을 만든 신자유주의적 경제체제는 신뢰 · 충성 · 헌신 등의 가치를 무가치한 것으로 만들고, 일에 대한 불안으로 인해 자신의 가치를 희석시켜버렸다. 인간은 스스로 상품화가 되었고, 소득 불평등은 날로 심해져 경제 전반에 불안정성이 증대되었다. 끊임없이 '경쟁'을 양산하는 구조 속에서 사람들은 희망을 잃어갔고, 인간 생명에 대한 경외감도 상실되어버렸다.[2]

---

1 최태욱, 『신자유주의 대안론』, 창비, 2009, 64쪽 참고.

2 황성훈, 「신자유주의가 한국사회와 한국교회에 미치는 영향 연구」, 영남신학대학 신학대학원 석사학위논문, 2006, 28-43쪽 참고.

이런 상황 속에서 TV드라마 시청자들은 모순적인 태도를 보일 수밖에 없다. 경쟁사회에서 살아가기 위해 치열하게 싸우면서도, 다른 한편으로는 이런 사회를 변화시켜줄 누군가를 기다린다. 즉, 시청자들은 신자유주의라는 괴물과 싸울 영웅을 통해 인간성과 헌신 · 정의 · 신뢰라는 가치를 회복하길 원한다. '보호하고 봉사하다'라는 의미에서 파생된 영웅이라는 용어에는 '자기 희생'이 내포되어 있듯이, 영웅은 참된 가치를 위해 자기 이익을 포기할 줄 아는 인물이기 때문이다.

특히, 모험을 강요하는 신자유주의 사회에서 시청자들은 영웅을 통해 도전을 간접 경험하고자 한다. 사실 영웅의 모험은 목적지가 뚜렷한 모험이지만, 신자유주의 현실에서 모험은 목적지보다는 '출발' 그 자체가 중요한 모험이다. 경쟁사회에서 모험하지 않는 것은 마치 주검과 같은 안주와 실패의 징조로 본다.[3] 따라서 그 시대 경제를 움직이고 성공을 향해 달려간 거상의 모험 스토리는 성장지상주의 철학이 지배하는 오늘을 살아가는 시청자들에게 여러 측면에서 매력적일 수밖에 없다.

1997년 한반도를 강타한 국제통화위기IMF의 영향 아래 21세기를 맞던 당시에 최인호 작가의 장편소설 『상도』가 베스트셀러에 올랐고, 2001년에는 TV사극 〈상도〉가 방영되면서 '부자 열풍'이 일어났다. 당시 부자에 대한 가치관을 바꿀 정도로 TV사극 〈상도〉의 거상 스토리는 시청자들의 큰 관심을 받았다.

10년이 흐른 이 시점에서도 그 갈급함은 더욱 심해졌다고 해도 과언이 아니다. 따라서 오늘의 스토리텔러들은 시청자들이 갈급해하는 욕망의 대리자로 '거상' 캐릭터를 되살려놓고 있다. 하지만 '부'와 '부

3 리처드 세넷, 『신자유주의와 인간성의 파괴』, 조용 역, 문예출판사, 2002, 123-128쪽.

자'가 꿈과 욕망의 대명사면서도 동시에 거부감을 주는 키워드이듯이, 실제 경제인의 성공담을 다룰 때 TV드라마는 거부감을 줄이기 위해 과거 속에서 캐릭터를 찾는 경향이 있다. 또는 경제 스토리를 좀 더 새롭게 풀어내기 위해 '역사'를 활용하기도 한다. 역사는 현실의 문제를 우회적으로 상징화시켜 '낯설게' 보여줄 수 있기 때문이다. 2010년 상반기에 제작된 TV드라마 콘텐츠를 살펴보면, 조선시대를 중심으로 한 TV사극 〈명가〉, 〈거상 김만덕〉이 있으며, 1970 · 80년대 경제 이야기를 다룬 TV드라마 〈자이언트〉도 있다.

더욱이 시청률 40%를 달성할 정도로 시청자들의 호응을 이끌어냈던 TV드라마 〈찬란한 유산〉(2009)은 부자의 도덕적 의무를 요구하는 시대의 도래를 예고했는데, 이는 대중이 부자의 노블레스 오블리주 실천에 관심을 가지기 시작했다는 사실을 보여준다. 2010년 8월에 빌 게이츠와 워런 버핏을 비롯한 미국 억만장자 40명이 재산의 절반 이상을 사회에 기부하기로 약속하는[4] 등 미국 거부들의 '노블레스 오블리주' 실천이 우리 사회에도 영향을 미쳤던 일이 있다. 또한 2011년 경제학의 화두로 '경제 윤리 회복'이 최우선 과제로 꼽혔을 정도로, 효율성을 최우선시하는 기존 경제학에 윤리 문제가 최근에 부각되기 시작했다.[5] 이런 시점에서 이제 대중은 "부를 어떻게 가치 있게 쓸 것인가?"에 관심을 두기 시작했고, 드라마에서도 이러한 과제를 풀기 위해서 TV사극 〈명가〉, 〈거상 김만덕〉을 재빠르게 제작했다.

2001년도에 제작된 TV사극 〈상도〉의 기획의도에서도, "IMF 사태 이후 그 어느 때보다도 기업인들의 윤리의식과 상도덕이 요구되는 시

4 『헤럴드경제』, 2010년 8월 5일자.

5 「올 경제학 화두는 윤리회복」, 『매일경제』, 2011년 1월 8일자.

점에서 거상 임상옥의 일대기를 극화하여 경제인들에게 바람직한 기업인의 표상을 제시한다."[6]고 했으며, 2010년도에 제작된 TV사극 〈거상 김만덕〉에서는 "제2의 IMF라고 불리는 경제적 대공황 속에서 불황을 이겨내고 나아갈 방향을 제시해주는 리더상의 필요에 따라 진정한 노블레스 오블리주의 실천을 보여준 김만덕을 통해서 각박한 세상을 위로한다."[7]고 하였다. 따라서 이들 드라마는 "재물은 평등하기가 물과 같다"(〈상도〉), "언제든 돈을 다 버릴 수 있는 자세가 되어 있을 때 돈을 벌 수 있다는 아이러니하면서도 진리인 메시지"(〈거상 김만덕〉)를 전했다.

사실 역사 속 거상 캐릭터는 문화콘텐츠로의 활용이 매우 크다. TV드라마로 제작이 된다면, OSMU로의 가능성도 크다. TV사극 〈상도〉는 '부자 열풍'을 일으켜 경제에 관한 다양한 베스트셀러를 탄생시켰고 광고와 게임시장에서도 상도 콘텐츠를 상품화시켰다. 또한 TV사극 〈거상 김만덕〉의 경우에도, TV드라마의 영향으로 서적 출판과 제주도 〈김만덕 기념관〉 사업이 활발하게 이루어졌으며, 계속해서 김만덕 콘텐츠 사업을 추진하고자 하는 공감대도 사회에 형성되었다.

하지만 무엇보다도 우리 역사 속에 숨겨진 다양한 거상들을 찾아내어 문화콘텐츠화하면 교육적인 자료로서 활용이 가능하다. 또한 거상을 다룬 TV사극 콘텐츠는 한류가 지속적인 현 시점에서 우리의 역사와 문화를 해외에 알리는 좋은 자료가 될 수 있다.[8]

6 TV사극 〈상도〉, http://www.imbc.com/tv/drama/sangdo/concept.html

7 TV사극 〈거상 김만덕〉, http://www.kbs.co.kr/drama/manduk/about/plan/plan01.html

8 TV드라마 〈거상 김만덕〉은 2010년 프랑스 칸에서 열린 MIPTV2010에서 일본 NHK그룹의 NHK엔터프라이즈와 드라마 '거상 김만덕' 방송권을, 일본 최대 유통사인 츠타야와는 비디오그램권 판매계약을 체결했고, 대만에서도 매우 높은 가격으로 판매되었다. TV사극 콘텐츠 수출은 한국 역사와 문화를 알리는 중요한 계기가 될 수 있다. 「KBS 뉴스」, 2010. 04. 13, http://news.kbs.co.kr/culture/2010/04/13/2079415.html.

3. TV경제사극에서 '거상' 콘텐츠의 영웅 스토리텔링 개발 방안

1) 선행 콘텐츠들의 스토리텔링 분석: TV사극 〈상도〉, 〈거상 김만덕〉을 중심으로

본격적으로 거상 스토리를 다룬 TV드라마는 1982년도에 MBC에서 방영된 TV드라마 〈거부실록〉 시리즈라고 할 수 있다. 구한말 거부들의 삶을 그린 TV드라마 〈거부실록〉 시리즈는 〈남강 이승훈〉, 〈공주 갑부 김갑순〉, 〈행동하는 지성인 백산 안희제〉, 〈이용익〉, 〈무역왕 최봉준〉으로 이어졌다. 하지만 이들 드라마는 경제 행위에 대한 구체적인 내용은 없고, 단지 인물의 성공담과 역사사회상을 위주로 사건이 전개되었다. 따라서 "〈백산 안희제〉의 경우, 경제인이기보다 항일 독립운동을 한 애국지사로 그려질 정도였고, 〈무역왕 최봉준〉은 무역업보다는 개인의 입지전적인 신분 상승 과정과 나라를 잃고 해외에 흩어져 살고 있는 한민족의 한을 조명했다. 〈거부실록〉은 해당 인물이 거부가 된 과정을 큰 줄기로 삼았으면서도 '경제행위에 관한 구체성'이 부족했다."[9]고 비판을 받기도 했다. 당시 〈이용익〉의 연출을 맡았던 고석만은 "돈을 모으는 과정이나 방법을 정성스럽게 보여주는 것을 '경제'를 이야기하는 것으로 보지는 말자."[10]고 말했다. 한마디로 당시 시청자들의 요구를 제대로 읽지 못했다는 것이다. 따라서 시청자들이 실제적으로 경험하길 원하는 본격적인 경제 스토리는 21세기에 들어와서 다루어지기 시작했

9 박상대, 「MBC 경제 드라마의 발전사」, 『MBC 가이드』, 2002년 3월호, 42-43쪽.

10 「〈거부실록〉 '이용익'이 보여주는 경제의 본디 모습」, 『MBC 가이드』, 1982년 10월호.

다고 볼 수 있다. 그 대표적인 작품이 TV사극 〈상도〉[11]와 TV사극 〈거상 김만덕〉[12]이다.

TV사극 〈상도〉

TV사극 〈거상 김만덕〉

따라서 본 텍스트에서는 21세기에 들어와서 제대로 다루어지기 시작한 TV경제사극을 대상으로 거상 스토리텔링을 분석해보고자 한다.

우선, 보글러의 영웅 스토리텔링 가이드[13]를 바탕으로 본격적인 거상 스토리를 다룬 TV드라마인 TV사극 〈상도〉, 〈거상 김만덕〉의 영웅 스토리 구조를 살펴보았다. 즉, 신화학자인 조셉 캠벨의 영웅 신화에 담긴 순환 구조를 선형적 구조로 일반화시킨 보글러의 12개의 틀을 기본 틀로 하여, 두 작품의 스토리 구조를 다음과 같이 정리해보았다.

---

11 극본 최완규, 연출 이병훈, MBC, 2001. 10. 15~2002. 4. 2

12 극본 김진숙 · 강다영, 연출 강병택 · 김성윤, KBS1, 2010. 3. 6~6. 13

13 크리스토퍼 보글러, 『신화, 영웅 그리고 시나리오 쓰기』, 함춘성 역, 무수, 2005.

보글러의 스토리 구조		TV사극 〈상도〉		TV사극 〈거상 김만덕〉	
무대	스토리	회	스토리	회	스토리
1	일상의 세계	1회	소년 · 청년 임상옥은 역관이 되기 위해 노력한다.	1~2회	어린 만덕은 한양 저잣거리 '할매'의 양성소에서 생활하면서 거상의 꿈을 키워간다.
2	모험에의 소명	2회	상술이 뛰어난 상옥을 보고, 다녕은 송방에서 일할 것을 권하지만 상옥은 거절한다.	3~5회	밀매 현장에 억울하게 관련된 만덕으로 인해서 양성소가 해체되고, 만덕은 할매와 헤어져 제주도로 간다.
3	소명의 거부	3~4회	아버지는 억울하게 사형을 당하고 상옥은 감옥 생활을 한다.	6회	만덕은 제주 기생이 된다.
4	정신적 스승과의 만남	5회	석숭 스님과 홍득주와 만난다.	7~8회	할매와 재회한다.
5	첫 관문의 통과	6회	상옥은 고가의 반상기를 팔아오라는 유기전의 시험을 받는다.	9~10회	만덕은 구질막에서 죽음을 이겨내고, 정신적으로 새로 태어난다.
6	시험, 협력자, 적대자	7회	첫 시험에서 선보인 상옥의 상술에 허삼보(협력자)는 감탄하고, 정치수(적대자)는 긴장한다.	11~12회	만덕은 아버지 김응렬(협력자)과 상봉하게 되고, 문선 · 묘향(적대자) 등의 방해를 받는다.
7	동굴 가장 깊은 곳으로의 접근	8~22회	상옥은 만상에서 상인의 길을 걷기 시작하고, 송상과 정치수와 경쟁한다.	13~17회	기적(妓籍)에서 빠져나온 만덕은 동문객주에서 전복 거래를 시작으로 문선과 경쟁한다.
8	시련	23~26회	만상의 쇠망으로 상옥은 선왕사에서 지내며 석숭 스님으로부터 예언을 듣는다.	18~20회	동문객주는 파산하게 되고, 할매는 억울하게 죽음을 당한다.
9	보상	27~39회	상옥은 장미령의 보은(報恩)으로 만상의 재기를 도모하게 되고, 인삼교역을 토대로 만상을 조선 제일의 상단으로 키운다.	21~23회	만덕은 숙박업과 백립 · 흑립 사업 등의 성공으로 동문객주를 되찾는다.

(계속)

보글러의 스토리 구조		TV사극 〈상도〉		TV사극 〈거상 김만덕〉	
무대	스토리	회	스토리	회	스토리
10	귀환의 길	40~43회	상옥은 홍대수(홍경래) 일로 인해 관아로 끌려간다.	24회	만덕은 밀주령으로 인해 궁지에 몰린다.
11	부활	44~48회	홍경래의 난 이후 상옥의 공을 치하하여 순조는 상옥을 태천고을 현감으로 제수하고 그 후 곽산군수로 제수한다.	25~29회	만덕은 서문의 배를 사들이고, 할매의 죽음의 원인인 치부책을 얻게 된다.
12	영약을 가지고 귀환	49~50회	상옥은 당사관 중주부 호군으로 제수되고, 사람을 살리는 진정한 상인으로 거듭난다.	30회	전 재산을 털어 제주 백성들을 살린 공으로 만덕은 임금을 알현하고 의녀로 칭송받고, 금강산 구경을 한다.

영웅은 변화하는 영혼을, 그리고 개개인이 삶을 통해 겪는 여행을 상징한다. 그러한 점진적 진보의 단계, 생사의 본질적 단계는 영웅의 여행을 구성한다.[14] 영웅의 모험은 살아 있음의 모험이며,[15] 영웅이 겪는 분리-하강-시련-복귀라는 과정은 우리가 겪는 삶의 여정이다. 보글러가 설명하듯이, 신화는 거대한 섭리에 둘러싸인 인간의 처지와 삶의 목적을 돌려서 시적 · 은유적으로 설명하려는 시도[16]이기 때문에, 시청자들은 영웅의 모험을 통해서 우리 자신의 삶을 보게 된다. 따라서 영웅 스토리텔링은 시청자들의 몰입을 이끌어내는 데에 매우 용이하다.

우선, TV드라마 〈상도〉의 스토리 구성을 살펴보자. 캠벨의 '출발'

14 위의 책, 89쪽.

15 조셉 캠벨 · 빌 모이어스, 『신화의 힘』, 이윤기 역, 이끌리오, 2002, 303쪽.

16 스튜어트 보이틸라, 『영화와 신화』, 김경식 역, 을유문화사, 2006, 7쪽.

에 해당하는 제1막은 보글러의 영웅 모험의 1무대에서 5무대까지, '입문'에 해당하는 제2막은 6무대에서 9무대까지, '귀환'에 해당하는 제3막은 10무대에서 12무대까지로 볼 수 있는데, TV사극 〈상도〉는 16회 정도로 나눠 분할되어야 했지만, 중 · 후반부에 주요 사건들이 몰려있어서, 관객들의 시선을 뒤늦게 사로잡았다. 전자정보시대가 만들어낸 빠른 속도에 익숙해진 시청자들은 변화가 더딘 전개를 견디지 못한다. 즉, 드라마 초반에는 영웅 모험의 '출발'에 해당하는 스토리에 집중한 탓에 시청자들의 흥미를 끌지 못하다가, 임상옥과 정치수가 벌이는 상술 싸움이 긴장을 만들어내면서 시청자들의 호응을 이끌어냈던 것이다. 더욱이 〈상도〉는 출발 부분에 영웅이 되기 위한 주인공의 고난을 지나치게 강조하는 스토리텔링이어서, 답답하고 무거운 분위기만 부각되었다.

그에 반해서, TV사극 〈거상 김만덕〉은 '출발-입문-귀환'의 세 과정이 균형 있게 나뉘어 전개되었지만, 후반으로 가면서 진부하고 예측 가능한 사건 해결 방식으로 인해서 시청자의 흥미를 끝까지 유지하지 못했다.

TV드라마에서 긴장감은 필수이다. 사실 긴장은 게임과도 같이 강약의 리듬이 주어졌을 경우에 상승효과를 얻을 수 있다. TV사극 〈상도〉의 경우에는, 중 · 후반에 전개되는 임상옥과 전치수의 경쟁 스토리에서 예측 불가능한 게임식 전략으로 드라마의 긴장감을 크게 높여 시청자들의 호응을 얻었다. 하지만 TV사극 〈거상 김만덕〉에서는 문제해결 방식이 단순하게 반복되어서, 긴장감을 상실하게 만들었다. 예를 들어, 전복 경합과 공물선 경합 등에서 오문선의 계략에 동문객주는 늘 당하기만 하지만, 위기의 정점에서 김만덕이 '잠깐만요'라고 말하며 뒤늦게 나타나 문제를 해결한다는 방식이다. 모든 해결이 동일한 방식으로 반복되었기 때문에, 드라마는 시청자와 진정한 게임을 벌이지 못했다.

사실, 오늘날의 드라마 스토리텔링은 시청자들의 참여를 이끌어내야 한다. 시청자들과 함께 놀며, 두뇌를 사용하는 게임 전략의 스토리텔링이 필요하다. 이 시대의 시청자들은 스스로 두뇌를 사용하기 원하며, 주인공 영웅이 그들의 재치를 뛰어넘길 원한다. 따라서 '경제'라는 소재에 걸맞게, 시청자들과 두뇌게임을 벌일 수 있는 다층적인 미션과 게임 전략을 만들어주어야 한다.

다음으로 이들 작품의 캐릭터들을 살펴보면, 역시 입체적이고 다성多聲적인 성격이 아니라, 틀에 박히고 단편적인 성격이었다. 앤드루 호튼은 "캐릭터를 창조하는 것은 우리가 생명을 부여하고자 하는 존재의 개인적 목소리를 찾는 것이다."[17]라고 했지만, TV사극 〈상도〉는 21세기 거상 캐릭터를 창조하지 못하고 과거 캐릭터를 답습한 임상옥을 그렸다. 사실 TV사극 〈상도〉는 지나치게 교훈적인 성격의 단선적인 캐릭터와 입지전적 성공 나열이 진부하다고 비판을 받았다.

TV사극 〈거상 김만덕〉의 경우에는 지나칠 정도로 정의롭고 다혈질적인 특성이 초반에는 잘 표현되었지만, 사건이 진행되면서 서서히 힘을 잃어, 나중에는 아예 그 성격 자체가 상실되었다. 특히 김만덕(이미연 분)은 딱딱한 교훈을 대사만으로 전달했고, 내적인 갈등이 없이 행동했으며, 모든 일을 바르게만 해결했다. 내적인 갈등과 성장이 결여된 이러한 캐릭터는 진부한 선악 구조와 단순한 갈등 구조를 만들어낼 수밖에 없었다.

영웅 캐릭터와 더불어 주변 캐릭터를 창조하는 작업도 이 시대의 스토리텔링에서 매우 중요하다. 사실 영웅이 만나는 캐릭터들은 선악

---

17 앤드루 호튼, 『캐릭터 중심의 시나리오 쓰기』, 주영상 역, 한나래, 2006, 74쪽.

을 불문하고, 영웅의 다각적인 모습을 대변하는 인물들이다. 그런 의미에서 TV사극 〈상도〉의 주변 인물들은 주인공의 성격을 변화시켜주는 다면적인 캐릭터인데 반해서, TV사극 〈거상 김만덕〉의 주변 인물들은 선악이 너무 분명하거나, 도식적인 캐릭터여서 흥미를 끌 만한 요소가 지극히 적었다.

그 외에도 정신적 스승 캐릭터와 관련하여, TV사극 〈상도〉에서는 석숭 스님과 홍득주라는 정신적인 스승 외에도, 주인공 임상옥이 만나는 다양한 주변 인물들이 상황에 따라서 스승 역할을 한다는 점이 주목할 만했다. 하지만 TV사극 〈거상 김만덕〉은 스승 역할을 하는 인물들이 다양하게 부각되지 못했다.

이미 앞 장에서도 살펴보았듯이, 오늘날의 시청자들은 TV드라마에서도 실제적인 현실을 경험하길 원한다. 그들은 TV드라마가 환상의 스크린이 아니라, 실제적인 정보가 살아 있고, 시청자들의 의식을 깨우고, 함께 놀 수 있는 현실 공간이 되길 원한다. 특히 신자유주의 시대에는 '경쟁'이 중요한 키워드가 되어버렸기 때문에, TV방송에서도 경쟁게임은 시청자들의 관심을 끄는 데에 주요한 역할을 한다. 따라서 TV사극 〈상도〉, 〈거상 김만덕〉도 이런 시청자들의 니즈needs에 주목하여 영웅과 악한과의 치열한 경쟁을 통해서 21세기 비즈니스 마케팅을 선보였다.

TV사극 〈상도〉에서 그려진 마케팅을 살펴보면, 우선 1회에서 길거리 공연 마케팅을 연상시키는 사당패 연희를 활용한 장사와, 14회에서는 시詩를 이용하여 고객에게 홍삼을 파는 감성마케팅이 소개되기도 했다. 36회에서는 청국 상인들의 담합을 저지하기 위해 조선 홍삼을 불에 다 태워버리려는 임상옥의 담력을 통해서, 의미 있는 목적을 위해 도전하는 비즈니스 정신을 전달했다. 특히 14회에서는 임상옥이 연경

홍등가에서 장미령이라는 한 여인을 구하기 위해 거금을 지불했지만 결국 이 일이 계기가 되어 더 큰 이익을 얻게 된다는 이야기를 통해 '인간애'야말로 최고의 마케팅임을 보여주기도 했다.

'인간을 남기는 것이야말로 최고의 이익'이라는 사실을 보여주는 임상옥의 모습은 김만덕에게서도 강하게 비춰진다. TV사극 〈거상 김만덕〉은 '나눔'을 실천한 영웅 김만덕을 그리면서, '인간애'를 바탕으로 하는 마케팅을 강조하였다. 특히 정확한 시장 분석을 통한 상품 선택 · 개발 그리고 유통망 확보 등 체계적인 경영활동을 통해 시청자들의 흥미를 이끌어냈다.

다음으로, 이들 드라마에서는 '비주얼적인 영상'과 '놀이성'을 효과적으로 활용하여 극적 흥미를 높였다. TV사극 〈상도〉의 영상에서는 광활한 자연 속 인간이 롱샷Long Shot으로 비춰져서, 이병훈 감독의 독특한 영상미와 더불어 인간 존재에 대한 철학적 의미도 시청자들에게 자연스럽게 전달되었다. TV사극 〈거상 김만덕〉은 기획의도에서 "아름다운 제주의 풍광을 담아냈다."[18]라고 밝혔듯이, 제주도의 풍경을 환상적으로 보여주었다. 그 외에 TV사극 〈상도〉는 남사당패 놀이로 볼거리를 제공하기도 했다.

21세기에 만나는 거상 콘텐츠의 스토리텔링은 영웅의 교훈적인 삶과 내용을 '가르치는' 것이 아니라 시청자 스스로가 '즐겁게' 깨우치는 것이 목적이 되어야 한다. 그런 의미에서 TV사극 〈상도〉, 〈거상 김만덕〉은 착한 메시지를 전달하는 방식이 도식적이었다는 점에서 아쉬움이 남는다. 사실 드라마가 그 당시 상업 구조의 모순 속에서 문제를 해결하기 위해 노력하는 역동적인 영웅을 보여주었다면, 교훈적인 내용

---

18 TV사극 〈거상 김만덕〉, http://www.kbs.co.kr/drama/manduk/about/plan/plan03.htm

전달에 더 큰 효과를 일으킬 수가 있었을 것이다.

TV사극 〈상도〉, 〈거상 김만덕〉의 스토리텔링을 SWOT 분석으로 간략히 정리하면 다음과 같다.

	Strength	Weakness
내적 요소	• 신자유주의 시대의 새로운 리더상 제시 • 게임 경쟁을 활용한 21세기 마케팅 소개 • 영상미 • 민속공연놀이 등 볼거리 • 예측 불가능한 게임식 전략 (〈상도〉) • 다양한 스승 캐릭터 (〈상도〉)	• 교훈 메시지 전달의 도식적인 방법 • 영웅 캐릭터의 단편적인 성격 • 영웅 모험의 '출발' 과정에서 변화가 더딘 전개(〈상도〉) • 예측 가능한 문제해결 방식 (〈거상 김만덕〉) • 영웅의 내적 고뇌의 부재(〈거상 김만덕〉) • 실수가 없는 캐릭터(〈거상 김만덕〉) • 진부한 선악 구조(〈거상 김만덕〉) • 주변 캐릭터들의 단편적인 성격(〈거상 김만덕〉)
	Opportunities	**Threats**
외적 요소	• 신자유주의 시대와 경제에 대한 관심 • 희망의 부재로 인해 영웅 스토리가 주는 감동 • 노블레스 오블리주에 대한 관심 • 역사적인 인물 발굴과 문화콘텐츠화	• 부자의 성공담에 관한 거부감 • 고리타분한 교훈적 메시지 전달

2) '거상' 백선행 콘텐츠와 스토리텔링 개발

탁정언은 『기획의 99%는 콘셉트이다』라는 저서에서, 콘셉트 설정의 일곱 가지 조건을 제시하고 있다. "① 독특한가unique, ② 차별화했는가differential, ③ 연관성이 있는가relevance, ④ 고객 지향적인가consumer oriented, ⑤ 조건에 맞는가condition, ⑥ 즉시 반응이 오는가reaction, ⑦ 시나리오가 있는가scenario."[19]

콘셉트 설정에 유의해야 할 점은 수용자의 니즈needs에 부응하여 확고한 콘셉트를 정착시키는 일이다. 그런 의미에서 보았을 때, 신자유주의 시대를 살아가는 시청자들에게 경제 이야기와 성공한 인물인 거상 스토리는 니즈에 부합한다고 할 수 있고, 21세기에 들어와서는 '임상옥'과 '김만덕' 이외에 사극에서 다뤄진 인물이 부족하여 역사적인 거상 콘텐츠를 새롭게 찾는 것도 필요하다고 본다.

역사적으로 수많은 거상들이 있지만, 위에서 언급된 콘셉트 설정의 일곱 가지 조건을 TV드라마화와 관련해서 보면, 일제 강점기에 미래에 대한 통찰력으로 돌산을 사서 거부가 된 백선행을 주목해볼 수 있다. 오늘날의 TV드라마로서 '독특성, 차별성, 연관성, 고객지향성, 조건적합성, 즉각적 반응, 시나리오 유무'라는 조건을 고려하여, 그동안 대중에게 제대로 소개되지 않았던 역사적 인물로, 경제와 관련된 인물과 '드라마틱한 삶'을 산 인물을 찾는다면, TV드라마의 첫 걸음인 성공적인 콘셉트를 만들어낼 수 있다.

신화학자 조셉 캠벨은 인간이 태어나 사회를 구성하고 시련을 극복하면서 살아갈 가치를 지닌 인간으로 성장하기 위한 모든 과정이 '영웅 신화'에 녹아 있다고 보고 있다. 그래서 신화의 핵심은 고통과 시련 속에서도 인간으로 살아갈 힘을 주는 '재생의 삶'을 가르쳐주는 데 있다고 주장한다.[20]

캠벨이 말한 이러한 '재생의 삶'을 그대로 보여주는 인물이 바로

19 탁정언, 『기획의 99%는 콘셉트이다』, 원앤원북스, 2005.

20 조셉 캠벨, 『천의 얼굴을 가진 영웅』, 이윤기 역, 민음사, 2007, 33쪽.

백선행(1848-1933)이다.

백선행은 전 재산을 사회에 환원한 거상으로, 자선사업으로 인해 '선행'이라는 이름이 붙여졌을 정도로 진정한 거상의 면모를 지닌 여성이다. 16세에 남편과 사별한 후 근검절약과 뛰어난 장사 수완으로 큰 재산을 모아, 광성光成보통학교, 창덕彰德보통학교, 평양 숭현학교崇賢學校, 숭인상업학교 등 교육 사업에 땅을 기부하였고, 평양에 3층 공회당을 건립하고, 1925년에는 전 재산을 구빈救貧을 위해 사회단체에 내놓았던 인물이다. 어린 과부가 홀어머니까지 잃고, 친척들에게 마저 재산을 빼앗긴 후 무일푼으로 남자들 틈에서 장사를 하여 거부가 되기까지 그녀가 겪은 삶은 아픔과 시련을 바탕으로 한 드라마였다. 더욱이 그녀는 일제 강점기에 나라의 독립과 민족의 장래를 위해 교육 사업에 전 재산을 투자했던 큰 인물이었다. 그녀의 삶은 한마디로 '재생의 삶'을 실천한 예라고 할 수 있다. 여성으로서는 조선 최초로 사회장社會葬이 치러졌으며 평양 시민 3분의 2가 참석할 정도로 모든 이들에게 존경을 받은 인물이었다.[21]

사실 오늘날 TV드라마에서 여성 CEO는 시청자들의 호응을 얻기에 유리하다. '부와 거상'이라는 이미지가 가지는 거부감이 여성이라는 약자의 이미지와 만나서 긍정적인 새로운 리더상을 제시하기 때문이다. 어린 나이에 남편을 잃고 결국 모친까지 잃은 백선행의 처지는 나라를 잃은 일제 강점기에 우리 민족의 처지로 상징화될 수 있으며, 21세기에는 신자유주의 시대에 꿈을 잃어버린 서민들의 처지로 인식될

21 백선행의 삶을 소개한 책들은 다음과 같다. 최은희, 『조국을 찾기까지』 하권, 탐구당, 1973; 한국여성개발원, 『한국 역사 속의 여성인물 하』, 한국여성개발원, 1998; 한영제, 『한국기독교인물 100년』, 기독교문사, 1987; 한정주, 『조선의 거상 경영을 말하다』, 비즈페이퍼, 2007; 박용옥, 『한국 여성항일운동사 연구』, 지식산업사, 1996 등.

수 있다. 더욱이 과부 백선행은 어려움을 지혜롭게 극복해냈고, 오히려 민족을 살리는 삶을 살았기 때문에, 우리 민족이 해방되어 역전의 역사를 이루어냈고, 결국 신자유주의 시대에도 승리의 주역이 될 수 있다는 희망적인 의미로 비춰질 수 있다.

그렇다면 백선행이라는 인물을 TV드라마로 스토리텔링하려고 할 때, 고민해야 할 문제는 무엇일까? 우선, 본 텍스트에서는 선행 콘텐츠들의 스토리텔링에서 살펴본 SWOT 분석을 바탕으로, 이를 보완하는 전략이 무엇보다도 필요하다고 본다. 따라서 SWOT 분석을 위한 매트릭스[22]를 활용하여, 다음과 같이 전략을 세워볼 수 있다.

	SO 전략[21]	WO 전략
내적 요소	• 21세기 모멘텀 리더상 창조하기 • 21세기 새로운 여성 리더상 제시하기 • 실제적인 경제 정보와 다양한 21세기 마케팅 소개하기 • 게임경쟁을 활용한 놀이식 서사 살리기 • 1920 · 30년대 학생극을 활용하여 시청각적 볼거리 제공하기 • 1910 · 20년대 역동적인 사회상의 비주얼화와 '영상미' 살리기	• 단편적인 영웅 서사를 프라이 이론과 접목하여 통합적 스토리텔링 구조로 변화시키기 • 영웅 서사에서 '모멘텀'을 살리기 • 기존 규칙을 파괴하는 게임놀이식 전개로 흥미 유발시키기 • 입체적인 영웅 캐릭터 창조하기 • 주변 캐릭터들의 다양성과 개성 살리기 • 다양한 문제제기와 논의거리로 시청자의 참여 유도하기

22 김만식, 『문화콘텐츠 개발전략』, 학연사, 2009, 218쪽.

23 • SO 전략: 강점을 가지고 기회를 살리는 전략
• WO 전략: 약점을 보완하면서 기회를 살리는 전략
• ST 전략: 강점은 극대화, 위협을 회피, 최소화하는 전략
• WT 전략: 약점 보강, 보완하면서 위협을 약화, 회피, 최소화하는 전략

(계속)

	ST 전략	WT 전략
외적 요소	• 신자유주의 시대에 다양한 경제 정보와 마케팅 소개로 시청자들의 관심 끌기 • 노블레스 오블리주로 공익성 강조하기 • 역사적인 인물인 백선행 콘텐츠 발굴과 문화콘텐츠화하기 • 1910~30년대 시대배경에 대한 역사적 관심과 교육적 효과 만들어내기 • 희망을 상실한 시청자들에게 백선행의 '재생의 삶'을 보여주기 • 개화기 시대 평양 보부상들의 활동상 보여주기 • 한국 여성 항일운동 활동상 보여주기	• 백선행이 보여준 '재생의 삶'과 노블레스 오블리주를 통해서, 부자의 성공담에 대해 시청자들의 거부감 줄이기 • 교훈 메시지를 영상기법과 역동적인 행동 등을 활용하여 입체적으로 전달하기

이러한 전략을 바탕으로, 기본적으로 다루어야 할 사항들을 좀 더 자세하게 살펴보도록 한다. 다음에 제기된 문제들은 백선행 콘텐츠를 스토리텔링할 수 있는 기초적인 기획과 관련된 질문들이다.

첫째, 이 드라마가 갖는 21세기 경제사극으로서의 역할과 차별성은 무엇인가? 둘째, 캐릭터를 어떻게 입체화할 것인가? 셋째, 어떻게 스토리텔링에서 '모멘텀momentum'을 살릴 수 있을까? 넷째, TV경제사극에서 어떻게 21세기의 놀이성을 반영할 수 있을까?

그러면 이들 문제를 세부적으로 살펴보도록 하자.

1 21세기 경제사극으로서 '역할'과 '차별성' 살리기

21세기 경제사극은 신자유주의 시대에 인간을 살릴 수 있는 '재생의 삶'을 보여주는 리더상을 제시할 필요가 있다.

신자유주의 시대에 가장 큰 문제는 희망의 부재와 인간 가치의 상실이다. 사실 거대한 경제 흐름 속에 재빨리 뛰어들어 성공한 사람들은 소수에 불과하다. 대부분은 그런 흐름에서 소외된 서민들이며, 열등감을 지닌 평범한 사람들이기 때문에, 백선행이 겪는 시련과 아픔은 시청자들의 상처를 되돌아보고 위로받을 수 있는 계기가 될 수 있다. 따라서 우리를 닮은 그녀가 고난을 극복하여 사회에 자신의 모든 것을 환원하는 모습은 시청자들에게도 희망을 준다.

또한 버려진 돌산을 장애물로 보지 않고, 큰 이윤을 남기고 팔아 거부가 된 백선행을 통해서 '모멘텀 리더상'을 보여줄 수 있다. 독특하게 생각하고 끊임없이 묻고 발견하며, 젊게 생각하고 행동하며, 직원의 숨겨진 재능을 발견해주는 모멘텀 리더[24]가 이 시대에 진정으로 필요한 리더이다. 특히 새로운 자원을 찾기보다는 한정된 자원을 새롭게 '발견discovery'하여 활용하고, 주변 인재의 숨겨진 능력을 '발견'하여 이끌어주는 '모멘텀 리더'의 '발견' 능력은 현대인 모두가 관심을 가져야 할 부분이다. 따라서 백선행을 통해 그려내는 '괴짜'와 같은 독특한 '모멘텀 리더십'은 시청자들의 눈을 새롭게 뜨게 해줄 수 있다.

21세기 경제사극은 시청자들이 실제적인 경제 정보를 예술적 감각 스타일로 만나볼 수 있는 드라마여야 하며, 또한 입체적으로 읽고 해석할 수 있는 '놀이의 장'이 되어야 한다. 사실 빠른 속도에 익숙한 이 시대 시청자들을 끌어들일 수 있는 방법은 변화가 빠른 사건 전개뿐만 아니라, 현대적인 미적 감각과 '놀이성' 강화에 있다. 특히 실제적인 토론의 장이 될 수 있도록 시청자들을 적극 참여시키고, 시청자들과 두뇌 게임을 벌일 수 있도록 게임식 스토리텔링으로 기존 경제사극과 차별

24 장 클고드 라레슈, 『모멘텀 이펙트』, 서혜민 역, 교보문고, 2009; 「제품이 알아서 팔린다고? … 그게 모멘텀의 마력이야, 모멘텀 리더십」, 『매일경제』, 2010년 10월 30일자 참고.

된 스타일을 부각시켜야 한다.

사실 백선행 콘텐츠의 스토리텔링은 일제 강점기를 시대 배경으로 그 당시의 상인들이 환경을 어떻게 활용하여 돈을 벌었고, 항일운동을 도왔는지 보여줄 수 있기 때문에, 역사적으로도 매우 흥미롭다.

2 영웅 서사에서 '모멘텀' 살리기

논문 「신화의 구조와 스토리텔링 모델」에서 최민성은 캠벨의 원질신화에 기반을 둔 스토리의 연쇄체 구조에 프라이의 이론을 접목시켜 다음과 같은 통합적 스토리텔링 구조를 만들어냈다.[25]

	수준	주인공	주제	스토리 구조
가	신화	매우 우월	삶에 대한 총체적 비전	열두 가지 스토리 구조 요소 중 선택과 집중
나	로망스	우월	영웅들의 보편적 진리 추구	
다	상위 모방	우월하나 현실적	사회와 국가의 부응	
라	하위 모방	보통	개인의 심리와 행위	
마	아이러니	열등	실존과 예술	

스토리텔러는 이러한 기본형을 바탕으로 주인공, 주제, 스토리 구조 중 일부를 다른 수준의 계열에서 선택 · 혼합하는 방식으로 변형을 시도할 수 있다. TV드라마의 특성으로 보았을 때, 다형과 라형의 조합이 가장 적합할 것으로 보이는데, 시청자들의 흥미를 끌 수 있으려면, 라형에서 다형으로 변하는 구조가 적합하다.

---

25 최민성, 「신화의 구조와 스토리텔링 모델」, 『국제어문』, Vol. 42, 국제어문학회, 2008, 512쪽.

백선행의 실제 삶을 살펴보면, 그녀는 처음에는 매우 평범했지만, 삶을 통해 서서히 배워가면서 발전했으며, 종국에는 역사적인 업적을 이루어냈다. 즉, 그녀의 삶은 처음부터 비범하지는 않았고, 사명감도 없었다. 철저하게 개인적이었고, 오히려 평범한 사람들보다 더 못한 구두쇠로서의 면모도 지니고 있었다.

따라서 스토리텔링은 보글러의 영웅 스토리텔링을 따르고 있지만, 그녀의 삶을 TV드라마로 스토리텔링하면 나, 다, 라, 마형이 적절히 혼합된 구조가 훨씬 입체적이고 개성적인 스토리텔링이 될 것이다. 또한 그 주변 캐릭터와의 갈등을 통해서 전개되는 스토리도 위의 유형들을 혼합하면서 대처하면 흥미로운 내용을 만들어낼 수 있다.

이때 '스스로 속도를 붙여 움직이게 하는 것'인 '모멘텀' 효과를 스토리텔링에서 살려야 한다. 물리학에서 모멘텀의 사전적 의미는 탄성 또는 탄력이다. 모멘텀은 첫 힘만 가하면 외부에서 추가로 힘을 가하지 않아도 저절로 계속해서 움직이는 것이다. 따라서 물꼬만 터주면 이후에는 저절로 긍정적인 방향으로 흘러가기 때문에, 모멘텀을 찾는 것이 무엇보다도 중요하다. TV드라마 스토리텔링에서도 스토리텔러는 이러한 방해적인 요소를 제거하여 긍정적인 방향으로 이끌어갈 수 있도록 탄력을 줄 필요가 있다.

특히 모멘텀 효과를 이끌어내기 위해서는 '파워 오퍼power offer'가 중요하다. 장 클로드 라레슈는 고객이 스스로 물건을 구매하지 않고는 못 배기는, 즉 '파워 오퍼'를 만들어야 한다고 말한다. 고객이 생산자를 위해 일할 수 있도록 하는 것이다.

> 파워 오퍼는 모멘텀을 얻은 기업의 특징이다. 이것은 완전히 새로운 기준이다. 타깃 고객은 파워 오퍼가 의심할 나위 없는 가치를 제공한다고 인식하고 거기에 자

동적으로 빠져버린다. 파워 오퍼가 갖고 있는 가치는 고객에게 순식간에 인식되고, 매우 개인적이며 매우 공감이 가는 나머지, 고객은 그 제품이나 서비스가 자신만을 위해 만들어진 것이라고 느끼게 된다. 고객을 확신시키거나, 설득시키거나, 구매하도록 강요할 필요가 없는 것이다.[26]

따라서 TV드라마 스토리텔링 역시도 시청자의 흥미를 이끌어내기 위해서는 시청자들 스스로가 드라마를 위해서 일할 수 있도록 '놀이의 장'을 만들어줘야 한다. 즉, 시청자가 새로운 세계에 눈을 뜨게 해주는 즐거움을 선사해야 한다. 특히 프로슈머prosumer로서 시청자들의 가능성을 적극 활용할 필요가 있다.

그러기 위해서는 끊임없이 논의를 이끌어낼 수 있는 질문거리와 변화가 필요하다. 이미 선행 콘텐츠들에서도 살펴보았듯이, 예상이 가능한 단선적인 스토리텔링은 다양한 논의거리를 만들어내지 못한다. 기존 서사의 규칙을 과감하게 파괴하여 다양한 방해요소에도 개성적으로 반응하고, 실패하기도 하며, 시청자들의 허를 찌르는 기발한 해결방법으로 승리하는 식 등으로 스토리텔링의 '파워 오퍼'를 만들어내야 한다. 충분히 기다려주었던 20세기의 시청자들과는 달리, 속도에 민감한 21세기 시청자들은 초반부터 다양한 논의거리를 만나고 싶어하고, 그 문젯거리로 드라마 안팎을 넘나들며 영향력을 적극적으로 행사하려고 하기 때문이다.

3 모멘텀 리더 캐릭터의 '입체성' 살리기

이미 앞 장에서 살펴보았듯이, 시청자들은 캐릭터가 입체적으로 창조되지 않았을 때 불만을 토로한다. 전형적이며 고정적인 성격의 인

26 장 클고드 라레슈, 앞의 책, 151쪽.

물은 매력을 끌지 못한다. 시청자들은 독특할 정도로 개성적이며, 기존의 생각을 뒤엎는 엉뚱한 성격의 인물을 만나고 싶어한다. 또한 부족한 면이 있고, 실수를 하는 인간적인 성격을 더욱 가깝게 여긴다. 이런 인물은 변화할 가능성이 있기 때문이다. 인물의 다면적인 면은 입체적인 캐릭터를 만들어내기 때문에, 흥미로울 수 있다.

아리스토텔레스는 다음과 같이 말한다.

> 따라서 남는 것은 이들의 중간에 있는 인물이다. 덕과 정의에 있어 월등하지는 않으나 악덕과 비행 때문이 아니라, 어떤 과실 때문에 불행에 빠진 인물이 곧, 그러한 인물인데.[27]

시청자들은 이러한 중간적인 주인공을 자신과 같은 사람이라고 보고, 그런 모습이 사람의 참모습이라고 생각한다. 따라서 주인공은 선과 악의 경계선에 머물러야 하고, 주변 인물들도 이 경계선에 기대어 자리 잡아야 하며, 인물들의 성격도 이 경계선 주변에 펼쳐져야 한다.[28]

사실 실제로 역사에 밝혀진 백선행이라는 캐릭터는 매우 흥미롭다. 스스로에게는 자린고비의 구두쇠 캐릭터지만, 타인과 민족 앞에서는 가진 모든 것을 다 돌려주는 배포가 큰 거인이다. 거친 남자들과의 싸움에서 흔들림이 없는 여장부이며, 미래에 대한 통찰력을 가진 지혜로운 상인이다. 그녀는 무엇보다도 '모멘텀' 리더에 가깝다. 그녀는 문자를 몰랐지만 자신만의 독특한 방법으로 계산했고, 쓸모없는 돌산을 사서 막대한 이윤을 남기고 팔아버린 괴짜였다. 신문기자가 사진을 찍으려 할 때, 역광인 그 자리에서 그냥 사진을 찍겠다고 우기는 고집스

27 아리스토텔레스, 『아리스토텔레스 시학』, 천병희 역, 문예출판사, 1990, 74쪽.

28 마이클 티오노, 『스토리텔링의 비밀』, 김윤철 역, 아우라, 2009, 164쪽.

런 노인이었지만, 생각과 행동은 젊은이와 같았다.

TV드라마에서는 이런 실제 캐릭터에 극적인 '입체성'을 입힌다면, 영웅 캐릭터가 훨씬 매력적으로 시청자들에게 다가올 수 있다. 즉, 모순적인 성향을 교묘하게 섞어 개성을 만들어내면 영웅의 인간적인 면모가 살아날 것이다. 일상에서 비춰지는 자린고비와 같은 수전노의 면모는 주인공을 인간적이며, 코믹하게 보여줄 수 있고, 여장부로서의 대담한 배포에 여성적인 서정성을 입힌다면 캐릭터를 훨씬 사랑스럽게 부각시킬 수 있다.

또한 도덕적 갈등은 인물의 내적인 면을 부각시킬 수 있는 효과가 있다. 따라서 거상의 이미지가 처음부터 무조건적인 '선'을 지향하고 있는 것이 아니라, 선악의 경계에 서서 갈등하던 인물이 결국 더 큰 선을 향해 변화해간다면, 시청자들의 마음을 움직이기가 훨씬 쉽다. 특히 고통스러운 도덕적 질문을 제기한다면, 인간의 근원에 대해 시청자들과 진지하게 대화를 나눌 수 있게 된다.

특히 경제드라마에서는 캐릭터들의 '협업collaboration'이 매우 중요하다. 현대사회에서 혼자 모든 것을 해결한다는 생각으로는 복잡한 상황을 탈피하기 어렵다. 회사도 제휴와 협업을 통해서 자기 브랜드를 강화하듯이, 복잡한 현대사회의 시스템을 감안하여 영웅도 주변의 인물들과 협력하고, 서로의 상황을 활용하는 모습을 보여줘야 한다. 그런 의미에서 TV사극 〈거상 김만덕〉에서 '만덕' 캐릭터는 슈퍼영웅처럼 혼자서만 모든 문제를 해결하고자 했기 때문에 21세기 리더상과 맞지 않았고, 시청자들의 호응도 이끌어내기 힘들었다.

따라서 주변 캐릭터들은 영웅인 백선행의 성장과 성공에 모두 기여하는 인물이어야 하며, 그녀 역시 그들의 능력을 제대로 활용할 수 있는 21세기형 리더여야 한다. 특히 주변 사람들의 숨겨진 능력을 발견

discovery하게 해주고 끊임없이 질문을 유도하는 '모멘텀' 리더의 면모를 보여준다면, 이 시대의 진정한 리더상을 제시할 수 있다.

4 TV드라마의 '놀이성' 보여주기

21세기 TV드라마의 주요 역할은 '놀이'이다. 하지만 거상 스토리는 매우 교훈적인 삶을 보여주는 예이다. 그렇기 때문에 선행 콘텐츠들을 접했던 시청자들은 거상 스토리를 고리타분하게 인식하여 거부할 수 있다. 이러한 문제점을 인식하여, 스토리텔러는 계몽적이고 교훈적인 성격을 대사로서가 아니라, 역동적인 극행동과 영상으로 보여줄 필요가 있다.

영화의 스토리텔링을 서술한 마이클 티오노의 『스토리텔링의 비밀』에는 영화 속에 함께 참여하여 '놀기'를 원하는 관객의 마음을 다음과 같이 설명하고 있다.

> 우리는 영화를 볼 때 두 개의 뇌를 사용한다. 그중 한 부분은 영화에 참여하여 불쌍한 로즈마리를 자신으로, 그녀가 처한 상황을 자신의 것으로 여기고, 또 다른 부분은 영화 밖의 철저한 구경꾼으로서 영화 속에서 무슨 일이 일어나는지 지켜본다. 우리는 영화를 밖에서 지켜보기도 하지만, 영화를 볼 때 아무리 고통스럽다 할지라도 참여하고 싶어하기도 한다. 아무리 믿기 힘든 것이 있다 하더라도, 우리의 머릿속은 영화감독과 함께 놀기를 바란다.[29]

사실 TV드라마는 상호작용이 활발하게 일어날 수 있는 스토리텔링이기 때문에, 시청자들과의 커뮤니케이션을 바탕으로 하는 '놀이성'이 더욱 강조될 수밖에 없다. 따라서 시청자들의 기대에 부응하기도 하

29 마이클 티오노, 앞의 책, 131쪽.

고 그 기대를 배반하기도 하는 등 게임놀이와 같은 서사는 충분히 시청자들의 참여를 유도할 수 있다. 특히 백선행 콘텐츠에서는 보부상들과 거상 간의 '경쟁'을 이용한 게임놀이도 흥미가 있을 것으로 보인다. 일반적인 영웅 스토리와 다르게, 거상 스토리는 비즈니스 세계의 '경쟁'을 다루기 때문에, '경쟁게임'을 놀이화하면 효과가 클 것으로 본다. 즉, 비즈니스 상대와의 '경쟁'으로 미션을 수행해가는 거상 스토리는 대조와 대립의 갈등 구조가 더 강조되는 스토리텔링이기 때문에 시청자의 몰입을 이끌어내기가 훨씬 쉽다.

호이징가는 '경쟁'이 승리하고자 하는 목적에서 비롯된다고 말한다. 승리는 타인보다 뛰어나려는 욕망과 타인에게 존경을 받으려는 바람을 그 기반으로 한다. 한마디로 우월성을 증명하는 역할이 '경쟁'이라고 할 수 있다.[30] 경쟁은 게임을 지배하고 있는 긴장과 해소의 요소를 더욱 치열하게 만들고 절정에 달하게 한다. 따라서 스토리텔링에 '경쟁게임'을 강화하면, 경쟁놀이에서 경험할 수 있는 '재미'를 시청자들에게 전달할 수가 있다.

더욱이 TV사극 〈선덕여왕〉에서는 캐릭터들과의 게임뿐만 아니라 시청자와의 게임을 유도하여, 텍스트 전체를 놀이화시킨 흥미로운 예도 있기 때문에, 온라인 게임과 같은 쌍방향 게임놀이로 시청자들을 텍스트 속에 적극 끌어들여야 한다.

또한 TV사극 〈상도〉, 〈거상 김만덕〉과 같이 '볼거리'를 위한 놀이도 사용할 필요가 있다. TV사극 〈상도〉에서는 남사당패 놀이를 볼거리로 제공하였고, TV사극 〈거상 김만덕〉에서는 초반에 기생이었던 김만덕을 통해서 기생들의 춤사위를 보여주기도 했다. 따라서 백선행 콘

30 J. 호이징가, 『놀이하는 인간』, 권영빈 역, 홍성사, 1985, 88쪽.

텐츠를 활용한 TV드라마에서도 시대 상황과 관련하여 1910년대부터 1930년대 유행했던 연극 장르를 볼거리로 제공할 수 있다. 즉, 백선행은 교육에 남다른 관심을 가지고 교육사업에 적극적으로 투자했기 때문에, 학생들의 연극 활동을 스토리텔링에 활용할 필요가 있다. 사실 한국 연극사에서 1920~30년대 학생극이 차지하는 역할은 매우 중요하다. 당시 학생극은 민족계몽운동의 하나였으며, 한국 사실주의 연극운동의 출발이었다. 문화사적으로 중요한 학생극은 시대와 사회상황을 시청자들에게 좀 더 명확하게 보여줄 수 있는 의미 있는 볼거리가 될 수 있다. 즉, 학생극 공연무대는 1920~30년대의 음악과 의상 · 분장 · 헤어스타일 · 무대장치 등 시청각적으로 즐길 수 있는 다양한 볼거리를 제공할 수 있다.

위의 문제들을 통해서 얻은 예상 시나리오로, 백선행 콘텐츠의 TV 드라마화와 관련해서 '기획 의도'를 설정해보면 다음과 같다.

1. 21세기형 모멘텀 리더상 제시
2. 진정한 노블레스 오블리주의 삶 제시
3. 개화기 시대 평양의 보부상들 활동과 협력을 중심으로 하는 경제 생활상
4. 경제 게임을 통해서 21세기 마케팅 소개
5. 한국 여성 항일운동 활동상
6. 1910~30년대 역동적인 사회상을 비주얼화시킨 영상 미학

그리고 백선행이라는 캐릭터를 중심으로 협력자와 적대자로 나누어볼 수 있는데, 캐릭터들을 가상적으로 설정하여, 기본적인 '등장인물'을 도표로 정리하면 다음과 같다.

구분	등장인물의 역할	성격 및 특성
협력자	안재욱	백선행의 남편. 선한 이미지를 지니고 있다.
	서이준(가명)	어릴 때부터 백선행을 짝사랑했고, 성장한 후에도 항상 그녀를 도와준다. 대학교수이자 연극배우로 활동하며 독립운동을 한다. 그는 백선행과의 행복한 결혼을 꿈꾸지만, 일본 경찰에 의해 죽임을 당한다.
	최육경(가명)	백선행보다 15살 정도 많으며, 스승의 역할을 하는 여성이다. 보부상을 시작으로 평양의 거부가 되었지만, 안경철로 인해 파산을 하게 된다.
	보부상들	백선행이 보부상으로 활동하면서 만나게 되는 다양한 사람들. 그들은 상인으로 활동하면서 독립운동가들을 후원한다.
	학교 관련 인물들	학교 교사들은 조국의 미래를 위해 인재양성에 헌신하며, 젊은 학생들은 열정과 패기를 가지고, 연극을 비롯한 다양한 문화운동을 통해 민족계몽운동을 펼친다. 그들은 참교육을 실천하는 모습을 보여준다.
	독립운동가들	조만식과 여성 근우회 회원들을 비롯해서, 백선행이 후원하는 독립운동가들로, 특히 여성들이 독립운동에 다양한 활동력을 보여준다.
적대자	안경철(가명)	백선행의 먼 친척으로, 남편을 죽게 만든 인물이다. 그는 거대한 상인으로 성장하여, 백선행의 일을 평생 방해한다.
	안화정(가명)	안경철의 딸로, 백선행의 어릴 적 친구이며, 서이준을 짝사랑한다. 안경철의 일을 도우면서, 현실과 도덕적인 양심 사이에서 늘 고민한다.
	팽한주(가명)	평양 부윤으로, 탐관오리이다. 백선행에게 누명을 씌우고 가두는 등 안경철과 협력하여 백선행을 괴롭힌다.
	팽경우(가명)	팽한주의 아들로, 고위 경찰이다. 독립운동가들을 잡아들이기 위해 혈안이 되어 있다. 백선행의 사랑을 얻기 위해 잔인한 행동을 하며, 서이준과 적대관계에 있다.

보글러의 영웅 모험 구조에 맞춰서, 실제와 가상을 엮은 내용으로 백선행의 삶을 스토리텔링하면 다음과 같다.

막 구분	보글러의 스토리 구조	백선행 콘텐츠의 거상 스토리텔링
제1막	일상 세계	14세 어린 신부인 백씨(선행)는 착하고 밝은 성격의 남편과 함께 일상적인 작은 행복을 누리며 산다.
	모험에의 소명	2년 후 남편이 죽고, 친정으로 쫓겨온 백씨(선행)는 친정어머니 밑에서 억척스럽게 일하며 살아간다. 10년 후 어머니마저 죽자, 문중사람들은 양아들을 들여서 백씨(선행)의 재산을 빼앗고, 그녀는 무일푼이 된다.
	소명의 거부	백씨(선행)는 희망을 잃고 자살을 기도한다.
	정신적 스승과의 만남	보부상인 최육경이 백씨(선행)를 살려내어 보살펴준다. 백씨(선행)는 최육경의 열정적인 삶을 보면서 희망을 발견한다.
	첫 관문의 통과	있는 것을 활용해서 장사 밑천을 만들라는 최육경의 가르침에 따라 백씨(선행)는 봉숭아꽃을 재배하여 시장에 팔기 시작한다. 그리고 닭을 키워 달걀을 팔고, 그 후에는 양계장과 돼지농장까지 경영하게 된다.
제2막	시험, 협력자, 적대자	백씨(선행)는 돼지농장을 가솔들에게 맡기고, 본격적으로 등짐장수를 시작으로 남장을 하고 면직물 장사에 나선다. 번 돈으로 땅을 사기 시작하여, 장사 10년 만에 점포를 열게 된다. 좋은 상품만을 거래하는 그녀에게 보부상들이 찾아오고, 백씨(선행)는 거지떼들을 점원으로 고용하여 도와준다. 안경철은 그녀의 사업을 방해하며, 평양부윤 팽한주는 백씨(선행)에게 누명을 씌워 협박한다.
	심연 가장 깊은 곳으로의 접근	동학농민전쟁과 청일전쟁을 거치면서 백씨(선행)는 사회변화에 지혜롭게 대응하여 많은 돈을 벌어들인다. 그녀는 평양 근교인 강동군 만들면 승호리 일대의 만달산에서 석회석이 난다는 사실을 알고, 쓸모없는 돌산을 매입한다.
	시련	평양 사람들은 그녀의 행동을 모두 비웃는다. 배 난파로 백씨(선행)는 막대한 손해를 입게 되면서, 만달산에 대한 희망도 서서히 사라진다.

(계속)

막 구분	보글러의 스토리 구조	백선행 콘텐츠의 거상 스토리텔링
제2막	보상	석회석을 찾던 일본인들은 백씨(선행)에게 만달산을 팔 것을 요구하고, 그녀는 대담하게 거래하여 막대한 대금을 받고 산을 팔아 평양 제일의 갑부가 된다.
제3막	귀환의 길	서이준의 죽음을 계기로, 조선의 현실에 눈을 뜨게 된 백씨(선행)는 수해 이재민을 돕고, 자유롭게 왕래할 수 있도록 다리(선행교)를 놓아 사람들로부터 백선행이라는 이름을 얻게 된다. 조국의 미래를 위해 교육에 투자하기 시작하여, 평양 광성소학교와 숭현여학교, 창덕소학교 등에 부동산을 기부하고, 조만식의 독립운동과 근우회 평양지회의 사회활동에 적극적으로 후원한다.
	부활	독립운동가들을 후원하는 일로 인해서, 백선행은 어려움을 당하지만, 결국 백선행 기념관을 건립한다.
	영약을 가지고 귀환	1931년 12월 백선행의 동상 건립이 추진되고, 백선행은 전 재산을 사회에 내놓는다. 1933년 86세를 일기로 세상을 떠났을 때, 여성 최초로 사회장이 엄수되어, 애국지사들과 수많은 시민들이 애통해한다.

4. 나오며

21세기의 주요 키워드인 '경제'와 관련하여 '거상' 스토리는 TV드라마 스토리텔러들의 새로운 관심거리로 떠오르고 있다. 거상 스토리 속에는 부와 성공을 향한 인간의 꿈과 욕망이 있고, 고난, 시련, 고통을 통해 얻은 성장과 희생을 바탕으로 한 인간 승리가 있기 때문이다.

사실 우리의 역사 속에서 거상들은 상당히 많다. 그들의 이야기를 TV드라마 콘텐츠로 개발하면 문화콘텐츠로서의 다양한 효과를 기대해

볼 수 있다. 특히 경제 최우선주의로 인간적인 가치들이 무가치한 것이 되고, 인간 스스로가 상품화되며, 소득 불평등이 심화되는 신자유주의 시대에 '거상' 스토리는 인간성 회복과 도덕적 교훈을 동시에 만족시켜 줄 수 있는 콘텐츠이다.

따라서 본 텍스트에서는 TV경제드라마의 중요성을 인식하여, 우리 역사 속에서 21세기 대중들이 찾는 거상 콘텐츠와 스토리텔링을 개발해보고자 했다. 특히 거상을 다룬 기존의 TV드라마 콘텐츠들의 문제점을 살펴보면서 공익과 대중성을 동시에 획득할 수 있는 스토리텔링을 모색해보고자 했다. 본격적으로 거상을 다룬 TV드라마는 1982년에 MBC에서 방영된 TV드라마 〈거부실록〉 시리즈라고 할 수 있지만, 이들 드라마는 경제 행위에 대한 구체적인 내용은 없고, 단지 인물의 성공담과 역사사회상을 위주로 극이 전개되었다. 따라서 21세기에 들어와서 '경제'를 본격적으로 다룬 TV사극 〈상도〉(2001)와 TV사극 〈거상 김만덕〉(2010)을 대상으로 스토리텔링을 살펴보았다.

이들 사극은 신자유주의 시대에 경제에 대한 시청자들의 관심에 힘입어, 인간 승리를 담은 영웅 스토리와 노블레스 오블리주 실천을 제시하여 시청자들의 호응을 이끌어냈다. 특히 역사적 인물인 김상옥과 김만덕을 문화콘텐츠화하는 데에 성공했다. 하지만 이들 드라마는 단편적인 캐릭터들, 진부한 선악 구조, 도식적인 교훈 메시지 전달 등이 심각한 문제점으로 지적되기도 했다.

본 텍스트에서는 새로운 거상 콘텐츠로 민족교육과 문화사업에 전 재산을 바친 평양 거부 백선행을 제시하여, 이 시대 시청자들이 요구하는 거상 캐릭터와 스토리텔링을 모색해보고자 했다.

우선, 21세기 경제사극은 '재생의 삶'을 보여주는 리더와 21세기 모멘텀 리더상을 창조해야 한다고 보고, 그에 따른 입체적인 스토리텔링 전략을 다음과 같이 제시했다.

영웅 서사는 단편적인 성격을 지양하고, 프라이 이론과 접목하여 통합적인 스토리텔링 구조로 변화시킨다. 또한 영웅 서사에서 '모멘텀'을 살린다. 특히 시청자들의 몰입을 유도하는 비즈니스 경쟁놀이와 기존 규칙을 파괴하는 게임식 전개로 흥미를 유발시킨다. 영웅 캐릭터는 젊게 생각하고 행동하며, 끊임없이 질문하고 주변인들의 숨은 능력을 발견하게 해주는 '모멘텀' 리더형을 지향한다. 경제드라마는 시청자들이 실제적인 경제정보를 얻을 수 있고, 이 시대의 다양한 마케팅을 접할 수 있도록 하며, 시청자들이 직접 드라마 속 경제 마당에 참여할 수 있도록 게임놀이식 스토리텔링을 만든다. 그 외에도 1920~30년대 학생극을 활용하여 시청각적 볼거리를 제공하며, 당시 시대 사회상의 비주얼화로 영상미를 강조한다. 특히 교훈 메시지를 영상기법과 역동적인 극행동 등을 활용해서 다양하게 입체적으로 전달한다. 즉, 21세기 TV드라마 콘텐츠의 '놀이성'을 살린다.

2 전통문화콘텐츠의 영화 스토리텔링 창작 교육방안

- 판소리 명창 콘텐츠의 시나리오 개발을 중심으로

1. 전통문화콘텐츠 개발 시대에 영화 스토리텔링 창작 교육

문화콘텐츠 업계에서 기획 창작 분야의 인력 부족 현상이 대두되자, 그동안 각 대학은 발 빠르게 콘텐츠 개발 및 스토리텔링 관련 교과목을 신설하여 학생들을 교육해왔다. 각종 스토리텔링 페스티벌이나 공모전 등을 비롯해서 정부도 한국콘텐츠진흥원을 중심으로 적극적으로 스토리텔링 개발을 지원하는 등 수요는 꾸준히 늘어났지만 이러한 상황에 비해 교육은 전문적인 교육방안 부재로 문화콘텐츠계 현실을 제대로 따라가지 못했다. 이는 스토리텔러를 제대로 양성하지 못한 교육체제 및 방법의 부실함과도 관련이 있다. 또한 문화콘텐츠 기술 분야의 교육방안에 비해서 스토리텔링 교육방안 역시 전문적인 연구도 미흡했다.

본 텍스트에서는 이런 문제점을 인식하여, 21세기라는 문화콘텐츠 시대에 대중성이 강한 영화 장르에 관심을 가지고 스토리텔링 창작 교육방안을 제시해보고자 한다.

우선, 이 시대는 전통문화콘텐츠 개발시대라고 부를 정도로, 전통문화를 콘텐츠로 개발하는 것이 유행하고 있다. 2012년에 개봉된 영화를 보더라도 〈광해, 왕이 된 남자〉, 〈바람과 함께 사라지다〉, 〈나는 왕이로소이다〉, 〈후궁: 제왕의 첩〉, 〈가비〉 등 다수의 작품들이 전통문화 또는 역사를 콘텐츠로 활용한 작품이었으며, 이들 중 몇 작품은 흥행에도 크게 성공하였다. 더욱이 영화뿐만 아니라 방송에서 사극은 대중적인 관심이 폭발하고 있는 상태이다. 따라서 고전문학 및 역사를 시대와 매체에 맞게 재창조할 수 있는 인력과 전문 각색자 또는 스토리텔러가 절실할 수밖에 없다.

특히 세계화에 따라 민족의 정체성이 혼합되면서, 전 세계적으로 전통문화와 역사가 중요하게 대두되고 있다. 전통문화란 하나의 민족이 오랜 세월동안 이루어온 고유한 문화로 생활문화이며 민족의 지혜를 담고 있다. 전통문화는 의식주와 여가생활, 정신활동과 신앙에 이르기까지 내용과 범주가 방대하며, 현재적 삶 속에서도 여전히 살아 숨쉬고 새롭게 창조, 계승되고 있다.[1] 따라서 문화에 접근하는 다양한 방법론을 통해 민족의 정체성과 우수하고 독창적인 우리 문화의 존재가치를 확인하고 미래의 새로운 전망을 제시하는 문화콘텐츠를 개발할 필요가 있다.[2] 현재 세계시장을 보면, 전통문화를 활용하고 그 가치를 담은 상품이 선호되고 있는 추세여서, 문화콘텐츠의 창작소재나 시나리오의 원천소스로서 고전서사의 가치는 더욱 부각되고 있다. 고전서사에는 시대를 초월한 보편성, 환상을 통한 시공간의 확장, 익숙함을 전

1 송기희, 「전통 문화산업의 e-Business 적용 가능성 연구」, 조선대학교 정책대학원 석사학위논문, 2001. 2, 13-16쪽.

2 백승국, 『문화기호학과 문화콘텐츠』, 다할미디어, 2005, 14-15쪽 참고.

제로 한 반전[3]이 있기 때문이다. 또한 우연성과 영웅 스토리를 담은 서사적 환상성과 초월성이 주목받는 이 시대에 전통문화의 활용은 당분간 계속해서 기대해볼 만하다.

따라서 본 텍스트에서는 영화 스토리텔링 개발 교육방안을 연구하기 위해 전통문화콘텐츠의 개발과 활용에 관심을 가지고자 한다. 구체적으로는 2003년에 유네스코 무형문화유산으로 등록된 판소리의 대중화를 위해 판소리 명창 콘텐츠의 스토리텔링 개발에 주목하여 영화 스토리텔링 창작 교육방안을 제시하려고 한다.

그리고 영화라는 공동작업과 관련하여 팀 프로젝트 접근법을 활용하고, 창작에 필요한 스타니슬랍스키의 '매직 이프Magic if' 전략을 적용하여[4] 영화 스토리텔링 창작 교육방안을 설명하고자 한다.

2. '매직 이프'를 활용한 영화 스토리텔링 창작 교육

문화콘텐츠 교육에서 중요한 학습방법으로 부각된 것이 팀 프로

---

3 이명현, 「문화콘텐츠 스토리텔링 소재로서 고전서사의 가치」, 『우리文學硏究』 Vol. 25, 우리문학회, 2008, 95-96쪽.

4 데이비드 R. 카루소와 피터 샐러비는 『하트스토밍』에서 감성스킬을 활용한 리더십을 설명할 때 '매직 이프' 전략을 활용하였고(데이비드 R. 카루소 · 피터 샐러비, 『하트스토밍』, 함규정 역, 이지출판, 2008), 변민주는 논문 「콘텐츠 제작을 위한 스토리텔링과 이미지텔링의 창작방법론」에서 '매직 이프'를 활용한 스토리텔링 창작 가능성을 언급하기도 했다(변민주, 「콘텐츠 제작을 위한 스토리텔링과 이미지텔링의 창작방법론」, 『디지털디자인학연구』 Vol. 24, 한국디지털디자인학회, 2009). 따라서 본 텍스트에서는 이러한 방법을 활용하여 영화 스토리텔링 창작 교육을 설명해보고자 한다.

젝트 접근법[5]이다. 특히 영화 스토리텔링 창작의 경우는 다수의 개인이 모여 협동작업을 통해서 작품을 만들어낼 수 있고, 실제로 현장에서는 시나리오 창작을 공동작업으로 하는 경향이 있기 때문에, 프로젝트 접근법은 영화 스토리텔링 창작 교육에 가장 적합하다고 할 수 있다.

프로젝트 과정은 일반적으로 준비 - 주제 결정 - 활동계획 - 탐구 및 표현 - 마무리 - 평가 등으로 구성되는데,[6] 이러한 단계는 학습 집단의 특성과 교육 내용에 따라서 변형될 수 있기 때문에, 다음과 같이 ① 준비 단계 - ② 계획단계 - ③ 탐구단계 - ④ 표현단계 - ⑤ 발표 및 평가단계 등 크게 5단계로 설명하고자 한다.

이 5단계에서 효과적으로 적용해야 할 방법이 바로 러시아 연출가인 스타니슬랍스키의 '매직 이프', 즉 '만약에…' 전략이다. 팀프로젝트를 운영하는 데에도 '매직 이프' 방법은 매우 중요하다. 하지만 무엇보다도 창작 과정에서 가장 효율적으로 적용할 수 있다. 왜냐하면 모든 창조는 '매직 이프', 즉 '만약에…'에서 시작되기 때문이다.

우선, 팀 프로젝트를 운영할 때, 팀원들이 함께 상호협력을 통해서 영화 스토리텔링을 창작해야 하는데, 만약 '매직 이프'를 활용하면 상

---

5 프로젝트 학습은 1830년대 윌리엄 코빗이 학교에서 받는 주입식 교육에 대해 반발하여 가정에서 실생활과 연관된 교육활동을 시도한 것에서 시작되었다. 코빗의 교육 방법에 영향을 받아 1919년 킬패트릭이 '프로젝트법(The Project Method)'이라는 제목으로 프로젝트에 의한 학습활동들을 이론으로 정립하였다. 그 후 듀이와 파커가 프로젝트 활동을 수업에 활용하여 1920~30년대 성장하여 미국에서 대중화되었다.
프로젝트 학습은 50년대에는 쇠퇴하다가 1970년대에 들어서면서 인간 중심 교육과 관련된 다양한 교육운동이 전개되면서 다시 부각되었다. 특히 릴리안 카츠와 실비아 차드가 종전의 프로젝트 학습방법을 당시 교육의 현실에 맞게 고치고 프로젝트 접근법(Project Approach)라는 용어로 재조직하여 발표하여 발전시켰다. 우리나라에서 프로젝트 접근법은 학습자 스스로 탐구하고 사고하는 방법과 문제해결력을 길러주는 교육방법이라는 열린교육방법으로 1990년대에 유아교육과 초등교육에 적극 도입이 되었고, 최근에는 대학교육 현장에서도 활용되고 있다.

6 김대현 외, 『프로젝트 학습의 운영』, 학지사, 1999, 15-19쪽 참고.

호협력을 바탕으로 하는 영화 만들기, 문화콘텐츠 창작 작업을 할 때, 인간관계와 감정 활용법, 문제해결능력을 키울 수 있다.

존 메이어와 피터 샐러비가 개발한 감성역량 접근 방식을 토대로 감성스킬을 연구한 데이비드 R. 카루소와 피터 샐러비는 『하트스토밍』에서 이성적 스타일과 감정적 스타일의 통합이 성공적인 리더십이라고 주장했다. 성공한 리더란 감정을 다루는 데 탁월한 사람으로, 필요에 따라 감정을 불러일으키고 잠재우기도 하는 하트스토밍 능력을 지닌 사람이라는 것이다.

그는 감성기능의 네 가지 스킬, '① 감정 인식하기, ② 감정 활용하기, ③ 감정 이해하기, ④ 감정 관리하기'를 조직생활에서 적용하는 방법에 대해 설명하였다. 그리고 뛰어난 리더는 배우가 되어야 한다고 말하면서, 스타니슬랍스키의 '매직 이프' 전략을 감성 스킬에 사용하기도 했다.

감정은 사고를 도와주고 문제 해결능력을 강화시킨다. 감정에 따라 생각이 바뀌기 때문에, 감정을 유연하게 바꾸어 활용하는 사람은 창조적으로 일할 수 있다. 따라서 언제 어디서나 '가상 여행'을 즐길 수 있도록 사고와 관점을 자유롭게 이동시킬 수 있다면 세상을 다른 방식으로 바라볼 수 있다. 감정을 현명하게 활용하는 능력은 독창적인 사고에도 큰 영향을 미친다. 그뿐만 아니라, 특히 팀원들과 커뮤니케이션을 잘하려면 그들의 감정을 이해할 수 있어야 한다. 감정을 잘 활용하는 사람은, 무엇이 사람들을 격려하고 동기를 부여하며 흥분시키는지 직감적으로 안다.[7]

따라서 이러한 감성스킬을 사용하면, 특히 상대방과 자신의 감정

7 데이비드 R. 카루소 · 피터 샐러비, 앞의 책, 70-72쪽 참고.

을 이해할 수 있도록 도와주는 '매직 이프'를 활용하면, 조직 생활과 협동작업에도 성공할 수 있다. 조직의 긍정적인 분위기 조성뿐만 아니라 계획을 수립할 때에도 사람들의 다양한 반응을 염두에 두면, 기획 설정에 도움이 된다. '만약 내가 관객이라면, 어떤 영화를 원할까?', '내가 주인공이라면', '내가 이 공간 속에 있다면', '내가 이 사건 속에 있다면?' 이런 다양한 상상력은 기획을 하는 데에도 유용하다.

> '만약에'는 이후의 지속적이고 논리적인 창조적 발전을 위한 자극을 줍니다." …(중략)… '만약에' 작용의 비밀스러운 힘은 이것이 진짜 사실에 대해서 말하는 것이 아니라, 단지 있을 수도 있는 '만약에'에 대해서 이야기하고 있다는 것입니다. 이 단어는 아무것도 주장하지 않습니다. 이 단어는 그저 가정합니다. 해결해야 할 문제를 제기합니다. 이에 대해서 배우는 대답하고자 노력하는 것입니다. 그렇기 때문에 행동이나 결심은 강제적이거나 거짓 없이 이뤄집니다. …(중략)… 이 단어는 배우에게 내적이고 외적인 능동성을 불러오면서도 이것을 강제적이지 않게 자연스러운 방식으로 하도록 만듭니다. '만약에'라는 단어는 우리의 내적인 창조적 능동성을 깨우는 자이며 조력자입니다.[8]

하지만 무엇보다도 '매직 이프'는 창작을 하는 표현활동 단계에서 가장 효과적으로 사용할 수 있다.

창작은 '만약에 ~이라면'라는 상황의 가정에서 시작된다고 스타니슬랍스키는 말한다. '만약에 ~이라면'이라는 가정은 상상력을 불러일으키는 강력한 힘이 되며, 창조력의 원동력이 될 수 있다. 스토리텔링은 바로 이런 가능성과 상상력에서 시작되는 작업이다.

하지만 스타니슬랍스키는 『배우수업』에서 '만약에 ~이라면'이라

8 Станиславский К.С. Собрание сочинений в восьми томах, Том 2, Искусство, М., 1954, pp. 58-61.

는 가능성이 논리성과 일관성, 현실적인 가능성을 기반으로 해야 한다고 말한다.

> 연극에서의 모든 행동은 내면적 정당성을 지녀야 하고, 논리적이며, 일관적이고, 그리고 현실에서도 가능한 것이어야 한다. '만약에…' 라는 가정이야말로 여러분을 현실 세계에서 상상의 영역으로 끌어올려주는 지렛대 역할을 한다. …(중략)… '만약에…' 라는 말에는 특수한 성질이 담겨 있어서 배우에게 즉각적인 자극을 유발시키는 힘이 된다.[9]

즉, 추상적인 공상이 아니라, 현실적인 감각과 논리가 기반이 된 상상이어야 한다. 다시 말하면, 상상하는 모든 것은 논리적이며, 일관성이 있어야 한다는 점이다. 이러한 사실은 팀원들이 함께 작업을 해나갈 때, 오히려 유용하게 쓰일 수 있는 부분이다. 혼자서 상상하면 한계에 봉착하거나 창의적인 개연성을 찾기 힘들 때가 많기 때문이다.

스타니슬랍스키는 학생들에게 연기가 관념상으로 머물지 않게 '지금, 여기서', '만약에… 내가 ~라면'이라는 상상력을 통해 실제로 상상해보고 나의 현실로 변형시켜 체험하는 것이 중요하다고 말한다. 이를 영화 스토리텔링 창작과 관련지어보면, 팀원들은 교수자가 콘텐츠 소스로 주어진 테마와 관련하여 '만약에 내가 주인공이라면'이라고 가정하면서 스토리를 전개시켜나갈 수 있다. 이러한 출발은 논리성과 일관성을 구축시키는 기반이 되기도 한다. '주어진 상황' 속에서 또는 학습자들이 주어진 상황을 만들 때에도, '만약에 …라면'이라는 가정이 가능하다.

'만약 …라면'이라는 행동의 요소는 주어진 상황과 상호작용을 하

9 스타니슬랍스키, 『배우수업』, 신겸수 역, 예니, 2001, 65쪽.

면서 스토리를 전개시키는 기반이 된다. '만약에…'라는 가정은 출발점이요, 주어진 상황은 그 전개에 해당되며, '만약에…'라는 가정이 상상력을 일깨우는 힘이라면, 주어진 상황은 '만약에…' 라는 가정 자체를 구축하는 기반이 된다. '만약에…'라는 가정은 작업 자체도 예리해야 하지만 주어진 상황의 윤곽을 얼마나 날카롭게 파악하느냐에 따라서 그 강도가 결정된다. 둘은, 함께 또는 독자적으로, 인물에게 내면적 자극을 주는 도움으로 작용하는데, 이로 인해서 '만약에…'라는 행동의 요소는 모든 상상력의 출발이자 창조의 원동력으로서의 역할을 한다.[10] '만약~라면' 상상력이 논리적이고 창조적인 상상력이 되기 위해서는 구체적인 사고와 구체적인 신체적 행동이 연결될 수 있도록 배우가 부단히 노력하듯이, 팀원들도 상상력을 나누는 적극적인 '대화'를 통해서 이루어낼 수 있다.

사실 '매직 이프'는 불가능을 가능한 일로 만들어서 성공하는 이야기를 기본 구조로 한다. 인간 사회에는 불가능한 일투성이다. 그런 간격에서 인간은 갈등하고 갈망하는 존재이다. '매직 이프'는 이러한 인간의 욕망과 직결된다.[11] 따라서 드라마는 결핍과 문제 상황으로부터 시작되기 때문에, 만일과 다양한 욕망의 결합은 스토리를 만드는 기본 요소가 된다.

스타니슬랍스키는 잠재의식의 창조성을 끌어내기 위해 '에튀드étude'를 통해서 '즉흥연기'를 중요하게 사용하였는데, 팀 프로젝트로 진행하는 영화 스토리텔링 창작에서도 효과적으로 사용할 수 있다. 에

10 하병훈, 「스타니슬랍스키 시스템에서 행동요소의 훈련방법과 유기적 활용방안에 관한 연구: 스타니슬랍스키의 배우교육 프로그램을 중심으로」, 중앙대학교 대학원 석사학위논문, 2005. 12, 22쪽.

11 변민주, 앞의 논문, 188-189쪽.

튀드는 러시아어로는 '습작', '연습곡', '연습 과제'라는 뜻이다. 사전적인 정확한 의미는 다음과 같다. ① 그림의 에스키스esquisse, 습작, ② (音) 연습곡, ③ 연습과제(장기 등의), ④ 시론, 평론.[12]

에튀드는 일종의 습작극으로, 즉흥극의 형태로 이루어지지만 창작 과정에서 학습자 자신이 작가와 연출가가 되고 발표할 때에는 연기자가 되어 스타니슬랍스키 시스템의 '신체적 행동법'을 실제 무대작업과 교육현장에서 적용하는 기초적인 훈련법이다. 즉, 제시된 상황과 인물의 목표, 그리고 사건의 발전과 결말 등 구체적으로 짜인 극구성 안에서 배우의 즉흥 유발을 통해 희곡을 분석하고 인물을 창조하는 작업을 위한 총체적 준비훈련이다. 목적에 따라서, 배우 교육과 훈련에 활용되기도 하고, 희곡을 분석하고 인물을 창조하는 작업과정에서 활용되기도 하며, 정해진 희곡 없이 줄거리와 주제만을 가지고 집단 창작으로 연극을 만드는 경우에도 활용될 수 있는 방법이다. 배우는 에튀드 시행 전에 '이제부터 진행될 이야기는 어떠한 이야기인가?'(중심사상), '나는 무엇을 원하는가?'(인물의 목표), '지금은 하루 중 언제이며, 여기는 어디인가?'(시간과 장소), '나는 어디서, 어떠한 상태로 등장하는가?'(제시된 상황) 등을 아주 구체적으로 인식한 후, 무대 위의 상황에 직접적으로 부닥친다.[13]

스타니슬랍스키는 배우의 역할을 형상화하기 위해 가장 좋은 방법 중 하나가 '에튀드'라고 보았다. 사실 배우의 심리-신체행동을 의식적으로 자극하여 잠재의식적인 창조의 세계에 다가가는 스타니슬랍스키의 '신체적 행동법'에서 깊이 숨어 있는 창조적 잠재의식을 아무 장

12 고려대학교 러시아문화연구소 편, 『러시아-한국어사전』, 일념, 1994, 1, 702쪽.

13 인나 살로비예바, 『스따니슬랍스끼의 삶과 예술』, 김태훈 편역, 태학사, 1999, 403-404쪽.

애 없이 자연스럽게 창조의 순간에 불러내오고, 이를 지속적으로 유지하는 상태에서 의식이 원하는 방향으로 흘러가도록, 즉 의식의 지시를 받도록 유도하는 방법이 바로 '에튀드'인 것이다.[14]

스타니슬랍스키는 연기자가 항상 기억하고 있어야 할 다섯 가지의 질문을 제시하고 있다. 이는 에튀드의 구성에 있어서 매우 중요하다. ① 나는 누구인가, ② 무엇을 하고 있는가?, ③ 왜 하는가?, ④ 어디서 왔는가?, ⑤ 어디로 가는가?—이것을 연기자는 어느 대목에서든지 말할 수 있어야 한다.[15]

이는 영화 스토리텔링 창작을 하는 데에 매우 중요한 방향이 될 수 있다. 팀원들은 함께 이 문제를 고민해보고, 대화를 통해서 서로의 상상력을 펼쳐나갈 수 있다. 즉, 배우가 연기를 하듯이, 팀원들은 작품이라는 무대 속으로 들어가서 한 사람씩 자신의 상상력을 구술하는 것이다.

내가 주인공이 되어서 시간과 공간을 구체적으로 창조하고(여기는 어디인가? 계절적으로 어떠하며, 하루 중 언제인가?), 행동의 목적과 이유(무엇을 하려는가? 왜 하려는가?), 장애물(무엇이 방해하는가?), 욕구와 목표(무엇을, 어떻게 하고 싶은가? 원하는 것이 정확히 무엇인가?), 방법(그것을 얻기 위해 어떻게 해야 하는가?) 등에 하나하나 설명해나가는 식이다. 그리고 막힐 때는 팀원들의 도움을 받아가면서 문제를 해결해나간다.

에튀드의 훈련[16]은 팀원들에게는 구체적으로 '매직 이프'를 확장시

---

14 위의 책, 406쪽.

15 이윤철 기록, 「스타니슬랍스키 연기 워크숍 보고서」, 국제극예술협회(ITI) 한국 본부 발행 유인물, 1998(김석만, 『스타니슬라브스키 연극론』, 이론과 실천, 1997, 299쪽).

16 에튀드에서 배우가 실행하는 것을 정리하면 다음과 같다. 이는 스토리텔러가 해야 할 작업이기도 하다. "① Who - 나는 누구인가?(Who am I?), ② Where - 여기는 어디인가?(Where is here?) - 어디서 왔는가?(Where have I come from?) - 어디로 가는가?(Where am I going?), ③ When - 지금은 언제인가?(When is now?), ④ What - 무엇을 하고 있는가?(What am I doing?) - 무엇을 하려고 하는가?(What will I do?), ⑤ Why - 왜 하는가?

키는 기반이 된다. 이러한 것에 대해 습작을 하면, 간단한 시놉시스가 작성된다. 에튀드로 파악하는 과정은 시나리오를 만들기 위한 기초적인 습작 과정이 된다. 인물 분석과 성격 구축을 위한 인물의 과거, 극적 상황, 등장인물의 행동 및 갈등, 사건 등을 에튀드로 파악해보는 과정은 시나리오를 구축하기 위한 가장 효과적인 기초 학습 과정이 된다. 이런 1차적인 작업을 통해서 본격적으로 글을 쓸 수 있게 된다.

또한 이런 에튀드 훈련은 완성한 시나리오를 학생들 앞에서 발표할 때, 즉 리딩 공연을 할 때도 효과적으로 활용해볼 수 있는 방법이다.

3. 영화 스토리텔링 창작 교육방안: 판소리 명창 콘텐츠의 시나리오 개발을 중심으로

본 텍스트에서 교육 대상으로 설정한 학습자는 문화콘텐츠, 영화, 문예창작, 스토리텔링 전공 등의 관련 대학 강의실에서 영화 스토리텔링을 배우는 대학생들이다.

한 학기 수업을 15주로 설정하여 학습계획을 도표화하면 다음과 같다.

(Why am I doing?), ⑥ How - 어떻게 하는가? (How am I doing?)". 하병훈, 앞의 논문, 54쪽.

주간	프로젝트 학습 단계		학습 내용	학습 형태	과제 및 준비물
1주	준비 단계		강의 계획 및 교과목 설명, 팀 구성	강의	
2주			테마 설정, 팀원들의 역할 분담	강의, 토의	기존 콘텐츠 SWOT 분석
3주	계획 단계		기존 판소리 영화의 SWOT 분석, 판소리 콘텐츠의 영화화 가능성 모색	강의, 학생 발표	대상 콘텐츠 찾기
4주			영화 스토리텔링 대상 콘텐츠 선정		대상 콘텐츠와 관련 자료 조사
5주	탐구 단계		대상 콘텐츠와 관련 자료 조사	강의, 토의	관련 자료 분석
6주				강의, 학생 발표	
7주	표현 단계	1 단계	영화 장르 결정과 스토리텔링 전략 기획	강의, 토의	
8주			1차 스토리라인 시나리오 기초 세우기		
9주		2 단계	서사구조 만들기		
10주			담화구조(시공간과 캐릭터) 만들기		
11주			담화구조 구체화하기		
12주		3 단계	글쓰기	토의	
13주					
14주			시나리오 원고 수정 및 다듬기		1차 원고 완성
15주	발표 및 평가 단계		팀별 작품 발표와 평가	학생 발표	최종 원고 제출

1) 준비 단계

프로젝트 준비 단계에서는 테마 설정과 테마를 구현할 수 있는 방법 탐색, 조사 · 사례 분석 등을 통한 기초 지식의 습득, 팀 구성 및 역할 분담을 통한 준비 등, 실행 단계로 들어갈 수 있는 기본 조건을 만들어 놓는다.

영화 스토리텔링 창작 프로젝트에서도 교수자는 제일 먼저 테마를 설정한다. 그리고 테마와 관련된 장르를 학습자들에게 전문적으로 설명해준다. 테마를 정할 때, 교수자가 '매직 이프'를 활용하여, 학습자와 영화 관객 등의 입장을 고려하면서 임의적으로 결정할 수 있지만, 학습자들과의 직접적인 '대화'를 통해서 테마를 정할 수도 있다.

본 텍스트에서는 2003년에 유네스코 무형문화유산으로 등록된 판소리의 대중화가 필요하다고 보고, 교수자가 임의적으로 명창 콘텐츠의 영화 스토리텔링 개발을 테마로 결정했다. 교육을 목적으로 스토리텔링을 개발하는 것인 만큼 시대적 요구와 책임에 더 무게를 두어 적합한 테마를 결정하고자 했다.

"노래로써 사람을 울리는 음악 예술로는 세계에서 유일한 것이 판소리이다."[17]라는 정병욱의 주장처럼, 판소리는 한국의 소리 미학을 가장 감동적으로 전달할 수 있는 우리만의 독특한 전통예술이다. 하지만 오늘날 판소리는 위축되어가고 있다. 사실 판소리의 보존과 전승은 결국 향유층의 확대 문제와 연결되어 있다. 판소리와 사람들이 친숙해지도록 귀를 열어주고 눈을 열어주어야 한다. 판소리가 문화로, 문화 상품으로 유통되지 못하면 전승, 보존의 길도 사실상 무의미한 것이 되기

17 정병욱, 『한국의 판소리』, 집문당, 1981, 21쪽.

때문이다.[18]

우리 역사 속에 존재하는 판소리 명창들은 꽤 많다. 하지만 그동안 판소리 명창을 영상콘텐츠로 만든 경우는 극히 적다. 명창 송만갑과 김소희가 단막극 형식으로 TV드라마화되었을 뿐이고, 그 외 소수의 명창만이 애니메이션과 창극, 그리고 만화 · 소설 등의 인쇄 콘텐츠로 다뤄졌다. 영화 〈서편제〉를 비롯하여 판소리를 소재로 한 영화는 몇 편 있었지만, 역사적인 명창을 영화화한 경우는 아쉽게도 전무하다.

따라서 스토리텔링을 개발할 명창 찾기에 돌입해야 한다. 이때 본격적으로 프로젝트를 진행하기 위해 팀을 구성한다. 전공강의의 경우, 수강생이 30명 정도이기 때문에, 한 팀에 다섯 명이 구성될 수 있도록 하여, 총 여섯 팀을 만든다. 그리고 팀마다 팀 리더를 선정하도록 하고, 반드시 프로젝트 활동일지에 활동 내역을 기록하도록 한다.

우선, 교수자는 다음 수업을 진행하기 위해 미리 두 가지 과제를 부여한다. 첫 번째 과제는, 그동안 상영되었던 판소리 영화를 찾아보고 SWOT 분석을 하는 일이다. 이때 교수자는 각 팀별로 중복해서 영화를 분석하지 않도록, 영화 한 편씩을 각 팀에 과제로 주어서 SWOT 분석을 해오도록 한다.

두 번째 과제는 학습자들이 수많은 명창들 중에서 21세기 영화화가 가능한 명창을 찾을 수 있도록, 정보 및 자료를 수집하는 과제를 부여한다. 우선, 기획 콘셉트 설정에 필요한 다음의 일곱 가지 조건을 예로 들면서 스토리텔링에 적합한 대상을 찾을 수 있도록 유도한다. "① 독특한가unique, ② 차별화했는가differential, ③ 연관성이 있는가relevance,

18 최혜진, 「판소리 대중화를 위한 문화콘텐츠 전략」, 『비교민속학』 Vol. 27, 비교민속학회, 2004, 540-543쪽.

④ 고객 지향적인가consumer oriented, ⑤ 조건에 맞는가condition, ⑥ 즉시 반응이 오는가reaction, ⑦ 시나리오가 있는가scenario."[19] 그리고 이러한 일곱 가지 조건에 적합한 대상을 찾고 그 이유를 간략히 써오도록 팀별로 부여한다. 이때 팀의 리더는 과제 수행을 위해서 인터넷에 '글쓰기 카페' 공간을 개설하고, 팀원들이 정보를 수시로 교환할 수 있도록 이끌어야 한다.

2) 계획 단계

계획 단계에서는, 팀별로 수행해온 학습자들의 과제가 중요한 역할을 한다. 우선, 첫 번째 과제인 판소리 명창 콘텐츠의 영화화 현황과 개발 가능성에 대해서 알아보는 시간을 갖는다. 이미 첫 과제로 주어진 것이기 때문에, 학습자들이 팀별로 준비한 SWOT 분석을 발표하도록 한다.

판소리 명창을 영상화한 작품을 살펴보면, 국창 송만갑의 삶이 TV 드라마 〈초혼가〉(1986)로 만들어졌고, 권삼득과 임방울 명창 등이 애니메이션으로 제작되었다. 영상화된 콘텐츠는 극소수이지만, 소설 · 만화 등과 같은 출판물과 창극인 공연물로는 다수 개발되었다.

비록 역사적인 인물인 판소리 명창이 영화화된 예는 없지만, 판소리를 콘텐츠화한 영화로는, 우선 임권택 감독의 영화 〈서편제〉(1992)를 비롯해서 영화 〈춘향뎐〉(2000), 〈천년학〉(2007)이 있다. 그리고 2007년에는 판소리 신동 박수범, 박성열 주연의 다큐멘터리 영화

---

19 탁정언, 『기획의 99%는 컨셉이다』, 원앤원북스, 2005.

〈소리아이〉(감독 백연아)가 발표되었고 2012년에는 국악을 소재로 한 영화 〈두레소리〉(감독 조정래)가 개봉되었다. 이 영화는 국립전통예술고등학교 합창단의 실화를 바탕으로 한 작품으로, 국악을 전공하는 학생들이 대학 입시를 앞두고 결성한 합창단 활동을 통해서 미래에 대한 그들의 불안과 고민을 털어내고 현실을 극복하고자 한다는 내용을 담고 있다.

학습자들이 이들 영화를 분석한 것을 재정리해보면, 다음과 같다.

	Strength	Weakness
내적 요소	• 최초의 본격적인 판소리 영화(〈서편제〉) • 대중적 흥행(〈서편제〉) • 소리와 시각의 만남(〈서편제〉) • 판소리 미학과 영상의 실험적 만남(〈춘향뎐〉) • 판소리의 서사 반영과 에피소드식 구성의 실험성(〈천년학〉) • 실화와 감동적인 스토리(〈두레소리〉) • 소리의 아름다움(〈두레소리〉)	• '한'만을 지나치게 부각시킴(〈서편제〉) • 판소리의 '신명'을 살리지 못함(〈서편제〉) • 원전의 다양한 해석의 가능성을 살리지 못함(〈춘향뎐〉) • 대중성과 흥행 실패(〈춘향뎐〉) • 여주인공의 연기력 부족(〈춘향뎐〉) • 기존 방식인 '한'의 정서 반복(〈천년학〉) • 21세기 관객과 불소통(〈천년학〉) • 낡은 미적 배치(〈천년학〉) • 연기력 부족(〈두레소리〉) • 영상미학 부재(〈두레소리〉) • 엉성한 스토리 전개(〈두레소리〉) • 간접광고(막걸리)의 잦은 노출(〈두레소리〉)
	Opportunities	**Threats**
외적 요소	• 판소리예술의 가치와 전통 세우기 • 전통예술의 현대화에 대한 관심 • 역사적인 인물 발굴과 문화콘텐츠화 • 판소리의 영상화 가능성(〈두레소리〉)	• 대중성이 약한 판소리 콘텐츠 • 판소리에 대한 편견: 지루하다는 인식 • 판소리 가수의 연기력 부족

이런 분석을 통해서 알아본 결과 학습자들의 주장은 크로스오버와 퓨전화에 익숙한 대중이 즐기고 받아들일 수 있도록 전통예술의 현대화가 필요하고, '오락'의 시대에 살고 있는 대중이 즐길 수 있도록 '판소리'의 특성을 살려 신명 나는 놀이로 스토리텔링해야 한다는 것이다.

이는 조동일의 주장과도 일맥상통한다.

> '신명풀이 영화'는 인도의 '라사 영화'에서처럼 이미 있는 질서를 재확인하는 것은 아니다. 그런 질서를 인정하지 않는다. 질서를 뒤집고 그 잘못을 시비하고 새로운 질서를 찾는 토론장이어야 한다. 미완의 열린 구조로 토론을 벌이는 데 관중이 참여하게 하는 영화가 '신명풀이 영화'이다.[20]

따라서 신명 나는 놀이성과 스토리의 감동을 엮어낸 영화들이 이 시대 대중의 마음을 사로잡고 있다는 사실에 판소리 콘텐츠의 오락 영화화의 가능성도 점쳐볼 수 있다.

다음으로 교수자는 팀별로 찾아온 대상 콘텐츠를 일곱 가지 요건과 함께 발표하도록 한다. 그래서 가장 반응이 좋은 명창 한두명을 선정한다.

학습자들에게 가장 반응이 좋은 대상은 '신만엽'이었다. 신만엽은 실험성이 돋보이는 '석화제의 창시자'라고까지 추정되는 인물로, 신재효는 '명월백로 맑은 기운'이 중국 한시의 대가인 '두목지杜牧之'와 같다고 신만엽을 소개하였다. 또한 그의 소리가 유연하면서도 아름답고 경쾌하여 당대 사람들은 '산들바람에 흩날리는 가랑비'斜風細雨라고 하였다. 그는 〈수궁가〉에 자신의 장기를 보여주었는데, 이화중선은 'Okeh 1950-b' 음반에서 〈수궁가〉의 백로횡강白鷺橫江 대목을 '신만엽 선생 소

---

20 조동일, 『카타르시스 라사 신명풀이』, 지식산업사, 1997, 249쪽.

리 더늠'이라고 소개하기도 했다.

특이성, 차별성, 연관성, 고객지향성, 조건 적합성, 즉각적 반응, 시나리오라는 일곱 가지 요건에 적합한 이유를 찾아보면, 우선 대중에게 제대로 알려지지 않은 명창을 발굴하여 콘텐츠로 개발함으로써, 판소리의 대중화에 일익을 담당할 수 있다(특이성과 차별화). 또한 신만엽이 살던 시대는 천주교 박해 사건과 안동 김씨의 세도정치 및 부정부패가 극에 달한 시대였기 때문에, 명창 신만엽이 역사적인 사건과 얽혀 전개되는 스토리는 역사를 새롭게 읽고 해석할 수 있는 계기를 줄 것이다(이 시대와 21세기 삶과의 연관성, 시나리오). 그리고 전북 여산 출생이지만, 신만엽은 판소리의 고장인 '고창'에서 활동했기 때문에, 고창을 공간 스토리텔링할 수 있다. 고창은 신재효와 명창 진채선 · 허금파 · 김소희 등을 배출한 판소리 고장이다. 따라서 신만엽의 콘텐츠화는 고창의 지역 발전에 이바지할 수 있으며, 고창의 문화콘텐츠화 가능성을 높일 수 있다. 그리고 무엇보다도 〈수궁가〉의 환상성으로 인해서 21세기 시청자들이 호응할 수 있는 스토리텔링을 개발할 수 있다는 점이다(조건에 적합, 즉각적 반응).

신만엽은 순조 · 철종 · 헌종 시대에 살았다는 사실 외에 정확한 정보가 없는 인물이다. 그래서 팩션화하기에 더 적합하다고 할 수 있다. 더욱이 그의 장기인 〈수궁가〉는 용궁설화를 첨삭하여 당대의 사회상을 반영하면서 장면을 확장한 판소리이기 때문에, 이상향과 사회변화를 갈구하는 민중의 소망이 나타난 〈수궁가〉의 용궁을 새로운 판타지 세계로 공간 이동이 가능하도록 해준다. 따라서 '용궁'과 '육지'를 넘나드는 〈수궁가〉의 토끼처럼, 신만엽이라는 캐릭터를 조선시대와 새로운 판타지 공간을 넘나드는 환상적인 인물로 재창조할 수 있다. 이러한 '환상성'과 '놀이성'은 비非대중적이라고 일컬어지는 '판소리'를 21세기 대중에게 다가갈 수 있도록 해주는 요소가 될 것이다.

따라서 이러한 매력으로 인해서 '신만엽'을 스토리텔링의 대상으로 삼았다.

교수자는 신만엽을 스토리텔링하기 위해서 영화의 장르를 결정할 수 있도록 지도해야 하는데, 학습자들이 원하는 장르는 대부분이 '판타지 영화'였다.

사실 학습자들이 대중적인 판타지 장르를 선택한 것은 이 시대의 트렌드와 관객의 관람 욕구를 계산했기 때문이다. "장르와 영화흥행의 상관관계에 관해서 할리우드의 여러 결과물에서는 코미디, SF/판타지, 호러물 세 개의 장르만이 영화흥행에 영향을 끼친다."[21]는 연구 결과를 봐도 알 수 있다. 한국 영화 역시, 영화산업의 혁신적인 변모를 가져오는 계기가 되는 영화들이 공교롭게도 모두 '판타지 영화'[22]였다. 또한 판소리 사설에도 공간적 환상과 심미적인 환상성, 소재적 환상성 등이 보이기 때문에, 예를 들어서 〈수궁가〉와 〈심청가〉는 구체적으로 펼쳐지는 수중세계의 환상으로 인해 판타지 영화화의 소재로 가치가 있다. 디지털 시대가 요구하는 신화적 속성이 내재된 환상적 기법은 우리 고전문학 안에 자주 등장되어왔다. 따라서 고전문학은 디지털 시대와 맞물려서 상보적인 기능을 할 수 있는 강점을 갖고 있다.[23]

장르 설정에 관해서는, 물론 각 팀별로 자유롭게 장르를 설정하도록 열어놓는 편이 좋지만, 한 장르를 설정해서 이 장르가 각 팀별로 어

---

21 고정민, 「미국영화와 한국영화의 흥행요인에 관한 연구」, 『문화산업연구』 Vol. 10, 한국문화산업학회, 2010, 75쪽.

22 조해진, 「한국영화산업 발전방안 연구」, 한양대학교 대학원 박사학위논문, 2012, 3쪽.

23 강선영, 「한국영화 소재로서 〈심청전〉의 가치 연구」, 한양대학교 산업경영디자인대학원 석사학위논문, 2012. 2, 60쪽.

떻게 반영되는지 살펴보는 것도 흥미로울 수 있다.

3) 탐구 단계

이런 기본적인 이해를 가지고, 본격적으로 신만엽과 역사적 배경, 신만엽과 관련된 〈수궁가〉에 대해 탐구하는 단계에 들어간다.

신만엽에 대한 정보는 다음과 같이 판소리 이론가인 신재효가 쓴 「광대가」와 정노식의 『조선창극사』에 간략히 소개된 정도가 전부이기 때문에, 이에 기술된 내용을 바탕으로 자료와 정보를 수집하면 된다.

> 신만엽(申萬葉)은 전라북도 여산군 출생으로 후에 고창군에서 거하였다. 송(宋)·모(牟)·염(廉)·고(高)의 후배요, 김제철(金齊哲)·박유전(朴裕全)과 동배로서 순(純)·헌(憲)·철(哲) 간 당시 팔명창 중 한 사람이다. 가조(歌調)가 연미부경(軟美浮輕)하여 시인(時人)이 사풍세우(斜風細雨)의 칭호를 주었는지 모르거니와, 그 성망(聲望)이 일대를 풍미하였는지라 내 어찌 경경(輕輕)히 붓을 가하랴. 토별가(兎鼈歌)에 특장하였고, 그 더늠으로 후세에 전한 것은 다음과 같다.
>
> (정노식의 『조선창극사』)[24]

> 신션달 만엽이난 구천은하 떨어진다 명월빅노 말근기운 취과양쥬 두목지
>
> (신재효의 「광대가」)[25]

---

24 정노식, 『조선창극사』, 동문선, 1994, 67쪽.

25 판소리 이론가인 신재효는 「광대가」에서 조선 8대 명창들을 중국의 명문장가들에 비유하여 그들 장점을 표현했는데, 다음과 같이 신만엽을 두목지에 비유했다. "이는 신만엽의 소리가 화창하고 명쾌하여 '석화제/가야금병창제'와 비슷하고 약간 가벼운 멋스러움을 구사한 데에 있어서, 중국 시인인 두목지(두목)에 비유한 것이다."

이들 두 자료를 통해서 얻을 수 있는 정보를 바탕으로, 자세히 조사해야 할 부분은 당시 시대 상황과 중국 시인 두목지, 〈수궁가〉이다. 이 외에도 신만엽은 석화제의 창시자로 일컬어지기도[26] 하기 때문에, 석화제에 관해서도 조사할 필요가 있다. 석화제는 판소리에 '가야금 병창'과 같은 양식을 도입한 창법을 말하며, 명랑하고 거들거리는 성음이 많이 들어가는 것이 특징이다.

팀원들은 각자 맡은 부분을 조사하고 탐구하여 다음 수업에서 PPT로 조사내용을 발표한다. PPT 준비는 팀마다 발표할 부분을 미리 정한 다음에 한 사람이 발표하면, 발표 후에 다른 조의 팀원들 중 동일한 부분을 조사한 학습자들이 새로운 정보를 더 추가하는 식으로 하여 정보를 교환한다.

이런 식으로 하여 나온 내용을 정리하면 다음과 같다.

구분	조사 자료 분석 내용
신만엽 시대 상황	① 순조 · 철종 · 헌종 시대 ② 안동 김씨의 세도정치와 부정부패가 극에 달함 ③ 민생고로 인해 홍경래난과 대규모 농민항쟁 등 봉건사회의 모순 심화 ④ 신유사옥(辛酉邪獄) 등 천주교 박해 사건과 천주교인들의 은폐생활 ⑤ 전국에 전염병과 홍수 등 재해 빈번

26 "제보자인 김명환은 이 석화제의 창시자를 신만엽이라는 이설을 내세워 필자를 더욱 당혹케 한다. 그의 제보에 따르면 과거에 그가 접했던 많은 명창들이 석화제는 신만엽이 시창하였다고 들었다는 것이다. …(중략)… '사풍세우'라는 칭호와 '연미부경'이라는 창법으로 미루어 석화제의 창시자가 신만엽이라는 이설이 오히려 타당성이 있을 법도 하나….", 정병욱, 앞의 책, 61쪽.

(계속)

구분		조사 자료 분석 내용
두목지		① 3조에 걸쳐 재상을 지낸 명망 있는 가문 출신 ② 풍류아의 기질 ③ 목종(穆宗) 무종(武宗) 시대는 당쟁이 극렬했던 시대로 환관들의 횡포와 사대부들의 붕당으로 인해 조정이 혼란에 휩싸였던 시대 ④ 혼란한 사회로 인해 능력을 펼치지 못하고 한직과 지방관을 지냄 ⑤ 사회비판과 우국 · 보국을 위한 풍자시를 씀 ⑥ 인생 좌절과 비애, 수심의 감정, 여인과의 풍류, 흥망성회의 감개 등의 심정을 작품에 반영
〈수궁가〉	주제	① 조선 후기 사회의 다양한 문제점을 반영한 사설(혼란한 사회 상황과 민중들의 불만 반영) ② 토끼로 대표되는 백성들의 생활고와 약육강식의 힘이 지배하고 있는 육지와 용궁의 부패한 권력 비판 및 풍자 ③ 서로의 욕망과 허위의식 폭로
	구조	① '문제-탐색과정-해결'의 수수께끼 방식의 구조: 수수께끼의 '물음'과 '해답' 찾기 구조 ② 별주부에 의한 '문제-해결'의 수수께끼 풀이 전반부)와 토끼에 의한 '문제-해결'로서의 수수께끼 풀이(후반부) ③ 연쇄적 반복형의 구조로 '문제 A → 문제 B → b1 → b2 … 해결 B → 문제 C → c1 → c2 → 해결 C … → 해결 A' 구조 ④ 경쟁게임 구조 ⑤ '속고 속이는' 지략게임 구조 ⑥ 계속적인 위기가 예상되는 '열린 구조'
	인물	① 토끼: "가난한 백성, 미천한 소인(小人), 색(色)에 주린 자"(조동일), "서민의 전형화된 존재"(인권환), "상 · 하층의 대립 속에서 사태를 관망하며 방관자적 자세를 취하는 피지배층"(정병헌) ② 용왕: 권력의 허상을 보여주는 대변자
	언어	① 경쟁 언어 ② 수수께끼 ③ 유희적 언어
	공간	① '수궁 → 육지 → 수궁 → 육지 → 수궁 · 육지'로 이동 ② 수궁: 육지라는 대립적 공간

4) 표현 단계

1 표현 1단계: 기획 단계

이러한 자료 조사와 분석을 바탕으로, 학습자들은 콘텐츠 개발을 위한 개요, 즉 시놉시스를 짜도록 한다. 시놉시스는 기획의도, 캐릭터와 스토리라인 등의 형식으로 짜면 된다. 이 단계에서 집단 창작이 이루어지기 때문에, 협동작업의 성격이 뚜렷하게 드러나게 된다. 학습자 간의 커뮤니케이션과 상호이해가 필요하고 무엇보다도 상상력과 창의성을 발휘해야 하기 때문에, 매직 이프 전략과 에튀드Etude 활동을 통해 문제를 해결해나가야 한다.

스타니슬랍스키는 '만약에'라는 단어는 해결해야 할 문제를 제기하고, 이에 배우는 대답하고자 노력하는 것[27]이라고 말한다. 따라서 문제제기와 해결을 이끌어내는 '매직 이프'를 통해서 학습자들은 기획의도와 캐릭터, 스토리라인 등을 쉽게 구축할 수 있다.

우선, 영화를 기획 · 제작하기 위해서는 영화 산업의 현황과 정치 · 사회 · 경제 상황에 대한 분석이 필요하고, 관객 · 시나리오 · 유통 · 홍보 등에 대한 연구가 필요하다. 학습자들은 팀별로 모여서 어떤 장르의 영화를 만들 것인가부터 상의한다. 이때 '매직 이프'를 활용하여 '관객이라면', '투자가라면'이라는 입장에서 어떤 장르가 필요한지를 상의한다. 특히 한류의 영향이 크기 때문에, '한국 관객이라면', '외국 관객이라면', '이 시대의 영화인이라면', '이 시대를 사는 사람이라면' 등의 다양한 관점에서 고민해보고, 타깃으로 삼을 관객층을 결정한 뒤에, 장르를 선정한다. 팀별로 다른 장르가 중복되기도 하지만, 2~3팀 정도는

27 Станиславский К.С. 앞의 책, p. 59.

장르가 호러, 탐정 등 색다른 장르를 선택한다. 하지만 '관객이라면'이라는 입장에서 생각하다보면, 다수의 학습자들이 대중적이며 오락적인, 유행하는 트렌드한 장르를 선정하는 경우가 많다.

마이클 J. 울프는 *The Entertainment Economy*에서 멀티미디어 시대를 좌우하는 것은 쾌락과 재미를 추구하는 '유희적 인간', 즉 호모 루덴스로서의 인간 본성을 깨어나게 한 엔터테인먼트라고 지적한다.[28]

할리우드의 영화 산업의 종사자들이 필수적으로 알아야 하는 열가지 불문율[29]을 살펴보더라도, 영화는 관객을 끌어들이기 위해 대중의 관심과 요구를 반영하고 '오락'으로 관객을 끌어들여야 한다고 한다. 즉, '유희'(놀이)와 이 시대 관객과의 관계는 매우 밀접하다. 그런 의미에서 "공상적 상상력과 현실이 절묘하게 교합하는 판타지는 21세기 할리우드의 화두"[30]라는 말을 흥미롭게도 학습자들은 직감적으로 인식하여, 작업에 반영하고자 한다. 이는 그들이 바로 대중이며 관객이고, 트렌드를 이끄는 젊은이들이기 때문에 가능한 것이다.

이런 과정이 끝나면, 스토리텔링 전략을 세우기 시작한다. 기존 판소리 영화 콘텐츠들을 바탕으로 다시 SWOT 분석을 한 뒤에 출발을 위해 기초적인 시나리오 전략을 세운다.

---

28 베니 김, 『영화 매니지먼트』, MJ미디어, 2008, 15쪽.

29 박유진, 「할리우드 영화 어떻게 만들어 지나?」, 『스크린』, 1992. 9, 145-152쪽.

30 김영도, 「융합콘텐츠의 의미 생성 구조에 관한 연구」, 국민대학교 테크노디자인전문대학원 박사학위논문, 2008, 138쪽.

	Strength	Weakness
내적 요소	• 한민족 정서 공감과 한국적 리듬감 반영 • 전통문화를 활용한 문화콘텐츠화의 성공으로 발전 가능성 발견 • 익숙함과 창의성의 조합	• 21세기 관객의 요구 수용 부족 • 고정된 진부한 스토리텔링 • 전통적인 방식 고수와 현대화에 대한 인식 부족
	Opportunities	**Threats**
외적 요소	• 전통문화의 문화콘텐츠화 • K-pop 등 한류로 인해서 한국 전통문화에 대한 관심 증가 • 판소리의 신명 나는 소리와 '랩(rap)'과 유사한 표현의 활용 가능성	• 판소리에 대한 대중의 관심 부족 • 낡고 고리타분할 것이라는 선입견

기존 판소리 영화 콘텐츠들은 판소리에 대한 관심을 불러일으켰지만, 영화 〈서편제〉를 제외하고는 관객과의 소통에 성공하지 못했다. 하지만 판소리는 대중의 관심을 불러일으킬 수 있는 가능성이 충분하다. 다양한 콘텐츠가 쏟아져 나오는 문화콘텐츠 시대에 관객들은 뭔가 새롭고 독특한 것에 호기심을 가지기 마련이다. 이제 전통음악을 어떻게 현대적으로 변화시켜서 전달하느냐가 더 중요해졌다. 다양한 실험과 해석이 요구되는 이 시대에, 특히 한류로 인해서 한국 전통예술에 대한 관심이 커져가고 있는 이때에 판소리를 새롭게 실험하는 작업은 충분히 흥미롭다.

따라서 스토리텔러가 무엇보다도 관객의 이중성을 파악해야 한다. 관객은 익숙한 장르 관습을 기준으로 영화를 선택하지만 동시에 언제나 새롭고 낯선 콘텐츠를 기대하는 이중성을 지닌 존재이기 때문

이다.[31]

'판소리'라는 특이한 콘텐츠를 보편적인 민담 구조 안에 담아내어 창의성과 익숙함을 조합할 필요가 있다. 대중적으로 성공한 콘텐츠를 보면, 전설이나 민담 등의 문화원형에서 스토리를 차용해오는데, 오랫동안 구전되면서 지금까지 이어져 내려온 만큼 대중성을 검증받은 것이고, 완전한 플롯으로 인해 서사 구성도 용이하다. 이런 분석을 통해서 A팀의 학습자들은 다음과 같이 전략을 세웠다.

1. 보편적인 서사 구조로, 세계 각국의 사람들이 호응할 수 있는 영화 스토리텔링을 만든다.
2. 전통음악인 판소리의 아름다운 소리를 청각적으로 시각화한다.
3. K-팝과의 접목을 통해서, 판소리의 현대화를 모색한다.
4. 신만엽의 콘텐츠화를 통해 OSMU 가능성이 있는 콘텐츠 탄생에 기여한다.
5. 현실에서 존재하지 않는 다양한 크리쳐 창조로 관객의 상상력을 확장시키고, 산업으로 이어질 수 있도록 유도한다.

하지만 이 전략은 가장 기초적인 전략이기 때문에, 본격적인 스토리텔링으로 들어갔을 때 재조정이 될 수 있다. 이제 전략을 바탕으로 가장 기초적인 스케치를 해나가기 시작한다. 이때는 에튀드 활동, 즉 배우들이 즉흥극을 펼치듯이, 각자 상상의 나래를 펼치면서 ① Who(나는 누구인가?), ② Where(여기는 어디인가? 나는 어디서 왔고, 어디로 가는가?), ③ When(지금은 언제인가?), ④ What(무엇을 하고 있고, 무엇을 하려는가?), ⑤ Why(왜 하는가?), ⑥ How(어떻게 하는가?)에 대해서 대답을 찾아내기 시작한다.

사실 명창 신만엽은 출생 · 사망연도도 모호하고, 신재효의 「광대

31 위의 논문, 7쪽.

가」와 정노식의 『조선창극사』에 나와 있는 기본 정보가 전부이기 때문에 상상력이 더욱 필요하다. 즉, 팩션Faction 영화가 될 수밖에 없는 조건이기 때문에, 학습자들로서는 흥미로운 놀이의 장을 무한히 펼칠 수 있다. 즉, 팩션은 역사라는 고정된 사실 텍스트에 숨겨진 빈틈을 발견하여, 창의적인 상상력으로 새롭게 해석할 수 있도록 다양한 가능성을 열어준다.

무대에서는 '제시된 상황'이 중요하듯이, 시대와 행동이 일어나는 시간과 장소, 삶의 조건 등 제시된 상황은 '만약에'라는 가정된 상상으로 만들어진 것이지만, 이 둘은 하나에서 나왔기 때문에, '만약에'로 창조가 시작된다면, '제시된 상황'은 그것을 발전시키게 된다. 따라서 팀원들은 그 근거를 만들어주는 제시된 상황을 인식하면서, 내적인 진전을 만들 수 있도록 해야 한다.

우선, 팀장이 질문을 던지면, 팀원들은 돌아가면서 상상을 하기 시작한다. 그 상상에 질문을 던지기도 하고, 다른 상상을 하면서 논리에 맞는지 일관성은 있는 상상인지 팀원들의 의견을 들어가면서 가장 흥미로운 기본 스토리라인을 구축한다. 예를 들어서, ① Who부터 고민할 때, 팀장이 '나는 누구인가'라는 질문을 던지면, 기본 자료들을 분석한 기억을 되살려서 팀원 중 하나가 '나는 광대로 숨어 사는 어린 소년이다'라고 대답을 한다. 즉, 신유교난辛酉教難과 기해박해己亥迫害 등의 역사적인 사건 속에서 광대가 되어 숨어 살아야 했던 천주교인들을[32] 조사했기 때문에, 그들과 엮이며 시대를 고민하게 되는 신만엽을 재창조할 수 있는 것이다. 따라서 기본 조사 자료들을 활용하면서 상상하는 것이 무엇보다도 중요하다. 단, '무대에서 일어나는 모든 일에는 반드시 목적

32 조광, 『조선후기 사회와 천주교』, 경인문화사, 2010, 278쪽.

이 있어야 한다'는 스타니슬랍스키의 주장처럼, 반드시 그 목적을 분명히 인식하고 상상하도록 이끈다.

하지만 이런 과정을 거친다고 해서, 스토리라인이 완벽하게 결정되는 것은 아니다. 사실 기획의도와 스토리 구조를 명확하게 설정하면 스토리가 다시 재조정될 수밖에 없다. 따라서 기본적인 스케치를 하는 과정에서는 상상력을 마음껏 펼칠 수 있도록 대화의 장을 마련할 필요가 있다. 이 과정에서는 팀원 중 한 사람이 내용을 가볍게 정리하는 식으로 진행하면 된다.

이런 과정을 한 번으로 그치는 것이 아니라, 반복하면서 놓치고 간 부분을 살펴본다. 즉, 신만엽과 관련된 정보인 두목지와 수궁가, 당시 역사적인 사건을 어떻게 활용할 것인지 다시 고민해보면, 더욱 구체적인 인물과 스토리가 만들어질 수 있다. 사실과 허구의 간격을 좁히고 통합하는 과정에서 학습자들은 토의를 통해 고민하면서 논리성과 일관성을 구축하게 된다.

1차적인 스토리라인이 나오면, 교수자는 어느 정도까지 진행되었는지 검토해본다. 기본적인 스토리라인이 나왔다면, 교수자는 학습자들을 위해 더 전문적이고 고차원적인 자료와 정보를 제공한다. 하지만 활용 여부의 선택은 학습자들 몫이다.

학습자들에게 전문적인 정보를 제공한 다음에는, 학습자들이 에퉈드를 활용한 스토리텔링 작업을 심화시킬 수 있도록 표현활동의 심화단계로 이끈다.

2 표현 2단계: 심화 단계

교수자는 캐릭터와 서사 구조, 영화 언어에 대해서 학습자들에게 반드시 이론 강의를 해주어야 한다. 학습자들은 상당히 대중적인 시각에서 또는 제한적인 시각에서 시나리오 창작을 이해하고자 하며, 창작 능력의 수준도 기초적이기 때문이다.

교수자는 그레마스Greimas[33]의 내러티브 기호학으로 스토리텔링 전략을 설명해준다. 이 기호학은 문화콘텐츠와 스토리텔링을 창작하고 분석할 때 유용하게 사용할 수 있는 이론이다. 하지만 이론을 전문적으로 강의할 필요는 없고, 창작에 도움이 되는 정도에서 설명하도록 한다.

그레마스가 다양한 형식의 텍스트를 분석하기 위해 제안한 '의미생성 모델'은 스토리텔링을 설계하는 데에 도움을 준다. 그레마스의 '의미생성 모델'은 모든 담론의 의미가 생성과 서사성에서 창출된다는 것을 논리적으로 설명하는 모델이다. 이는 중심적인 가치 체계를 구축하고 있는 '심층구조', 서사구조와 유사한 '표층구조', 시공간적 배경과 캐릭터, 소재 등이 구체화되는 '담화구조'의 층위이다.

사실 중심적인 가치체계를 구축하고 있는 심층구조는 작품의 주제를 설정하고 시각화하는 데에 중요한 역할을 한다.

학습자들에게 기호사각형 모델을 설정할 수 있도록 지도하면, 학습자들이 작품 주제를 설정하고 캐릭터 및 구조 설정하는 것을 명확하게 할 수 있다. 기호사각형은 콘텐츠가 소비자에게 전달하려는 가치가 무엇인지, 콘텐츠가 창출하는 가치들을 시각적으로 설명할 수 있는 모델이기 때문에, 스토리텔링이 창출하는 의미작용의 가치체계를 시각적으로 배치하고 논리적으로 설명할 수 있다는 장점이 있다.

---

33 그레마스는 계열체에 초점을 둔 레비스트로스의 모델과 통합체에 초점을 둔 프로프의 모델을 결합한 구문론적 구조 모델을 만들어낸 기호학자이다. 그는 텍스트를 하나의 '의미작용의 체계'로 정의하고 의미 파악과 생성의 모든 조건을 하나의 개념적인 구축의 형태로 명시하고자 했다. 즉, 담화를 기호-이야기체 구조와 담화적 구조로 분석하고 이를 또 표층과 심층으로 나누어 분석하고 의미론과 통사론을 결합하여 의미생성 체계를 밝혔다.

하지만 기호사각형 모델을 설정할 때에도 '매직 이프'를 적용하면, 말하고자 하는 바를 더욱 명확하게 표현해낼 수 있다. 즉, 21세기 관객이라면?, 내가 창조자라면?, 내가 음악을 만든 창조자라면?, 내가 판소리를 만든 음악가라면? 등을 상상하면, 이 시대의 문제가 무엇이고, 무엇을 말해야 할지 어렵지 않게 고민을 풀어낼 수 있다. 이는 창조적 목표를 만들 때 유용하다. 작품을 하늘에서 조감하는 높이로 바라보고, 중요한 에피소드에 따라 나눌 수 있도록 각각의 부분에 유기성이 있다는 사실이 드러나기 위해서는 명확한 창조적 목표가 있어야 한다.[34] 스타니슬랍스키는 이를 초목표라고 부르기도 한다.[35] 물론 주인공 개인에게는 아주 작은 목표로 시작하지만 결국 그것은 큰 진실을 반영하고 요구하는 일이 되기 때문이다.

다음은 A팀 학습자들이 하고자 하는 목표와 메시지를 기호사각형으로 도식화한 것이다.

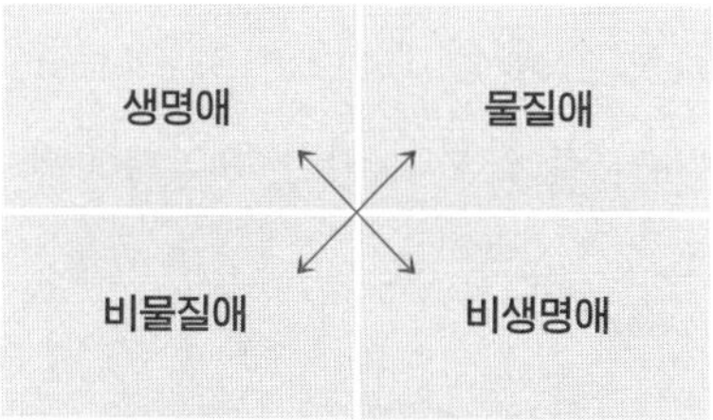

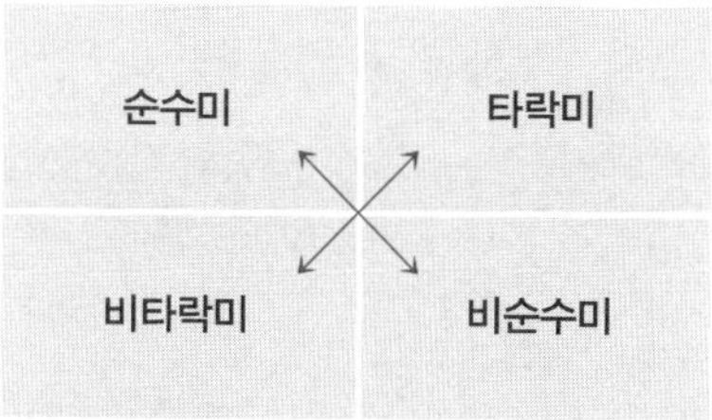

가치론적 차원에서 생명애와 비물질애가 구축하는 긍정적 축은 행복의 정서적 가치를 보여주고 물질애와 비생명애가 구축하는 부정적 축은 불행의 정서적 가치를 나타낸다. A팀은 자신들의 영화가 인간(혹은

34 Станиславский К.С. 앞의 책, p. 152.

35 위의 책, pp. 335-337.

생명)애와 아름다움의 회복을 이야기하는 작품이라는 사실을 보여준다. 즉, 주인공 신만엽은 잃어버린 인간애와 순수한 아름다움을 노래로 회복하라는 하늘의 명을 받은 영웅이다. 이런 영웅이 시련과 희생을 통해서 사명을 완수해가는 과정을 그리는 것이다.

다음으로 교수자는 표층구조, 즉 서사구조를 설명한다. 서사구조를 설명하는 것은 매우 중요하다. 왜냐하면 학습자들이 막연하게 스토리를 스케치했던 것으로부터 구체적으로 이야기를 전개시킬 수 있는 구조를 정확히 파악하게 되기 때문이다. 프로프의 『민담형태론』에서 소개한 민담 구조[36]와 그레마스의 구조[37]는 시나리오 창작을 처음 시도해보는 학습자들에게 어느 정도 안내 역할을 해주기 때문에, 기초적인 작업에서 사용해볼 수 있는 구조이다.

교수자가 서사 구조를 설명하면, 학습자들은 구조에 맞춰 1차적으로 에튀드와 같은 습작 작업을 보완하고 더 적극적으로 '매직 이프'를 활용하여 각 항목마다 자신들이 하고자 하는 이야기를 명확하게 펼친다. 즉, '부재'라는 기능에, 누구를 잃었는지, 왜 잃게 되었는지, 그로 인해 그가 겪은 것은 무엇인지, 주인공의 성격 형성에 어떤 영향을 미쳤

---

36 프로프는 『민담형태론』에서 민담을 형성하는 요소인 인물과 대상들은 민담마다 다양하고 가변적이지만 행동의 패턴은 일정한 규칙으로 나타난다고 주장했다. 그는 이러한 행동을 기능(function)이라고 명명했는데, 러시아 민담을 다음과 같이 31가지 기능으로 추출했다. 가족 부재, 금지, 금지의 위반, 탐문, 정보 획득, 사기, 공모, 결핍, 위임, 주인공의 결단, 출발, 시련 부과, 시련 감수, 조력자 수용, 장소의 이동, 결투, 표시, 승리, 결핍 해소, 돌아옴, 추격, 구출, 익명으로 도착, 가짜 주인공의 근거 없는 주장, 임무의 부과, 성공, 감사, 가짜 주인공의 정체 폭로, 주인공의 나타남, 처벌, 결혼.

37 그레마스는 프로프에 의해 제기된 민담의 형태학을 상호주체적 관계에 의해 지배받는 구문론적 구조 모델로 변형했는데, 구체적으로, 서사란 단순한 연속의 이행이 아니라 특별한 의도성과 방향성이 구현된 것이라고 전제하고 프로프의 31가지 기능 이론은 일정한 거리를 두고 있는 몇몇 기능들 간의 짝짓기, 즉 계열체적 투수(Paradigmatic Projection)를 하지 못했다고 비판하면서, 31가지 기능을 20개로 줄였다.

는지 고민하게 된다. 그리고 그가 어디로 떠나야 했는지 등 상당히 많은 이야기를 만들어낸다. 이런 과정은 그 다음에 '금지' 기능에 부재와 관련되어서 나타나게 되는 성격과 행동을 논리적으로 설명할 수 있도록 해준다. 이처럼 '매직 이프'는 구체적인 논리성을 찾게 해주는 데 유용하며, 또한 기발하고 반전이 있는 상상력을 발휘하는 데에도 필요하다. 왜냐하면 '만약에'는 이후의 지속적이고 논리적인 창조적 발전을 위한 자극을 주기[38] 때문이다.

배우는 역할에 가깝게 다가가고 그와 하나가 되어 느끼기 시작하는 것, 오로지 이것에 도달하고자 노력해야 한다고 스타니슬랍스키는 말한다. 즉, 단순히 '매직 이프'가 아니라, 진정으로 주인공이 되어, 그가 겪은 아픔을 '체험'하면서 상상해갈 때, 더 다양한 세계가 펼쳐질 수 있다는 것이다. 따라서 등장인물이 겪는 고통과 아픔을 느끼기 위해서는 그를 진심으로 동정하고 사랑해야 한다. 그래야지 그 인물이 되어 그의 세계를 열어갈 수 있다. 스타니슬랍스키는 배우가 희곡 속에 완전히 사로잡히는 순간을 경험하게 되면, 자신의 의지와 상관없이 그 역할을 살게 되며, 자신이 어떻게 느끼는지 알지 못하고, 무엇을 하는지 생각하지 못하며, 모든 것은 무의식적으로 저절로 진행된다고 말하는데 (이는 배우의 의식적인 심리테크닉을 통한 본성의 무의식적인 창조를 말한다), 창작도 스토리텔러가 캐릭터 속으로 빠져들게 되면 캐릭터가 스스로 이끌어가는 것을 경험하게 된다. 왜냐하면 캐릭터는 살아 있는 존재이기 때문이다. 캐릭터는 단순한 플롯의 기능적인 요소를 담당하고 있는 것이 아니라 자율적인 존재로 스토리텔링을 만들어가는 존재이다. 그들은 완전한

38 Станиславский К.С. 앞의 책, p. 57.

것도, 고정된 것도, 완결된 것도 아니며 항상 유동적인 것이기 때문에,[39] 끊임없이 변화의 가능성을 가지고 있다.

특히 팀별로 작업을 해나갈 때, 주의해야 할 점은 집중할 수 있도록 분위기를 이끌어나가야 한다. 배우가 무대에 집중하여 무대에서 삶의 진실을 보여주고자 할 때, 진실의 연기를 창조해낼 수 있는 것처럼, 팀원들이 캐릭터와 사건을 만들기 위해서도 주의 집중이 중요하다.

다음은 가족 판타지 영화를 목적으로 스토리텔링을 계획한 A팀 학습자들이 프로프의 31가지 기능목록을 20개로 줄인 그레스마의 구조로 작성한 서사구조이다.

구분	기능	스토리
1	부재	판소리 때문에 부모를 잃은 신만엽은 소리를 의도적으로 멀리하고 곡예광대로 살아간다.
2	금지/위반	만엽은 폭력을 금지한 이령 누이와의 약속을 깨고, 만엽을 괴롭히던 연적(戀敵), 양반 자제 고도철을 폭행한다.
3	질문/개심	지하세계에서 온 터틀힌은 만엽을 발견한다. 보복을 결심한 고도철은 만엽의 곡예단 식구들이 광대로 숨어사는 천주교인이라는 사실을 알게 된다.
4	사기/연루	만엽은 터틀힌에게 그들의 집회 장소를 누설하고, 터틀힌은 고도철에게 정보를 알려준다. 천주교인들은 발각되어 처형당하지만, 만엽과 이령은 몸을 숨긴다.
5	악행/결핍	고도철은 이령을 찾아 헤매고, 다시 산속 동굴로 피신한 이령은 병약한 관계로 결국 폐결핵에 걸리게 된다.
6	요구/영웅의 결심	터틀힌은 명약을 미끼로 만엽을 속이고, 만엽은 그를 따라가기로 결심한다.

39 앤드루 호튼, 『캐릭터 중심의 시나리오 쓰기』, 주영상 역, 한나래, 2006, 56쪽.

(계속)

구분	기능	스토리
7	출발	이령과 작별한 후, 만엽은 터틀힌을 따라 물속 아래에 있는 지하세계로 내려간다.
8	시험 부과/응시	물속 세계를 지나면, 신화적 공간과 21세기 현대 공간이 어우러진 환상적인 지하세계가 펼쳐진다. 인어 등 다양한 생명체들이 사는 그곳에서 어려움에 빠진 늙은 악공을 외면하지만 만엽은 결국 그를 돕게 된다.
9	조력자(마법의 물건) 수령	늙은 악공은 만엽에게 그의 낡은 은피리를 준다.
10	공간 이동	만엽은 터틀힌에 이끌려 호화로운 궁전에서 악당 제피스를 만나게 된다. 제피스는 그의 소속 가수가 되면 명약을 주겠다고 약속한다.
11	결투/승리	만엽은 이령과 닮은 나나를 만나게 된다. 21세기에서 잡혀온 가수 나나는 제피스의 소속 가수로 비정상적이고 음란한 퍼포먼스를 하고, 관객들은 그런 나나의 공연에 미쳐간다. 악한 음악으로 생명체들을 죽이고 생명을 장악하려는 제피스의 계획을 눈치 챈 만엽은 속았다는 사실에 의식 있는 젊은 악공 전사들과 대적할 힘을 모은다. 화려한 무술의 악공들과 뛰어난 곡예 기술의 만엽이 협력하여 제피스의 군사들과 싸우지만, 역부족이다. 서로 지친 사이에 이령을 그리며 부르는 만엽의 노래는 제피스의 눈먼 노예가 된 군사들을 감동시킨다. 군사들은 무기를 내려놓고 돌아선다.
12	표지	젊은 악공들은 그들을 구원할 이가 만엽이라는 사실을 알게 되고, 명약인 신비한 악기의 존재를 알려준다.
13	결핍 해소	만엽은 이령을 살리기 위해 악기를 찾아 헤맨 후, 자신이 받은 은피리가 생명을 살리는 악기임을 알게 된다.
14	귀환	죽어가는 인어들과 인간 포로들, 피폐해진 나나를 외면하고 만엽은 귀환을 서두른다.

(계속)

구분	기능	스토리
15	추격/구출	제피스는 만엽의 목소리와 은피리를 빼앗기 위해 음모를 꾸민다. 나나를 이용하지만, 나나는 제피스의 명을 어기고 만엽을 안전한 공간으로 이끌어준다. 죽어가는 나나를 보지만, 은피리로 이령을 살리고자 하는 만엽은 갈등한다. 결국 나나는 죽고, 만엽은 자책한다.
16	인지되지 않은 도착	귀환 길에 도착한 작은 마을에도 죽어가는 인어들뿐이다.
17	과제 부과/성공	은피리를 가지고 만엽은 이령과 사명 사이에서 갈등한다. 결국 만엽은 죽어가는 자들을 향해 피리를 불기 시작한다. 어느 순간 은피리는 스스로 음악을 연주하고, 만엽은 그 피리에 맞춰 노래를 부르기 시작한다.
18	인지	만엽의 노래와 피리소리가 어우러져, 죽어가던 영혼들이 살아나고, 각종 생물들이 춤추기 시작한다.
19	반역자 폭로/영웅 폭로	은피리는 사라졌지만 만엽과 살아난 선한 군사들은 제피스 일당과 싸워 그들을 물리친다.
20	처벌/결혼	돌아온 만엽의 품에서 이령은 눈을 감는다. 이령의 권유에 따라 만엽은 사람들을 위로하는 판소리꾼 광대가 되기 위해 길을 나선다.

위의 서사는, 민담구조가 보여주는 삶이 다양한 문제들과 싸우고 해결해가는 모험의 과정이기 때문에, '소리'로 세상을 웃기고 울리는 광대 신만엽이 보여주는 모험 여행을 스토리로 삼았다.

이런 서사구조를 만드는 것이 끝나면, 다음으로 교수자는 담화구조를 설명한다. 물론 구조와 담화구조는 동시에 설명해도 상관은 없다. 하지만 1차적인 에튀드를 통해서 학습자들이 시공간과 캐릭터를 설정했기 때문에, 구체화시키기 위해서는 서사구조 설명이 끝난 다음에 설정하도록 유도하는 것이 학습자들이 작품을 써나가는 데 힘겨움을 느끼지 않게 된다. 너무 많은 양을 한 번에 가르치면, 학습자들이 창작에 버거움을 느끼기 때문이다.

따라서 교수자는 시공간과 캐릭터 창작에 대해 설명하고, 학습자들이 시공간과 캐릭터를 구체화시키도록 도와준다. 이때, 시공간을 설정하면서 우리시대의 문제와 현실인식을 연결시킬 수 있도록 교수자가 지도해야 한다. 학습자들은 아무런 의식 없이 그냥 설정하고자 하기 때문에, 관객들과 만나기 위해서 과거의, 역사적인 시공간을 어떻게 설정하고 관계를 맺게 할 것인지 고민하도록 이끌어줘야 한다. 즉, 현실을 반영한 공간을 창조할 수 있도록 해야 한다.

사실 이 시대는 무한경쟁으로 인간적인 가치와 인간애를 상실하고, 물질과 소유에 관한 탐욕이 가득 찬 세계이다. 또한 음악도 대중을 위로하는 소리가 아니라 돈벌이 수단으로 전락하여 성적으로 음란한 소리와 폭력적인 소음을 만들어내고 있다.

따라서 이런 문제를 인식한 후에야, 학습자들은 '소리'로 세상을 웃기고 울리는 광대 신만엽이 보여주는 모험 여행에 초점을 맞춰 시공간을 창조하고자 했다. 우선, 〈수궁가〉에서 토끼가 별주부의 유혹으로 용궁으로 가듯이, 학습자들도 〈수궁가〉와 신만엽의 삶을 연결하여 시공간 이동을 과감하게 상상한다.

용궁으로 떠나는 토끼와 같이, 신만엽은 모순투성이의 조선시대로부터 하늘의 사명을 받고 새로운 세계로 떠나게 된다. 이미 앞에서 살펴보았듯이, 신만엽이 사는 역사적인 시공간은 부조리의 극치를 보이기 때문에 〈수궁가〉의 판타지 시공간과의 만남이 더욱 타당해보일 수 있다. 즉, 고달픈 '지금 여기'가 아닌 다른 '이상향'을 꿈꾸는 인간의 심리가 반영되기 때문이다.

지금까지 예로 삼은 A팀 학습자들은 21세기 영화에서 그려질 수 있는 〈수궁가〉의 용궁이란 고단한 삶과 경쟁에 지친 현대인들이 이상적으로 느낄 수 있는 새로운 공간이 될 필요가 있다고 보았다. 즉, 과거로 회귀하고자 하는 욕구와 인간의 원초적인 감각이 살아 있는 신화적 공간이 비주얼적인 면을 살리는 데에 적합하다는 것이다. 하지만 판소리의 음악성을 살리기 위해서는 신화적 공간과 21세기 현대적 공간이 어울린 퓨전 공간이 훨씬 매력적이다. 또한 인어들의 원시적 세계와 과학문명이 접목된 새로운 공간은 주인공 신만엽뿐만 아니라 관객에게도 신선한 충격으로 다가올 수 있다. 따라서 A팀은 조선시대 판소리 광대가 역사의 희생자로 시련을 겪다가 물 아래의 또 다른 세상인 인어 세계로 가서 삶과 죽음의 시련을 겪고 승리한 후 다시 조선으로 돌아와 백성들을 위로하는 명창이 된다는 성장 스토리로 설정했다. 실험성이 돋보이는 석화제를 신만엽이 만들었다는 설에서 A팀은 새로운 세계와의 여행을 통해 신만엽이 눈을 뜨게 된 계기와 관련을 맺어주는 실마리로 제시했다.

A팀 학습자들은 시공간적 배경을 실제 신만엽이 살았던 순조, 철종, 헌종 시대 중에서 1811년 홍경래난이 일어났고, 1815년에 을해박해乙亥迫害가 일어났던 혼란했던 시기로 정했다. 이때는 안동 김씨의 세도정치와 봉건사회의 모순이 가장 심화되었던 시기로 박해를 받던 천주교인과 백성들이 위로를 받아야 하는 시기이다.

그런 시기에 신만엽은 〈수궁가〉의 용궁과 같은 새로운 세계를 경험하게 된다는 것이다. 지하세계는 환상적인 공간이지만, 악당 제피스에 의해서 음악은 변질되고, 세상은 음란하고 폭력적인 곳으로 변한 곳이다. 제피스는 자신을 우상화하고, 생명과 영혼을 장악하기 위해 사악하고 음란한 노래를 만들며, 생명체들의 정신을 장악한다. 또한 그곳에는 악당 제피스에 의해 21세기 세상에서 끌려온 인간들이 제피스에게 바쳐지는 제물로 죽어간다.

이런 시공간 설정이 끝나면, 교수자는 학습자들이 캐릭터를 만들어보도록 이끈다.

오늘날의 관객들이 요구하는 캐릭터는 다면적인 영웅이다. 다면적인 영웅은 가변적이고 변화무쌍하기 때문에 스토리를 이끌어가는 힘이다. 예를 들어서, 강건한 외모와 다르게 나약한 내면과 인내심이 없는 성격 등은 현실적인 인간의 모습으로 다가올 수 있게 해준다. 그런 결점들이 캐릭터를 인간적이고 매력적으로 만들어주며, 이런 캐릭터가 변해가는 모습은 흥미를 갖게 해준다.

따라서 학습자들도 '매직 이프'를 활용하여 신만엽이 되어 각자 상상의 나래를 펼친다. 이때 그들이 찾은 두목지와 〈수궁가〉의 토끼 캐릭터는 신만엽 캐릭터 창조에 도움을 준다. 두목지의 삶과 신만엽의 시대를 고민해보면, 신만엽의 고민과 독특한 성격이 나타날 수 있기 때문이다. 특히 토끼가 가지고 있는 성격은 꾀가 많고 영리하며 결코 순수하지 않고, 욕심으로 인해 어리석게 행동하는 다면적인 성격의 인물이기 때문에, 굉장히 현대적인 캐릭터라고 할 수 있다. 이런 성격을 참고하여 학습자들은 신만엽의 과거와 현실, 미래를 고민하게 된다.

A팀 학습자들은 신만엽의 소리가 화창하고 명쾌하여 '가야금 병창제'와 같은 실험성이 있는 '석화제'와 비슷하기 때문에, 선천적으로는 밝고 명쾌한 성격에 시련과 고통을 통해서 오히려 달관한 듯한 멋스러운 소리를 갖게 되었다는 사연을 전달하고자 했다.

주인공 캐릭터와 주변 캐릭터들과의 관계를 설정할 때, 그레마스의 행위소 모델[40]을 통해서 캐릭터를 만들면 그들의 관계를 쉽게 전달

---

40 그레마스는 러시아 민담의 수많은 이형(異形)들에 공통적 요소로 추출된 프로프의 31가

할 수 있다. 따라서 교수자는 이런 점을 설명하면서, 학습자들이 명확하게 캐릭터를 창조할 수 있도록 도와줘야 한다.

교수자는 학습자들로 하여금, '매직 이프'를 활용하여 신만엽이 되어 욕망하는 대상을 정하도록 하고, 이런 신만엽을 보낸 발신자와 조력자, 반대하는 적대자를 뚜렷하게 설정할 수 있도록 지도한다. A팀의 작업을 예로 들어서, 악당 제피스의 입장이 되어서, 즉 내가 악당 제피스라는 가정에서 주인공을 어떻게 방해할지, 제피스가 진정으로 원하는 대상이 누구이고 결국 무엇인지 구체적으로 상상하면 보다 다양한 방해물을 정할 수 있다.

주체의 욕망과 결핍은 이야기의 사건을 이끄는 요소이다. 결핍을 회복하려는 과정에서 주인공은 주변인들과 상호작용하여 스토리의 의미를 만들어낸다.

다음은 A팀 학습자들이 신만엽과 악당 제피스를 주체로 상상하여 구조로 각각 정리해본 행위소 모델이다.

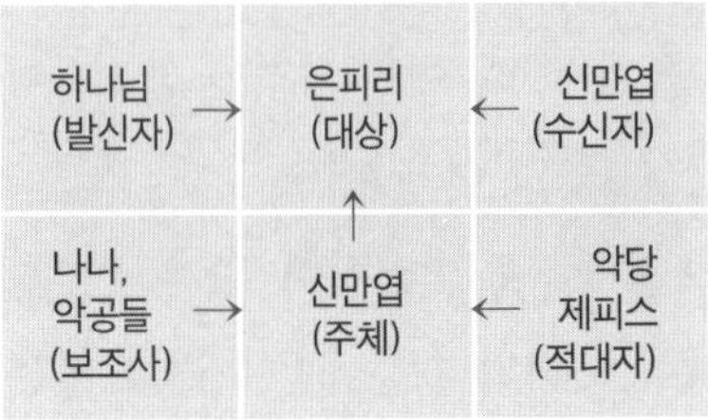

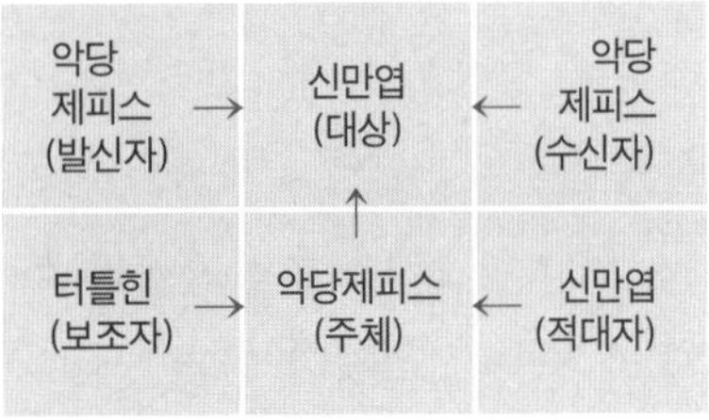

지 기능 목록뿐 아니라 일곱 가지 인물 행동 영역도 단순한 구조로 환원시켰다. 그레마스는 프로프의 일곱 가지 행위소(악한 · 증여자 · 보조자 · 공주 · 파견자 · 주인공 · 가짜 주인공)를 여섯 가지의 행위 역할로 축약했다. 그리고 프랑스의 미학자 수리오(Etienne Souriau)의 여섯 가지 극적 기능을 융합하여 여섯 가지의 행위소에 의한 이항대립적 세 쌍의 논리적 서사 체계를 제안했다. 즉, 주체와 대상, 발신자와 수신자, 조력자와 적대자의 기능단위로 구성된 행위소 모델은 이야기 단계의 계열체이다.

그리고 이들의 성격과 특성을 도표로 재정리하도록 한다. A팀 학습자들이 설정한 캐릭터들은 다음과 같다.

구분	등장인물	성격 및 특성
주인공	신만엽	어린 시절, 천주교인인 부모와 함께 숨어서 지내는 중 자신이 부른 판소리 때문에 부모가 발각되어 처형당한다. 따라서 천부적인 소질에도 불구하고 소리를 멀리한다. 하지만 그가 한번 소리를 시작하면, 구경꾼들을 울리고 웃긴다. 삶의 아픔을 감추고, 쾌활하고 장난을 좋아하며 곡예를 잘하는 선천적인 광대이다.
협력자	서이령(가명)	만엽이가 사랑하는 여인. 양반이지만 천주교도라는 신분 때문에 부모와 함께 고향을 떠나와서 광대패들과 함께 생활한다. 만엽의 재주를 아까워하며, 그가 판소리 명창이 되어 세상을 위로하길 원한다.
	나나(가명)	이령을 닮은 가수. 제피스의 꾐에 빠져 지하세계로 끌려온 지상사람. 그녀는 음란하고 비정상적인 퍼포먼스를 하며 생명체들을 타락시키지만, 만엽으로 인해서 순수성을 회복한다. 만엽을 도와주다가 결국 희생당한다.
	늙은 악공	만엽이 은피리의 주인임을 알아보고, 그에게 은피리를 준다.
	젊은 악공들	평소에는 악공이지만, 만엽과 함께 제피스 군사들과 대적하는 정의의 군사들이다. 전쟁할 때 그들의 악기는 무기로 전환된다.
	광대패	고아인 만엽이 새로 갖게 된 가족. 만엽이 상처를 잊고 살아갈 수 있도록 힘이 되어주는 사람들이다.
적대자	제피스(가명)	생명을 움직이고 온 세계를 장악하고자 하는 악당.
	터틀힌(가명)	제피스의 부하. 그의 명령에 따라 움직이는 인물. 우둔하게 보이지만, 상당히 교활하여 만엽과 지략싸움을 벌인다.
	고도철(가명)	이령의 사랑을 얻지 못해서, 만엽을 끊임없이 괴롭힌다.

다음으로 교수자는 소재의 중요성을 설명할 필요가 있다. 위의 예로 삼은 영화의 경우에는 판타지 영화이기 때문에, 이런 소재가 매우

중요하다.[41] A팀을 예로 들면, 학습자들이 설정한 영화에서도 판타지 영화에 맞도록 지하세계의 다양한 생물체들과 신기한 물건들을 주요 소재로 활용할 수 있다. 지상세계에서는 볼 수 없는 다양한 생물체도 흥미롭지만, 신화적 공간과 21세기 현대적 기계문명의 공간이 어우러진 지하세계라는 설정은 흥미로운 물건들을 창의적으로 소개할 수 있다.

3 표현 3단계: 시나리오 완성 단계

이제 구체적인 심화단계가 마무리되면, 학습자들이 본격적으로 글을 쓸 수 있도록 교수자가 이끌어준다. 학습자들이 강의실에서 글을 쓸 수 있도록 일정한 시간을 부여하기도 하지만, 많은 시간은 과제로 대신할 수밖에 없다. 하지만 강의실에서 반드시 일정한 시간에 글쓰기 작업을 하도록 해야 하는 이유는 교수자가 팀별로 직접 지도해줄 수가 있기 때문이다.

강의실에서 팀원 다섯 명이 함께 작품을 써나갈 수 있도록 팀별로 2~3대 정도의 노트북을 준비하도록 한다. 그리고 대화하기에 적합하도록 동그랗게 모여 노트북을 함께 보면서 글을 써나간다. 이때는 한글 워드에 직접 작성하는 것보다, 인터넷 공간에 '글쓰기 까페'를 개설하여 쓰기 공간을 만들어서 함께 작업할 필요가 있다. 대학교 강의실은 무선 인터넷을 사용할 수 있도록 되어 있기 때문에, 동시에 함께 작업하는 데에 어려움이 없다.

한두 사람이 글을 쓰면 나머지 팀원들은 그 글을 보고, 서로 의견

41 〈반지의 제왕〉과 〈해리포터〉에서는 공통적인 특징이 현실에서는 존재하지 않은 수많은 크리처를 탄생시켰다. 〈해리포터〉 시리즈에 등장하는 유니콘 · 켄타우로스 · 히포그리프 등 신비한 동물을 묘사한 수많은 크리처들은 이 영화를 특징짓는 가장 중요한 요소다. 〈반지의 제왕〉에서 출연한 본격적인 디지털 액터인 '골룸'은 정교하고 실감나는 크리처를 창조해냈다. 조해진, 앞의 논문, 55쪽.

을 나누면서 글쓰기 작업을 한다. 에튀드 작업에서 배우가 연기를 하듯이, 팀원들은 앞 단계에서 설정한 기획의도와 서사구조, 캐릭터 등을 참고하여 본격적으로 글쓰기를 한다. 이런 공동작업은 글쓰기에 대한 흥미를 높이고 작업 진행에서 나타나는 어려움을 해결하는 데 많은 도움을 준다.

글을 써나가는 과정을 교수자는 한 팀씩 돌아가면서 검토해줄 필요가 있다. 제대로 진행하고 있고, 또 언어를 풀어나가는데 어려움은 없는지 살펴봐야 한다.

그리고 시간 내에 못한 작업은 과제로 마무리 짓도록 해주면, 팀원들은 이런 과정을 각자 집에서 인터넷 공간에 개설된 '글쓰기 카페'에서 팀원들과 소통하며 작업을 계속해나갈 수 있다.

다음은 이런 과정을 거쳐서 완성된 A팀의 시나리오다.

S#1. 신재효의 방

「광대가」라고 쓰인 서책. 「광대가」의 책장을 넘기는 손. 몇 장을 넘기면 빈 종이다. 붓을 잡고 문장을 쓴다. "광대라 하는 것은 첫째가 인물이요 둘째는 사설이요 그 다음이 목청이요 그 다음이 너름새라." 그리고 잠시 후, '신만엽'이라고 쓴다. 서안(書案)에 앉아 글을 쓰는 한 선비. 그는 신재효다.

훈련생: (E) 스승님!
신재효: 들어오너라.

젊은 훈련생이 서책들을 가지고 들어온다.

훈련생: (책들을 건네며) 부탁하신 서책입니다. (쓴 글을 흘끗 쳐다보며) 이제 누구 차례입니까? (신만엽이라고 쓴 글을 본다) 신만엽 명창이라면…?

신재효는 '산풍세우'라고 쓴다.

훈련생: 산들바람에 흩날리는 가랑비…?

신재효: 소리가 유연하고 아름답고, 경쾌하다고 해서 붙여진 말이다. 소리뿐 아니라 그분 모습도 그러했지.

훈련생: 석화제의 대가라고 들었습니다.

신재효: 그렇지. 명랑하고 거들거리는 성음이 많이 들어간 창법을 하셨지. 특히 〈수궁가〉의 백로횡강 대목을 멋들어지게 부르셨다.

훈련생: 그분의 소린 유명한데, 삶에 대해선 알려진 게 없어서, 저도 많이 궁금합니다.

신재효: 그러고 보니, 그분이 내게 주신게 있는데… (서안 서랍에서 천으로 싸인 물건을 꺼내 풀어 보인다.) 자신의 얘기가 담긴 거라는데, 이게 뭔지 모르겠구나. (USB 메모리칩이다)

훈련생, 가까이 와서 USB 메모리칩을 살펴본다.

훈련생: (E) 이게 뭡니까?

젊은 훈련생의 궁금증이 눈에 가득하다. 곧 그의 눈이 USB 메모리칩에 과장되어 비춰지면서 눈은 가상의 컴퓨터 화면이 되고, USB 메모리칩이 연결되어 이야기가 PC 화면에 풀어져나온다.

S#2. 시장. 낮.

때는 순조. 시장. 사당패 광대들은 꽹과리를 치고, 곡예를 펼친다. 사람들은 흥겨워하며, 광대들의 놀이를 본다. 미소년 신만엽은 곡예를 펼친 후에, 〈수궁가〉 판소리 자락을 뽐낸다. 이령이 미소를 지으며 보고 있자, 만엽은 한층 더 신나게 부른다.

만엽: (중중모리) 수정문 밖을 썩 나서, 수정문 밖을 썩 나서, 수정문 밖 썩 나가서, 고고천변 일륜홍 부상에 둥둥 높이 떠서, 양곡의 자든 안개 월봉으로 돌고 돌아, 예장촌 개 짖고 회안봉 구름이 떴다. …(중략)… 천봉만학을 바래보니 만경대 구름 속에 학선이 울어 있고, 칠보산 비루봉은 허공에 솟아, 계산파무울차아 산은 칭칭칭 높고, 경수무풍의 야자파 물은 풍풍 짚고, 만산은 우루루루 국화는 점점, 낙화는 동동 장송은 낙락, 늘어진 잡목 펑퍼진 떡갈잎, 다래몽둥 칡넝출 머루 다래 으름 넝출, 능수버들 벚나무 오미자 치자 감 대추 갖은 과목 얼크러지고 뒤틀어져서 구부 칭칭 감겼다.

만엽의 소리하는 모습. 구경꾼들 뒤로, 만엽의 스승이 지켜보고 있다.

구경꾼 1: 명창이네, 명창!

구경꾼 2: 간을 녹이는구먼.

만엽은 갑자기 소리를 멈춘다. 구경꾼들 황당해하며 쳐다본다.

만엽: (약간 민망해하며) 헤헤….

구경꾼들: 빨리 해. 어여.

구경꾼 3: (엽전을 던지며) 어여, 엽전 줄 테니….

만엽: 그 다음은 몰라요. 여기까지 밖에… 몰라요. (뻔뻔스럽게) 곡예 다시 보여드릴게요.

구경꾼 1: 노래 듣고 싶다니께. (혀를 찬다) 에잇, 가자. (사람들 흩어진다)

스승: (몰래 지켜보다가 못마땅하다는 듯) 못난 녀석. 지 능력을 알지도 못하고.

이 대감: 왔는가?
스승: 예. 그간 별고 없으셨지요?
이 대감: 나야 뭐. 그래, 만엽인 봤는가?
스승: 아닙니다. 그냥 갈랍니다. 싫다는 녀석, 제가 어떻게 하겠습니까. 재주와 흙이 좋으면 뭐합니까? 도공이 빚을 마음이 없는데요.
이 대감: 두고 보소. 때가 있을 거네.
…(하략)…

A팀의 시나리오는 판소리의 미학을 영화화하기 위해 액자식 구성을 취하였다. 창자가 판소리를 하듯이, 신만엽을 소개한 「광대가」의 실제 저술가인 신재효가 서술자가 되어 신만엽의 이야기를 들려주는 방식이다. 따라서 A팀의 시나리오는 이중구조로, '신재효가 전하는 신만엽의 이야기'가 된다.

완성된 원고를 살펴보면, A · B · C팀은 영웅담을 그린 판타지 스토리를 만들었고, D팀은 스릴러 탐정스토리를, E팀은 낭만주의적인 러브스토리를, F팀은 시대극의 요소가 짙은 사회비판적 스토리를 만들었다. 물론 처음으로 시나리오 작업을 하는 학습자들이기 때문에, 시나리오가 미학적으로 뛰어나지 않았고, 완성도도 높지 않았다. 하지만 한두 팀은 영화콘텐츠화의 가능성이 큰 작품을 만들어냈기 때문에, 이런 작업은 학습자들이 전문 스토리텔러로서 미래를 준비할 수 있는 계기가 될 수 있다. 특히 다양한 아이디어도 돋보였는데, 예를 들어서 A팀은 K-팝과 판소리와의 접목을 시도하여, 창자가 자진모리로 창을 할 때, 랩으로 전환하도록 아이디어를 제안하였다. 이는 판소리와 K-팝과의 접목을 효과적으로 이루어낸 부분이라고 할 수 있다.

사실 무엇보다도 가장 큰 학습적인 효과는 학습자들이 시나리오가 어떻게 만들어지는지 실제로 경험하게 되면서 시나리오뿐만 아니라 모든 스토리텔링에 대한 역량을 키워나가게 된다는 점이다.

5) 발표 및 평가 단계

시나리오가 완성되면 작품발표회를 갖는다. 우선, 교수자는 완성된 시나리오를 발표회 전날까지 이러닝 학생자료실에 올려서 모든 학습자들이 공유하여 읽어볼 수 있도록 한다. 그리고 평가를 해줄 상대팀을 지정해서, 상대팀이 작품을 세심하게 읽고 평가하도록 지시한다.

발표 형식은 팀장이 시나리오의 기획의도와 캐릭터, 서사구조를 PPT로 설명한 후에, 짧은 리딩 공연을 하는 방식이다. 예를 들어, 시나리오의 첫 장면과 극적 장면, 그리고 마지막 장면을 팀원들이 리딩 공연을 한다. 이렇게 발표가 끝나면, 상대팀의 팀원들은 작품의 장단점을 구체적으로 지적해주고, 궁금한 사항을 질문한다. 또한 청중인 학습자들도 작품에 대해서 평가해주고, 질문한다. 이때 캐릭터와 스토리의 창의성, 개연성과 영화화 실현가능성 등 여러 면에서 평가를 해준다. 평가 시간에도 역시 '매직 이프'라는 상상력을 발휘할 수 있도록 '이런 식으로 하면 더 좋지 않을까?', '우리 조라면 이렇게 풀어갔을텐데.', '이 인물이 이러지 않았을까?'라는 가정하에 조언을 해주면, 다양한 해결점과 창의적인 방향을 찾을 수 있다. 이런 과정 속에서 발표자들은 작품의 문제점을 파악하게 되고, 더 좋은 시나리오를 완성할 수 있게 된다.

각 발표와 토론이 끝날 때마다, 교수자는 평을 해줘야 하며, 전체 발표가 모두 끝나면, 다시 한 번 이번 영화 스토리텔링 작업에 대해 총

평과 수정 방향을 조언해준다. 사실 학습자들이 힘들어하는 것은 사건 진행보다는 대사 만들기와 언어 표현이다. 따라서 교수자는 언어적인 면에 특별히 조언해주어서, 다음 작업에서 이를 보완할 수 있도록 도와줄 필요가 있다.

그리고 최종적으로 수정된 원고는 기간을 정해서 수업과 관련된 이러닝 학생자료실에 제출하도록 한다.

교수자는 최종 원고뿐만 아니라 지금까지 수행해온 프로젝트 과정을 평가항목에 두어서, '평가'로 마무리한다. 즉, 프로젝트 수행 과정에서 학습자들이 성실하게 조사하고 분석했는지, 시나리오 완성도 등 여러 면을 평가항목으로 두어서 학습의 성과를 평가해야 한다. 특히 '매직 이프' 전략을 통해서 팀 프로젝트를 어떻게 수행했는지 개별적으로 간단한 개인보고서를 제출하도록 하면 마무리 차원에서 학습 효과를 높일 수 있다. 사실 팀 작업 과정에서 다양한 문제가 발생되기 때문에, 팀원들의 참여도를 서로가 평가하게 하여, 개인 평가에 불만이 제기되지 않도록 할 필요도 있다.

4. 나오며

스토리텔링은 모든 문화콘텐츠의 기본이 되는 가장 중요한 부분이다. 그럼에도 불구하고 그동안 문화콘텐츠 교육은 기술 분야의 교육방안에 치우쳐왔고, 스토리텔링 교육방안은 전문적인 연구가 미흡했던 것이 사실이다. 따라서 본 텍스트에서는 이런 문제점을 인식하여, 21세기라는 문화콘텐츠 시대에 대중성이 강한 영화 스토리텔링 창작 교육방안을 연구해보고자 했다.

본 텍스트에서 개발 대상으로 삼은 것은 전통문화콘텐츠의 영화 스토리텔링이다. 이 시대는 전통문화콘텐츠 개발시대라고 할 정도로 전통문화를 콘텐츠로 개발하는 것이 유행이다. 사실 흥행한 영화와 TV 드라마 등 다수가 전통문화 또는 역사를 콘텐츠로 활용한 작품이다. 오늘날은 자의적인 우연성과 초월성, 신화와 전설 등의 판타지적 상상력이 주목받는 시대이기 때문에 앞으로도 고전문학의 가치는 더욱 높아질 수밖에 없다. 따라서 고전문학을 현대와 매체에 맞게 재창조할 수 있는 인력, 즉 전문 각색자와 스토리텔러가 절실한 상황이다.

전통문화적 가치를 담은 상품이 선호되고 성공하는 추세이기 때문에, 본고에서는 영화 스토리텔링 개발 교육방안을 제시의 예로 전통문화콘텐츠를 사용하고자 했다. 특히 2003년에 유네스코 무형문화유산으로 등록된 판소리의 대중화가 필요하다고 보고, 판소리 명창 콘텐츠를 발굴하여 OSMU의 가능성을 지닌 영화 스토리텔링을 개발하고자 할 때, 어떻게 학습자들을 교육시켜야 하는지 학습 방안을 제시하고자 했다.

본 텍스트에서는 영화라는 공동작업과 관련하여 팀 프로젝트 접근법을 활용하고, 창작에 적용할 수 있는 스타니슬랍스키의 매직 이프를 활용하여 영화 스토리텔링 창작 교육방안을 설명하고자 했다. 사실 매직 이프 방법은 스토리텔링 창작뿐만 아니라 팀 프로젝트를 운영하는 데에도 효과적이다. 그리고 전통문화콘텐츠 중에서 특히 판소리 명창 콘텐츠의 영화 스토리텔링 개발에 관심을 가지고, 스토리텔링 교육방안을 설명하고자 했다.

참고문헌

1. 국내자료

가스통 바슐라르, 『물과 꿈』, 李嘉林 역, 문예출판사, 1980.

_____, 『공간의 시학』, 곽광수 역, 동문선, 2003.

게오르크 루카치, 『소설의 이론』, 김경식 역, 문예출판사, 2007.

고려대학교 러시아문화연구소 편, 『러시아-한국어사전』, 일념, 1994.

구성회, 『건축학개론 기억의 공간』, 북하우스, 2013.

권명광 · 신항식, 『광고 커뮤니케이션과 기호학』, 문학과경계사, 2003.

권성호 · 서윤경, 『교육공학적 관점에 따른 미디어교육의 이론과 실제』, 한울, 2005.

김대현 외, 『프로젝트 학습의 운영』, 학지사, 1999.

김만식, 『문화콘텐츠 개발전략』, 학연사, 2009.

김석만, 『스타니슬라브스키 연극론』, 이론과 실천, 1997.

김영순 · 박지선 외, 『겨울연가 콘텐츠와 콘텍스트 사이』, 다홀 미디어, 2005.

김욱동, 『대화적 상상력』, 문학과 지성사, 1991.

김희경, 『홍행의 재구성』, 지안출판사, 2005.

나카노 하지무, 『공간과 인간』, 최재석 역, 도서출판국제, 1999.

노스럽 프라이, 『비평의 해부』, 임철규 역, 한길사, 2000.

다니엘 A. 키스터, 『무속극과 부조리극』, 서강대학교 출판부, 1986.

데이비드 하워드, 『시나리오 마스터』, 심산스쿨 역, 한겨레출판, 2007.

데이비드R 카루소 · 피터 샐러비, 『하트스토밍』, 함규정 역, 이지출판, 2008.

로맹 롤랑, 『베토벤의 위대한 생애』, 이휘영 · 이성삼 편역, 두로, 1993.

로제 카이와, 『놀이와 인간』, 이상률 역, 문예출판사, 2003.

리처드 세넷, 『신자유주의와 인간성의 파괴』, 조용 역, 문예출판사, 2002.

르네 위그, 『예술과 영혼』, 김화영 역, 열화당, 1979.

마이클 티어노, 『스토리텔링의 비밀』, 김윤철 역, 아우라, 2009.
매일경제 세계지식포럼 사무국, 『Super Momentum 2010』, 매일경제신문사, 2002.
밀턴 W. 브라운, 『아메리칸 리얼리즘』, 권오룡 역, 미진사, 1990.
박용옥, 『한국 여성 항일운동사 연구』, 지식산업사, 1996.
박이문, 『예술철학』, 문학과 지성사, 1999.
백승국, 『문화기호학과 문화콘텐츠』, 다홀 미디어, 2005.
베니 김, 『영화 매니지먼트』, MJ미디어, 2008.
브라이언 아놀드·브렌던 에디, 『비주얼 스토리텔링』, 이윤진 역, 커뮤니케이션북스, 2009.
손무, 『손자병법』, 유재주 역해, 돋을새김, 2007.
수 손햄 · 토니 퍼비스, 『텔레비전 드라마』, 김소은 · 황정녀 역, 동문선, 2008.
스타니슬랍스키, 『배우수업』, 심겸수 역, 예니, 2001.
스튜어트 보이틸라, 『영화와 신화』, 김경식 역, 을유문화사, 2006.
아리스토텔레스, 『아리스토텔레스 시학』, 천병희 역, 문예출판사, 1990.
앙드레 엘보, 『각색, 연극에서 영화로』, 이선형 역, 동문선, 2002.
앤드루 호튼, 『캐릭터 중심의 시나리오 쓰기』, 주영상 역, 한나래, 2006.
앤 핌로트 베이커, 『베토벤 평전』, 이종길 역, 도서출판 길산, 2002.
앨빈 토플러, 『부의 미래』, 김중웅 역, 청림출판, 2010.
오토 프리드리히 볼노, 『인간과 공간』, 이기숙 역, 에코리브르, 2011.
올리베에 르불, 『수사학』, 박인철 역, 한길사, 2001.
인나 살로비예바, 『스따니슬랍스끼의 삶과 예술』, 김태훈 편역, 태학사, 1999.
장 클로드 라레슈, 『모멘텀 이펙트』, 서혜민 역, 교보문고. 2009.
정노식, 『조선창극사』, 동문선, 1994.
정병욱, 『한국의 판소리』, 집문당, 1981.
정창권, 『문화콘텐츠교육학』, 북코리아, 2009.
조광, 『조선후기 사회와 천주교』, 경인문화사, 2010.
조동일, 『카타르시스 라사 신명풀이』, 지식산업사, 1997.
조셉 캠벨, 『세계의 영웅신화』, 이윤기 역, 대원사, 1996.
______, 『천의 얼굴을 가진 영웅』, 이윤기 역, 민음사, 2007.

조셉 캠벨 · 빌 모이어스, 『신화의 힘』, 이윤기 역, 천일문화사, 2002.

질 들뢰즈, 『감각의 논리』, 하태환 역, 민음사, 2008.

천자이쥔, 『삼십육계』, 박영환 역, 시그마북스, 2010.

철학아카데미, 『공간과 도시의 의미들』, 소명출판, 2004.

최예정 · 김성룡, 『스토리텔링과 내러티브』, 글누림, 2005.

최은희, 『조국을 찾기까지』, 탐구당, 1973.

최태욱, 『신자유주의 대안론』, 창비, 2009.

최혜실, 『한류드라마의 스토리텔링』, 새문사, 2007.

크리스토퍼 보글러, 『신화, 영웅 그리고 시나리오 쓰기』, 함춘성 역, 무수, 2005.

탁정언, 『기획의 99%는 컨셉이다』, 원앤원북스, 2005.

한정주, 『조선의 거상 경영을 말하다』, 비즈페이퍼, 2007.

한창호, 『영화, 그림 속을 걷고 싶다』, 돌베개, 2006.

홍정수, 『미학적 음악론』, 정음문화사, 1986.

A.I. 조토프, 『러시아미술사』, 이건수 역, 동문선, 1996.

F.R. 달론느, 『영화와 빛』, 지명혁 역, 민음사, 1998.

Hanslick, 『음악미학: 음악적 미에 관하여』, E. 권혁면 역, 수문당, 1986.

J.호이징가, 『놀이하는 인간』, 권영빈 역, 홍성사, 1985.

M. 바흐찐, 『도스또예프스끼 시학』, 김근식 역, 정음사, 1988.

L. 쟈네티, 『영화-형식과 이해』, 김학용 역, 한두실, 1992.

N. 하르트만, 『미학』, 전원배 역, 을유문화사, 1995.

강선영, 「한국영화 소재로서 〈심청전〉의 가치 연구」, 한양대학교 산업경영디자인대학원 석사학위논문, 2012.02.

고정민, 「미국영화와 한국영화의 흥행요인에 관한 연구」, 『문화산업연구』 Vol.10, 한국문화산업학회, 2010.

김모란, 「성 · 사랑 · 혼인」, 『가족과 한국사회』, 경문사, 1995.

김미진 · 윤서정, 「캐릭터중심 관점에서 본 게임스토리텔링 시스템」, 『한국콘텐츠학회 2005 추계종합학술대회 논문집』 No.2, 한국콘텐츠학회, 2005.

김미숙, 「남해안 별신굿의 춤에 내재된 놀이성 고찰」, 『공연문화연구』 제5집, 한국공연문화학회, 2001.

김미현, 「연애부터 연애까지 - 해방 이후의 연애소설」, 『문학과 사회』 제14권 제53호, 문학과 지성사, 2001.

김성희, 「부재하면서 위풍당당했던 아버지는 다 어디로 갔을까? - 극단 골목길 〈경숙이 경숙아버지〉」, 『한국연극』, 한국연극협회, 2006.08.

김수정, 「개인주의에서 민족주의까지: 사극 〈선덕여왕〉의 서사담론이 지니는 사회문화적 함의」, 『2010 한국언론정보학회 토론회 논문집』, 한국언론정보학회, 2010.

김영미, 「오태석 희곡의 놀이성에 관한 연구」, 조선대학교 대학원, 석사학위논문, 2001.

김영도, 「융합콘텐츠의 의미 생성 구조에 관한 연구」, 국민대학교 테크노디자인 전문대학원 박사학위논문, 2008.

김준신, 「한국 액자소설 연구 : 서술상황과 담론특성을 중심으로」, 전북대학교 대학원 박사학위논문, 2001.

김지은, 「여성리더십 유형이 조직성과에 미치는 영향에 관한 연구」, 경희대학교 테크노경영대학원 석사학위논문, 2008.

김효, 「놀이에 관한 인문학적 고찰」, 『불어불문학연구』 제46집, No.1, 한국불어불문학회, 2001.

류은영, 「내러티브와 스토리텔링: 문학에서 문화콘텐츠로」, 『인문콘텐츠』 제14호, 인문콘텐츠학회, 2009.

박근형, 「경숙이 경숙아버지」, 『한국연극』, 한국연극협회, 2006.10.

박상대, 「MBC 경제 드라마의 발전사」, 『MBC 가이드』, 2002.03.

박유진, 「할리우드 영화 어떻게 만들어 지나?」, 『스크린』, 1992.09.

변민주, 「콘텐츠 제작을 위한 스토리텔링과 이미지텔링의 창작방법론」, 『디지털디자인학연구』 Vol.24, 한국디지털디자인학회, 2009.

배은경, 「빛과 어둠 - 드러냄과 감추어짐의 표현」, 이화여자대학교 대학원 석사학위논문, 2004.

백승국, 「드라마 〈겨울연가〉 내러티브의 기호학적 분석」, 『텍스트언어학』 제18호, 한국텍스트언어학회, 2005.

송기희, 「전통 문화산업의 e-Business 적용 가능성 연구」, 조선대학교 정책대학원 석사학위논문, 2001.02.

신민철, 「영화에서의 회화 이미지 차용 연구」, 한양대학교대학원 석사학위논문, 2007.

엄정희,「시와 그림, 영상의 세계」,『한국문화기술』 제2호, 한국문화기술연구소, 2006.

오종우,「체호프의 그림」,『러시아어문학연구논집』 제17집, 한국러시아문학회, 2004.

유희나,「서사에 근거한 캐릭터 디자인 연구」, 이화여자대학교 디자인대학원 석사학위논문, 2010.

이기언,「언어 존재에 대한 해석학적 성찰」,『프랑스어문교육』 제27집, 한국프랑스어문교육학회, 2008.02.

이명현,「문화콘텐츠 스토리텔링 소재로서 고전서사의 가치」,『우리文學硏究』 Vol.25, 우리문학회, 2008.

이상인,「서사(Narrative)로서의 영화 시나리오와 등장인물에 관한 연구」,『조형논총』 No.9, 용인대학교 조형연구소, 2004.

이승민,「에드워드 호퍼의 염세적 세계관에 내재된 현실비판의식」, 이화여자대학교 대학원 석사학위논문, 2002.

이영애,「김동인 액자소설의 담론적 특성」, 경일대학교 산업대학원 석사학위논문, 2010.

이영주 · 정윤영,「《선덕여왕》의 성공 요인과 수용자」,『2010 한국언론정보학회 토론회 논문집』, 한국언론정보학회, 2010.

이용욱,「디지털 서사체의 미학적 구조(3) -온라인게임서의 '시간축'을 중심으로」,『한국언어문학』 Vol.56, 한국언어문학학회, 2006.

이재선,「액자소설의 원질과 그 계승」,『한국단편소설연구』, 일조각, 1972.

이정희,「고난을 돌파한 예술가의 혼 - 쉴러의 〈환희에 부쳐 An Die Freude〉와 베토벤의 〈제9교향곡〉」,『독일문학』 제74권, 한국독어독문학회, 2000.

장재진,「액자소설의 담화 구조 연구」, 서강대학교 대학원 석사학위논문, 2000.

정낙림,「놀이에 대한 철학적 연구 - 니체의 놀이 개념을 중심으로」,『니체 연구』 제14집, 한국니체학회, 2008.

정다훈,「유럽문명의 세 얼굴: 미토스, 파토스, 로고스」,『인문학연구』 Vol.16, 관동대학교 인문과학연구소, 2012.

정은경,「전통음악 해석의 유형론 - 전통음악 해석의 새로운 틀의 모색을 위한 시론」,『낭만음악』 제7권, 제4호, 통권68호, 낭만음악사, 2005.

조해진,「한국영화산업 발전방안 연구」, 한양대학교 대학원 박사학위논문, 2012.

진선영,「한국대중연애서사의 이데올로기와 미학」, 이화여자대학교 대학원 박사학위논문, 2011.

최민성, 「신화의 구조와 스토리텔링 모델」, 『국제어문』 Vol.42, 국제어문학회, 2008.

최소인, 「놀이와 문화 - 칸트의 놀이(Spiel) 개념이 지니는 현대적 의미에 대한 성찰」, 『해석학연구』 제10집, 한국해석학회, 2002.

최혜진, 「판소리 대중화를 위한 문화콘텐츠 전략」, 『비교민속학』 Vol.27, 비교민속학회, 2004.

하병훈, 「스타니슬랍스키 시스템에서 행동요소의 훈련방법과 유기적 활용방안에 관한 연구」, 중앙대학교 대학원 석사학위논문, 2005.12.

황명숙, 「유머감각과 스트레스 대처양식과의 관계」, 『교육연구』 제10호, 원광대학교 교육문제연구소, 1992.

황성훈, 「신자유주의가 한국사회와 한국교회에 미치는 영향 연구」, 영남신학대학교 신학대학원 석사학위논문, 2006.

「〈거부실록〉 '이용익'이 보여주는 경제의 본디 모습」, 『MBC 가이드』, 1982.10.

「〈제품이 알아서 팔린다고? … 그게 모멘텀의 마력이야, 모멘텀 리더십」, 『매일경제』, 2010.10.30.

2. 외국 자료

Hutchings, Stephen, ed. *Russian and Soviet Film Adaptations of Literature, 1900-2001: Screening the Word.* London : Routledge Curzon, 2005.

Suzanne Delehanty, *The Window in Twentieth-Century Art,* N.Y. : State University of New York, 1986.

Willam, S. Libermann, *Edvard Munch*, N.Y.: The Museum of Modern Art, 1972.

Меирхоль, В. Э. *Статьи Письма речи беседы*, М. 1968.

Молодые исследователи Чехова. М. 1996.

Пахомов, Д. "Литературный пейзаж у Пушкина и Чехова." *Чеховиана - Чехов и Пушкин.* М. 1998.

Станиславский, К.С. *Соб. соч. в 8 тт.* М. 1954.

Тюпа, В. И. *Художественность чеховского рассказа.* М.: Высшая школа, 1989.

Чехов, А.П. *Полное собрание сочинений и писем в тридцати томах.* М. 1974-1988.

Чеховиана - Чехов и серебрняный век. М. 1996.

3. 웹사이트

http://news.kbs.co.kr/culture/2010/04/13/2079415.html

http://www.kbs.co.kr/drama/ksfather/

http://www.imbc.com/broad/tv/drama/seonduk/

http://www.imbc.com/broad/tv/drama/thoven

http://www.imbc.com/tv/drama/sangdo/concept.html

http://www.kbs.co.kr/drama/manduk/about/plan/plan01.html